Rolf Schaumburg, Marco Thorbrügge (Hrsg.)

10. Workshop

Sicherheit in vernetzten Systemen

25./26. Februar 2003
in Hamburg

DFN CERT

DFN-CERT GmbH publications

DFN-CERT publications - Workshopband

10. DFN-CERT/PCA Workshop
„Sicherheit in vernetzten Systemen“

Auflage 1 : Februar 2003

ISBN 3-8330-0097-X

Herausgeber

Rolf Schaumburg
DFN-CERT GmbH
Heidenkampsweg 41, D-20097 Hamburg
E-Mail: schaumburg@dfn-cert.de

Marco Thorbrügge
DFN-CERT GmbH
Heidenkampsweg 41, D-20097 Hamburg
E-Mail: thorbruegge@dfn-cert.de

Mitarbeiter

Andreas Bunten, DFN-CERT GmbH
Jan Kohlrausch, DFN-CERT GmbH
Reimer Karlsen, DFN-CERT GmbH
Jan Klever, DFN-CERT GmbH
Klaus Möller, DFN-CERT GmbH

Gesamtherstellung: BoD™ - Books on Demand, Norderstedt

Organisation

Im Namen der Geschäftsführung der DFN-CERT GmbH und des Programm-Komitees präsentieren wir Ihnen den Workshopband zum 10. DFN-CERT/PCA Workshop in Hamburg. Seit 1993 jährlich stattfindend, hat sich der Workshop mit seiner betont technischen und wissenschaftlichen Ausrichtung als eine der größten deutschen Sicherheitstagungen etabliert.

Eingereicht wurden 24 Kurzfassungen, aus denen das Programm-Komitee 6 Beiträge auszuwählen hatte. Ergänzt wird das Programm durch 2 eingeladene Vorträge. Darüberhinaus sind im vorliegenden Band 3 weitere Ausarbeitungen enthalten.

Niels Provos (University of Michigan) hält den ersten eingeladenen Vortrag „*Honeyd: A Virtual Honeypot Daemon*“.

Ricarda Luise Boenigk und Angela Busche (Forschungsstelle Recht im DFN) halten den zweiten eingeladenen Vortrag „*Providerhaftung und Urheberrecht*“.

Darüberhinaus wird ein „*Frage die Experten*“-Panel veranstaltet, bei dem das Publikum Experten aus verschiedenen Bereichen der IT-Sicherheit befragen können.

Veranstaltungsleiter
Rolf Schaumburg, Geschäftsführer DFN-CERT GmbH

Programm-Komitee
Günther Ennen, CERT-BUND
Oliver Göbel, RUS-CERT
Jens Hektor, RWTH Aachen
Stefan Kelm, Secorvo Security Consulting GmbH
Klaus-Peter Kossakowski, GI FG SIDAR
Achim Leitner, Linux Magazin
Marcus Pattloch, DFN-Verein
Rüdiger Riediger, Sun Microsystems GmbH
Marco Thorbrügge, DFN-CERT GmbH (Sprecher)

Inhaltsverzeichnis

Vorwort

Der inzwischen zur Tradition gewordene Workshop „Sicherheit in vernetzten Systemen“ findet heute zum zehnten Mal in Hamburg statt. Zu dieser Jubiläumsveranstaltung möchte ich Sie herzlich begrüßen.

Wie schon in den vergangenen Jahren dient dieser Workshop allen mit der Sicherheit betrauten Administratoren und Managern von Rechnern und Netzwerken als Plattform zum intensiven Informationsaustausch über aktuelle Themen der IT-Sicherheit.

Auch das vergangene Jahr war geprägt von teils spektakulären Sicherheitsvorfällen: der „Slapper“-Wurm, der Denial-of-Service-Angriff auf die DNS-Rootserver und die „Neuentdeckung“ des Windows Nachrichtendienstes als Plattform für die Versendung von SPAM sind nur einige Beispiele. Zeichen dafür, dass trotz Flaute in der Branche das Thema „Sicherheit“ in der IT-Welt relevanter ist denn je.

Somit befassen sich die überwiegende Anzahl von Vorträgen auf dem diesjährigen Workshop erneut mit technischen Themen: Honeypots, Absicherung von Netzwerken, VPNs, Rootkits und Logfileauswertung sind brandaktuelle Bereiche, die nicht nur für Hardcore-Techniker von Interesse und von Belang sind.

Rechtliche Themen rücken ebenfalls verstärkt in das Interesse der IT-Benutzer und -Administratoren: das Urheberrecht und dessen Durchsetzung, wer haftet bei Angriffen auf Computersystemen oder die gerichtlich verordnete Sperrung bestimmter Webseiten sind Themen, dic nicht nur Provider und Administratoren betreffen. Der Vortrag der Forschungsgruppe Recht im DFN will hier Klarheit schaffen.

„PKI in der Praxis“ könnte der Untertitel eines weiteren Vortrags sein. Die universitätsweite Einführung einer Chipkarte, welche das bisherige Ausweis- und Wertmarkensystem ersetzen soll, ist eine große Herausforderung. Dieser Statusbericht soll Anreiz und Anleitung für andere Einrichtungen sein, die Ähnliches planen.

Das Panel „Fragen Sie die Experten“ findet dieses Jahr zum zweiten Mal statt. Ich möchte Sie ermuntern von dieser Möglichkeit Gebrauch zu machen und die Experten mit Ihren Fragen zu „löchern“.

Ich hoffe, dass alle Teilnehmer des Workshops sowohl von den Vorträgen als auch den Diskussionen am Rande profitieren.

Rolf Schaumburg im Februar 2003

Honeyd: A Virtual Honeypot Daemon (Extended Abstract)

Niels Provos
Center for Information Technology Integration
University of Michigan
provos@citi.umich.edu

Abstract

Honeypots are closely monitored network decoys serving several purposes: they can distract adversaries from more valuable machines on a network, they can provide early warning about new attack and exploitation trends and they allow in-depth examination of adversaries during and after exploitation of a honeypot. Deploying physical honeypots is often time intensive and expensive as different operating systems require specialized hardware and every honeypot requires its own physical system. This paper presents *Honeyd*, a framework for virtual honeypots, that simulates virtual computer systems at the network level. The simulated computer systems appear to run on unallocated network addresses. To fool network fingerprinting tools, Honeyd simulates the networking stack of different operating systems and can provide arbitrary services for an arbitrary number of virtual systems. Furthermore, the system supports virtual routing topologies that allow the creation of large virtual networks including characteristics like latency and packet loss. We discuss Honeyd's design and implementation.

1 Introduction

Computer security is increasing in importance as more business is conducted over the Internet. Despite decades of research and experience, we are still unable to make secure computer systems or even measure their security.

As a result, exploitation of newly discovered vulnerabilities often catches us by surprise. Due to exploit automation and massive global scanning for vulnerabilities, adversaries are often able to compromise computer systems shortly after vulnerabilities become known [8].

One way of getting early warning of new vulnerabilities is to install computer systems on a network that we expect to be broken into. These systems have no other legitimate function and every attempt to connect to them is suspect. We call such a system a *honeypot*. It may run any operating system and any number of services. The configured services determine the venues an adversary may choose to compromise the system. A *high-interaction* honeypot simulates all aspects of an operating system, whereas a *low-interaction* honeypots simulates only some parts, for example the network stack [7]. We also differentiate between *physical* and *virtual* honeypots. A physical honeypot exists as a machine with a corresponding IP address on the network whereas a virtual honeypot is hosted on another machine that responds to network traffic directed to the virtual honeypot.

Virtual honeypots are attractive because they do not require additional computer systems. Using virtual honeypots, it is possible to populate a network with hosts running a variety of different operating systems. However, to convince adversaries that a virtual honeypot is running a certain operating system, it is necessary to simulate the TCP/IP stack of the target operating system carefully. In other words, we need to be able to fool TCP/IP stack fingerprinting tools like *Xprobe* [1] or *Nmap* [4].

This paper provides a brief overview of the design and implementation of *Honeyd*, a daemon that simulates the TCP/IP stack of operating systems to create virtual honeypots. Honeyd supports TCP, UDP and ICMP. It listens to network requests destined for its configured virtual honeypots. Honeyd responds according to the services that run on the virtual honeypot. Before sending a response packet to the network, the packet is modified by Honeyd's personality engine to match the network behavior of the configured operating system personality.

To simulate more realistic networks, Honeyd supports the creation of virtual network topologies. The networks can be configured to contain routers with configurable link characteristics like latency and packet loss. When using tools like *traceroute*, the network traffic appears to follow the configured topology.

We present an experimental evaluation of Honeyd that shows how fingerprinting tools like Nmap detect the configured operating system and services. Furthermore, we evaluate the support of virtual network topologies with tools like traceroute.

The rest of this paper is organized as follows. Section 2 discusses the design and implementation of Honeyd. In Section 3, we evaluate the implementation and show that Honeyd fools fingerprinting tools in practice. We present related work in Section 4. We conclude in Section 5.

2 Design and Implementation

In this section, we discuss the design and implementation of Honeyd. We discuss our intended goals and show how they were implemented.

We expect adversaries to interact with our honeypots only at the network level. Instead of simulating every aspect of an operating system, we decided to simulate only its network stack. The main drawback of this approach is that an adversary never gains access to a complete system even if he compromises a simulated service. On the other hand, we are still able to capture connection and compromise attempts. For that reason, Honeyd is a low-interaction virtual honeypot that simulates TCP and UDP services.

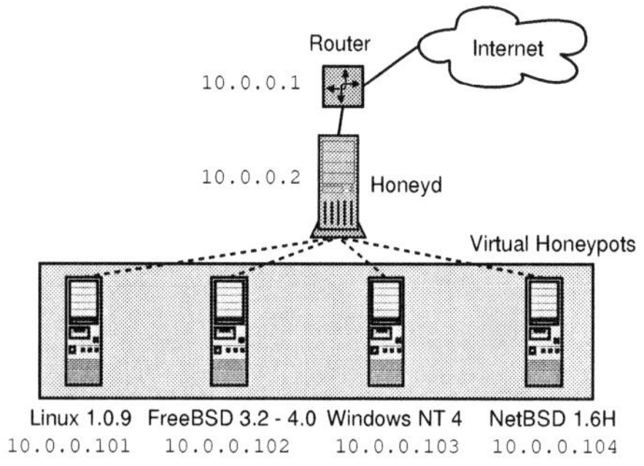

Figure 1: Honeyd receives traffic for its virtual honeypots via a router or Proxy ARP. For each honeypot, Honeyd can simulate the network stack behavior of a different operating system.

Honeyd must be able to handle virtual honeypots on multiple IP addresses simultaneously. This allows us to populate the network with a number of virtual honeypots that can simulate different operating systems and services. Furthermore, Honeyd must be able to simulate different network topologies.

Honeyd is implemented as a Unix daemon that runs on a workstation and listens to network traffic; see Figure 1. Before we give an overview of the Honeyd architecture, we explain how network packets for virtual honeypots reach the Honeyd host.

2.1 Receiving Network Data

Honeyd is designed to reply to network packets that have the destination IP address of one of the honeypots that it simulates. We need to configure the network appropriately for Honeyd to actually receive such packets. To do this, we either create a special route at the router for the virtual IP addresses or use Proxy ARP [3].

In the following, we assume that A is the IP address of our router and that B is the IP address of the Honeyd host. The IP addresses of virtual honeypots need to fall within our local network. We designate them $V_1, \ldots, V_n$. When an adversary sends a packet from the Internet to honeypot V_i, router A receives it first and attempts to forward it. The router queries its routing table to find the forwarding address for V_i. There are three possible results: the router drops the packet because there is no route to V_i, router A forwards the packet to another router, or V_i falls in local network range of the router and thus is directly reachable by A.

We make use of the latter two cases to direct traffic for V_i to B. The easiest way is to configure routing entries for V_i with $1 \leq i \leq n$ that point to B. In that case, the router forwards packets for our virtual honeypots directly to the Honeyd host. If no special route has been configured, the router uses ARP to determine the MAC address of the virtual honeypot. As there is no corresponding physical machine, the ARP requests remain unanswered and the router drops the packet after a few retries. We configure the Honeyd host to reply to ARP requests for V_i with its own MAC addresses. This is called Proxy ARP and allows the router to send packets for V_i to B's MAC address.

2.2 Honeyd Architecture

In this section, we give an overview of Honeyd's architecture; see Figure 2.

When the Honeyd daemon receives a packet for one of the virtual honeypots, it is processed by a central packet dispatcher. The dispatcher checks the length of the IP packet and verifies its checksum. The daemon knows only three protocols: ICMP, TCP and UDP [9]. Packets for other protocols are discarded.

The dispatcher queries the configuration database for a honeypot configuration that corresponds to the destination IP address. If no such configuration exists, the default template is used. Then the dispatcher calls the protocol specific handler with the received packet and the corresponding honeypot configuration. For ICMP, the only packet that is currently supported is the `ICMP_ECHO` request. The daemon answers with an `ICMP_ECHO` reply packet.

For TCP and UDP, the daemon can establish connections to arbitrary services. Services are external programs that receive data on *stdin* and send their output to *stdout*. When a connection request is received, the daemon checks if the packet is part of an established connection. In that case, any new data is sent to the already started service program. If the packet contains a connection request, a new process is created to run the appropriate service.

Honeyd contains a simplified TCP state machine, *i.e* the three-way handshake for connection establishment and connection teardown via `FIN` or `RST` are fully supported. However, receiver and congestion window management is not fully implemented.

An UDP packet to a closed port is correctly answered with an ICMP *port unreachable* message. This allows tools like traceroute to work correctly.

Instead of establishing a connection with a service program, the daemon also supports dynamic redirection of the service. This allows us to forward a connection request for a web server running on a virtual honeypot to a real web server. It is also possible to redirect connections to the adversary herself, *e.g.* a redirected SSH connection might cause an adversary to attempt to compromise her own SSH server.

Before any packet is sent to the network, it is processed by the personality engine. It adjusts the packet's content so that it seems to originate from the network stack of the configured operating system; see Section 2.4 for more details.

2.3 Routing Topology

Instead of simulating a flat network, Honeyd also supports virtual routing topologies. We can no longer use Proxy ARP for the packets to reach the Honeyd host, but need to configure a router to delegate a network range to our host. This network range can be split into subnetworks. Currently, the virtual routing topology is restricted to a rooted tree. The root of the tree is the point at which packets enter the virtual routing topology.

Each non-terminal node of the tree represents a router and each edge a link that contains latency and packet loss as attributes. Each terminal node of the tree corresponds to a network.

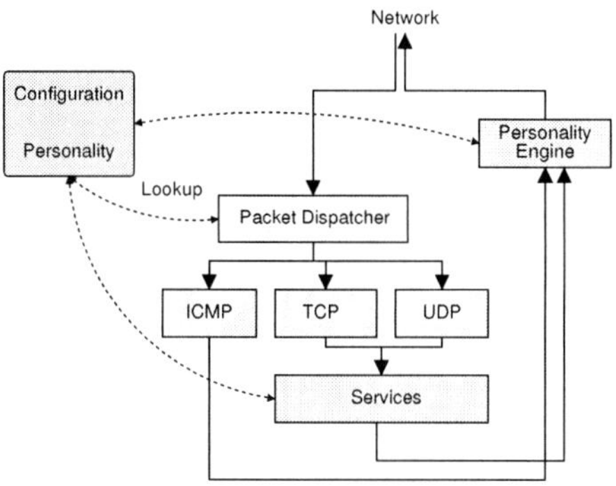

Figure 2: This diagram gives an overview of Honeyd's architecture. Incoming packets are dispatched to the correct protocol handler. For TCP and UDP, the configured services receive new data and send responses if necessary. All outgoing packets are modified by the personality engine to mimic the behavior of the configured network stack.

When the daemon receives a packet, it traverses the tree starting at the root until it finds a node that contains the destination IP address of the packet. The packet loss and latency of all edges on the path is accumulated and determines if the packet is dropped and for how long its delivery should be delayed.

The daemon also decrements the *time to live* (TTL) of the packet for each traversed router. If the TTL reaches zero, the daemon sends an ICMP *time exceeded* message with the source IP address of the router that causes the TTL to reach zero.

2.4 Personality Engine

Honeyd uses the term *personality* to refer to the network stack behavior of a virtual honeypot. The daemon uses the Nmap fingerprint list as a reference. Each fingerprint has a format similar to the following example:

```
Fingerprint IRIX 6.5.15m on SGI O2
TSeq(Class=TD%gcd=<104%SI=<1AE%IPID=I%TS=2HZ)
T1(DF=N%W=EF2A%ACK=S++%Flags=AS%Ops=MNWNNTNNM)
T2(Resp=Y%DF=N%W=0%ACK=S%Flags=AR%Ops=)
T3(Resp=Y%DF=N%W=EF2A%ACK=O%Flags=A%Ops=NNT)
T4(DF=N%W=0%ACK=O%Flags=R%Ops=)
T5(DF=N%W=0%ACK=S++%Flags=AR%Ops=)
T6(DF=N%W=0%ACK=O%Flags=R%Ops=)
T7(DF=N%W=0%ACK=S%Flags=AR%Ops=)
PU(Resp=N)
```

We use the string after the *Fingerprint* token as the personality name. The lines after the name describe test results for nine different tests. The first test is the most comprehensive. It determines how the network stack of the remote operating system creates the *initial sequence number* (ISN) for TCP SYN segments. Nmap indicates the difficulty of predicting ISNs in the *Class* field. Predictable ISNs are a long known security problem because they allow an adversary to spoof connections [2]. The *gcd* and *SI* field provide more detailed information about the ISN distribution. The first test also determines how IP identification numbers and TCP timestamps are generated.

The next seven tests determine the stack's behavior for packets that arrive on open and closed TCP ports. The last test analyzes the ICMP response packet to a closed UDP port.

Honeyd keeps state for each honeypot. This includes information about ISN generation, the boot time of the honeypot and the current IP identification number.

Before a packet is sent to the network, it passes through the personality engine.

For ICMP packets, the protocol part of the packet is currently changed only if it is of type *destination unreachable* and code *port unreachable*; see Figure 3. The daemon looks up the *PU* test entry for the personality to determine how the quoted IP header needs to be modified. Many operating systems modify the incoming packet by changing fields from network to host order and as a result quote the IP and UDP header incorrectly. Honeyd introduces these errors if necessary.

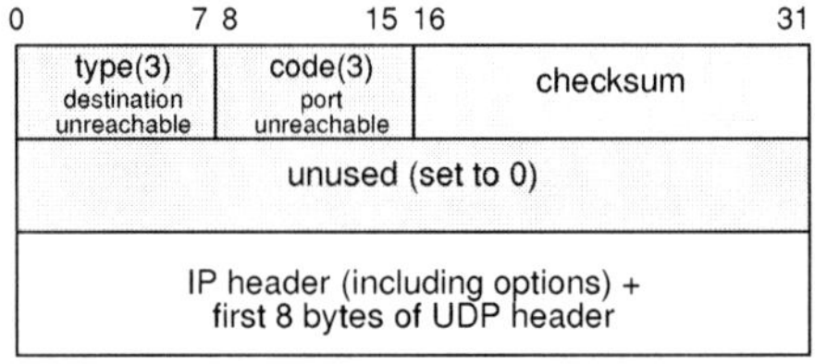

Figure 3: The diagram shows the structure of an ICMP port unreachable message. Honeyd introduces errors into the quoted IP header to match the behavior of network stacks.

Nmap's fingerprinting is mostly concerned with the operating system's TCP implementation. TCP is a stateful connection-oriented protocol that provides error recovery and congestion control [5]. It also supports additional options that are not implemented by all systems. The size of the advertised receiver windows varies between implementations and is used by Nmap as part of the fingerprint.

When the daemon sends a packet for a not yet established TCP connection, it takes the initial window size from the Nmap fingerprint. After a connection has been established, the daemon adjusts the window size according to the amount of buffered data.

If the fingerprint includes TCP options, Honeyd inserts them into a packet as long as they have been correctly negotiated during connection establishment. For TCP timestamps, the daemon uses the fingerprint to determine the frequency with which the timestamp is updated. For most operating systems, the update frequency is 2 Hz.

Generating a matching distribution of initial sequence numbers is more difficult. Nmap obtains six ISN samples and analyzes their consecutive differences. Nmap recognizes several ISN generation types: constant differences, differences that are multiples of a constant, completely random differences, time dependent and random increments. To differentiate between the

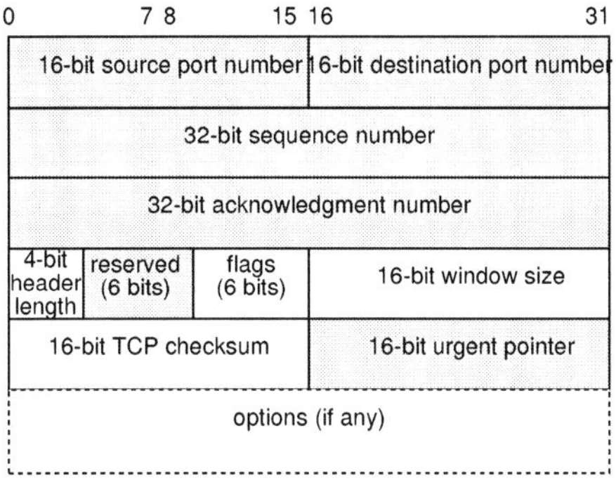

Figure 4: The diagram shows the structure of the TCP header. Honeyd changes options and other parameters to match the behavior of network stacks.

latter two cases, Nmap calculates the greatest common divisor (gcd) and standard deviation for the collected differences.

For each honeypot, the daemon keeps track of the last ISN that was generated and its generation time. For new TCP connection requests, Honeyd uses a formula that approximates the distribution described by the fingerprint's gcd and standard deviation. As a result, the generated ISNs match the generation class that Nmap expects for the particular operating system.

For the IP header, Honeyd adjusts the generation of the identification number. It can either be zero, increment by one, or random.

2.5 Configuration

Virtual honeypots are configured via templates. A template is a reference for a completely configured computer system. New templates are created with the *create* command.

The *set* and *add* commands change the configuration of a template. Using the set command, we assign a personality from the Nmap fingerprint file to a template. The personality determines the behavior of the network stack as discussed in Section 2.4. The set command is also used to define the default behavior for the supported network protocols. The default behavior can be one of the following values: *block*, *reset*, or *open*. Block means that all packets for the specified protocol are dropped by default, reset indicates that all ports are closed by default and open means that they are all open by default. The latter two settings make a difference only for UDP and TCP.

Using the add command, we specify the services that are remotely accessible. Besides the template name, we need to specify the protocol, port and the command to execute for each service. Instead of specifying a service, Honeyd also recognizes the keyword *proxy* that allows us to forward network connections to a different host. The daemon expands the following four variables for both the service and the proxy statement: *$ipsrc*, *$ipdst*, *$sport*, and *$dport*. This allows services to adapt their behavior depending on the particular network connection they are handling. It is also possible to redirect network probes back to the host that is probing us.

```
route entry 10.0.0.1
route 10.0.0.1 link 10.0.0.0/24
route 10.0.0.1 add net 10.1.0.0/16 10.1.0.1 latency 55ms loss 0.1
route 10.0.0.1 add net 10.2.0.0/16 10.2.0.1 latency 20ms loss 0.1
route 10.1.0.1 link 10.1.0.0/24
route 10.2.0.1 link 10.2.0.0/24

create routerone
set routerone personality "Cisco 7206 running IOS 11.1(24)"
set routerone default tcp action reset
add routerone tcp port 23 "scripts/router-telnet.pl"

create netbsd
set netbsd personality "NetBSD 1.5.2 running on a Commodore Amiga (68040 processor)"
set netbsd default tcp action reset
add netbsd tcp port 22 proxy $ipsrc:22
add netbsd tcp port 80 "sh scripts/web.sh"

bind 10.0.0.1 routerone
bind 10.1.0.2 netbsd
```

Figure 5: An example configuration for Honeyd. The configuration language is a context-free grammar. This example creates a virtual routing topology and defines two templates: a router that can be accessed via telnet and a host that is running a web server.

The *bind* command is used to assign a template to an IP address. If no template has been assigned to an IP address, the *default* template is used. Figure 5 shows an example configuration that specifies a routing topology and two templates. The router template mimics the network stack of a Cisco 7206 router and is accessible only via telnet. Whereas the web server template runs two services: a simple web server and a forwarder for SSH connections. In this case, the forwarder redirects SSH connections back to the connection initiator.

3 Evaluation

This section presents a brief evaluation of Honeyd's ability to create virtual network topologies and to mimic different network stacks.

We start Honeyd with a similar configuration to the one shown in Figure 5 and use traceroute to find the routing path to a virtual host. We notice that the measured latency is double the latency that we configured which is the correct time because packets have to travel each link twice.

Running Nmap against the two IP addresses `10.0.0.1` and `10.1.0.2` results in the correct identification of the configured personalities. Nmap states that `10.0.0.1` seems to be a Cisco router and that `10.1.0.2` seems to run NetBSD. Xprobe identifies `10.0.0.1` as Cisco router and lists a numer of possible operating systems including NetBSD for `10.1.0.2`. A more thorough evaluation of Honeyd is the subject of future work.

```
$ traceroute -n 10.3.0.10
traceroute to 10.3.0.10 (10.3.0.10), 64 hops max
 1  10.0.0.1  0.456 ms  0.193 ms  0.93 ms
 2  10.2.0.1  46.799 ms  45.541 ms  51.401 ms
 3  10.3.0.1  68.293 ms  69.848 ms  69.878 ms
 4  10.3.0.10  79.876 ms  79.798 ms  79.926 ms
```

Figure 6: Using traceroute, we measure a routing path in the virtual routing topology. The measured latencies match the configured ones.

4 Related Work

There are several areas of research in TCP/IP stack fingerprinting, among them: effective methods to determine the remote operating system either by active probing or by passive analysis of network traffic, and defeating TCP/IP stack fingerprinting by normalizing network traffic.

Fyodor's Nmap uses TCP and UDP probes to determine the operating system of a host [4]. Nmap collects the responses of a network stack to different queries and matches them to a signature database to determine the operating systems of the queried host. Nmap's fingerprint database is extensive and we use it as the reference for operating system personalities in Honeyd.

Instead of actively probing a remote host to determine its operating systems, it is possible to identify the remote operating system by passively analyzing its network packets as done by the passive OS fingerprinting tool *P0f* [10]. The TCP/IP flags inspected by P0f are similar to the data collected in Nmap's fingerprint database.

On the other hand, Smart *et al.*[6] show how to defeat fingerprinting tools by scrubbing network packets so that artifacts identifying the remote operating system are removed [6]. This approach is similar to Honeyd's personality engine as both systems change network packets to influence fingerprinting tools. In contrast to the fingerprint scrubber that removes identifiable information, Honeyd changes network packets in such a way that they contain artifacts of the configured operating system.

5 Conclusion

We presented Honeyd, a framework for creating virtual honeypots. Honeyd mimics the network stack behavior of operating systems to fool fingerprinting tools like Nmap.

We gave a brief overview of Honeyd's design and implementation. Our evaluation shows that Honeyd is effective in creating virtual routing topologies and successfully fools fingerprinting tools.

Honeyd is freely available as source code and can be downloaded from `http://www.citi.umich.edu/u/provos/honeyd/`.

6 Acknowledgments

I would like to thank Dug Song, Jamie Van Randwyk and Eric Thomas for helpful suggestions and contributions. I also thank Therese Pasquesi and Jose Nazario for careful reviews.

Bibliography

[1] Ofir Arkin and Fyodor Yarochkin. Xprobe v2.0: A "Fuzzy" Approach to Remote Active Operating System Fingerprinting. `http://www.xprobe2.org/`, August 2002.

[2] Steven M. Bellovin. Security problems in the TCP/IP protocol suite. *Computer Communications Review*, 19:2:32–48, 1989.

[3] Smoot Carl-Mitchell and John S. Quarterman. Using ARP to Implement Transparent Subnet Gateways. RFC 1027, October 1987.

[4] Fyodor. Remote OS Detection via TCP/IP Stack Fingerprinting. `http://www.nmap.org/nmap/nmap-fingerprinting-article.html`, October 1998.

[5] Jon Postel. Transmission Control Protocol. RFC 793, September 1981.

[6] Matthew Smart, G. Robert Malan, and Farnam Jahanian. Defeating TCP/IP Stack Fingerprinting. In *Proceedings of the 9th USENIX Security Symposium*, August 2000.

[7] Lance Spitzner. *Honeypots: Tracking Hackers*. Addison Wesley Professional, September 2002.

[8] Stuart Staniford, Vern Paxson, and Nicholas Weaver. How to Own the Internet in your Spare Time. In *Proceedings of the 11th USENIX Secuirty Symposium*, August 2002.

[9] W. R. Stevens. *TCP/IP Illustrated*, volume 1. Addison-Wesley, 1994.

[10] Michal Zalewski and William Stearns. Passive OS Fingerprinting Tool. `http://www.stearns.org/p0f/README`. Viewed on 12th January 2003.

Providerhaftung und Urheberrecht

Ricarda Luise Boenigk,
Angela Busche
Institut für Informations-, Telekommunikations- und Medienrecht (ITM),
Forschungsstelle Recht des DFN
Leonardo-Campus 1
48149 Münster
dfn.recht@uni-muenster.de

1 Haftungsfragen der Provider

Von im Internet abrufbaren Inhalten können zahlreiche Rechtsverletzungen ausgehen. Das besondere Gefahrenpotential liegt in der Möglichkeit jederzeitigen, unkontrollierten, weltweiten Zugriffs für jedermann. Hinzu kommt die Vielfalt der angebotenen Dienste von reiner Transportfunktion, etwa für E-Mails, bis hin zu inhaltlichen Angeboten wie etwa Webpräsenzen, Datenaustausch, Kommunikation und elektronischen Zeitschriften. Dadurch kommt dem Internet bei der Verbreitung rechtswidriger Inhalte ein Multiplikatoreffekt zu. Durch die weltweite Vernetzung der angeschlossenen Rechner können auch unterlassene Sicherungsmaßnahmen Rechtsverletzungen erheblichen Umfangs verursachen oder begünstigen.

Die Frage nach einer Haftung der Internet-Teilnehmer kann nicht pauschal, sondern nur differenziert nach den Haftungsgrundlagen für die jeweils einschlägige Funktion beantwortet werden. Im folgenden Überblick werden zunächst die allgemeinen, typischen Haftungsfälle zivilrechtlicher und strafrechtlicher Natur beleuchtet und anschließend die haftungsrechtlichen Besonderheiten, die sich aus dem Teledienstegesetz (TDG) und Mediendienste-Staatsvertrag (MDStV) für Inhalte ergeben, dargestellt. Abschließend wird zur Haftung für Sicherheit und Technik Stellung genommen.

1.1 Haftung für Inhalte

1.1.1 Allgemeine Haftungstatbestände für Inhalte

Grundsätzlich besteht für die Haftung desjenigen, der Informationen selbst erstellt und ins Netz einspeist und dadurch verbreitet, keine internetspezifische Besonderheit; er ist für seine eigenen Inhalte ebenso wie in der "Offline-Welt" uneingeschränkt verantwortlich. Bei

Anbietern, die fremd eingestellte Inhalte verbreiten oder den Zugang hierzu ermöglichen, hängt die Verantwortlichkeit davon ab, welche Funktion sie anbieten oder unterstützen.

1.1.1.1 Zivilrechtliche Haftung

Die beim Betrieb eines Rechenzentrums in Betracht kommenden Haftungsansprüche für die Richtigkeit und Rechtmäßigkeit von Inhalten sind überwiegend gerichtet auf Unterlassung - durch Entfernung des beanstandeten Inhalts - und bei Verschulden auf Schadensersatz.

Typische Fallgruppen sind zum einen eine Haftung für ehrverletzende Äußerungen auf Webseiten, insbes. nach § 823 ff. BGB. Dabei kann sich ein Unterlassungsanspruch sowohl aus Tatsachenbehauptungen als auch aus abfälligen Werturteilen (Beleidigungen) ergeben. Bei der Behauptung erweislich unwahrer ehrenrühriger Tatsachen über eine Person kommt auch ein Anspruch auf Widerruf in Betracht, §§ 12, 862, 1004 BGB analog. Soweit eine derartige Tatsachenbehauptung in einem Mediendienst[1] - wie einer Online-Universitätszeitung - aufgestellt wird, kann sie eine Pflicht zur Gegendarstellung gem. § 14 MDStV nach sich ziehen.

Zum anderen können fehlerhafte Produkte immaterieller Natur eine Haftung auslösen, etwa wenn fehlerhafte Software zu einem Datenverlust führt. Schadensersatzansprüche kommen schließlich aufgrund Urheberrechts- und Markenverletzungen und Wettbewerbsverstößen (abseits des Zivilrechts insbesondere auch wegen Datenschutzverstößen) in Betracht.

Soweit das Rechenzentrum für derartige Rechtsverletzungen (mit-) verantwortlich ist, haftet grundsätzlich die Einrichtung/Hochschule bzw. deren Rechtsträger als juristische Person. Ein Mitarbeiter, der die Rechtsverletzung durch Erstellung einer Webseite begangen hat, haftet in der Regel nicht persönlich, wenn dies in Ausübung seiner Diensttätigkeit geschah. Ausnahmen greifen ein bei vorsätzlichem oder grobfahrlässigem Verhalten.

1.1.1.2 Strafrechtliche Haftung

Inhalte von Internetangeboten können auch strafrechtliche Vorwürfe begründen. Einschlägig sind vor allem Äußerungsdelikte (§§ 185 ff. StGB) und die Verbreitung von pornographischen, verfassungsfeindlichen und gewaltverherrlichenden Inhalten. Ebenso können strafrechtliche Nebengesetze wie Urheber- und Markenrechtsverletzungen betroffen sein.

Strafrechtlich verantwortlich können nur einzelne Personen sein, nicht etwa die Hochschule als Institution. Für Inhalte auf den offiziellen Seiten der Hochschule ist strafrechtlich der jeweilige Autor voll verantwortlich. Es kommt aber nicht alleine darauf an, wer eine Seite tatsächlich erstellt hat. Die Verantwortung für Verstöße gegen Strafgesetze trägt auch der Auftraggeber, wenn für ihn Seiten durch andere Personen erstellt wurden, deren Inhalt er kennt.

---

[1] Zur Differenzierung von Tele- und Mediendiensten, s.u. Ziff. 1.1.2.

1.1.2 Haftungsregelungen des TDG und MDStV

Das Teledienstegesetz (TDG) des Bundes und der weitgehend identische Mediendienstestaatsvertrag (MDStV) der Länder[2] schaffen Rahmenbedingungen für Provider, wobei die Verantwortlichkeit der Dienstanbieter einen Regelungsschwerpunkt bildet.

Sowohl Teledienst als auch Mediendienst stellen inhaltsbezogene Dienste dar und werden via Telekommunikation übertragen. Dabei stehen bei Telediensten der individuelle Austausch von Informationen und die Steuerung der Kommunikation durch den Nutzer im Vordergrund. Zu den Telediensten rechnen daher neben Online-Handel und Telebanking auch E-Mail-Dienste, Datendienste und die meisten Webseiten.

Mediendienste hingegen zeichnen sich dadurch aus, dass sie journalistisch-redaktionell gestaltet und zur Meinungsbildung an die Allgemeinheit gerichtet sind. Darunter fallen online publizierte Universitätszeitungen sowie moderierte Newsgroups/Diskussionsforen und wissenschaftliche Informationsdienste.

Webseiten von Hochschulen sind regelmäßig Teledienste, da sie kaum redaktionell gestaltete Beiträge enthalten, sondern der Inhalt in erster Linie der individuellen Information zu bestimmten Fragen dient.

Im Betrieb der Rechenzentren ist also überwiegend das TDG einschlägig. Inhaltlich stimmen die Regelungen des TDG und MDStV weitgehend überein; einzelne Abweichungen sind durch die Nähe der Mediendienste zur Presse (s. Gegendarstellungsanspruch) bedingt. Soweit nichts Anderes erwähnt, beziehen sich die weiteren Ausführungen auf Teledienste wie auf Mediendienste.

Die allgemeinen zivilrechtlichen oder strafrechtlichen Haftungstatbestände knüpfen Rechtsfolgen an, die übermittelten Inhalte, etwa Äußerungsdelikte, Produkthaftung, Urheberrecht. TDG und MDStV enthalten keine weiteren Haftungstatbestände, sondern schränken die allgemeine Verantwortlichkeit von Dienstanbietern je nach deren Funktion ein. Dies beruht auf der "Nähe" zu den Inhalten und stellt sich vereinfacht dar wie folgt:

Providerhaftung nach dem Teledienstegesetz		
Content-Provider	Host-Provider	Access-Provider
§ 8 Abs. 1 TDG Haftung für eigene Inhalte uneingeschränkt nach den allgemeinen Gesetzen	§ 11 TDG Haftung für fremde Inhalte nur bei Kenntnis der Rechtswidrigkeit; Schadensersatz nur bei offensichtlich für Rechtswidrigkeit sprechenden Umständen	§§ 9, 10 TDG Keine Haftung für reine Durchleitung oder Zugangsvermittlung, sofern Informationen nicht ausgewählt oder verändert wurden Keine Haftung für Proxybetreiber, solange keine Kentnis
	§ 8 Abs. 2 TDG: Keine Verpflichtung, gespeicherte oder übermittelte Informationen zu überwachen oder nach rechtswidrigen Inhalten zu suchen	

[2] Beide Gesetze in Kraft seit 1997.

Danach ist haftungsrechtlich zu unterscheiden zwischen dem Anbieten eigener Inhalte (Content-Provider), dem Bereithalten fremder Inhalte auf eigenen Servern (Host-Provider) und der Zugangsvermittlung zu fremden Inhalten auf anderen Servern (Access-Provider).

1.1.2.1 Content-Provider - Haftung für eigene Inhalte

Für die *eigenen* Inhalte ist jeder nach den allgemeinen Gesetzen in vollem Umfang verantwortlich, §§ 8 Abs. 1 TDG, 6 Abs. 1 MDStV. Die Hochschule haftet also zivilrechtlich für alle Rechtsverstöße auf ihren eigenen Webseiten, während strafrechtlich der jeweilige Autor persönlich verantwortlich ist.

Die Providerhaftung hängt letztlich ganz entscheidend davon ab, ob ein bereitgestellter Inhalt als eigener Inhalt oder als fremder Inhalt einzuordnen ist.

Dabei sind eigene Inhalte, für die man uneingeschränkt einzustehen hat, zunächst selbst erstellte Inhalte. Darunter fallen alle offiziellen Seiten und Angebote der Hochschule sowie ihrer Institutionen wie z.B. Fakultäten und Institute, unabhängig davon, ob die Inhalte von Hochschulmitarbeitern oder durch externe Auftragnehmer erstellt wurden. Wenn es sich aus Nutzersicht um ein offizielles Angebot der Hochschule handelt und die Verbreitung der Inhalte tatsächlich auf die Hochschule zurückzuführen ist, liegt ein eigener Inhalt in diesem Sinn vor. Anders ist es zu beurteilen, wenn ein Student eigenmächtig eine Seite erstellt, die den Anschein einer offiziellen Darstellung der Hochschule erweckt.

Bei gehosteten Homepages von Studenten sind diese zunächst selbst für ihre Informationen haftbar.

Allerdings können haftungsrechtlich als eigene Inhalte auch fremd erstellte Informationen zu werten sein, abhängig von der Art und Weise der Darstellung. Wenn man sich nach dem Gesamteindruck für einen Nutzer fremde Informationen geistig "zu Eigen" macht, hat man dafür einzustehen wie für selbst produzierte Informationen.

Dies hat auch das LG Köln[3] in einem Fall bejaht, in dem ein Seitenbetreiber auf Unterlassung ehrverletzender Äußerungen in Anspruch genommen wurde. In der sog. "Community" seiner Website konnten Dritte unter Pseudonym Bilder und Texte einstellen; dabei tauchten u.a. obszöne Fotomontagen von Steffi Graf auf. Das Gericht bejahte eine Haftung des Website-Anbieters, weil aufgrund der äußeren Gestaltung nur der Seitenbetreiber nach außen in Erscheinung trat. Aus Sicht eines Nutzers erschienen damit Fremd- und Eigeninhalt als Einheit; insofern machte sich der Seitenbetreiber den Fremdinhalt zu Eigen.

Ebenfalls mit dem Argument des Zu-Eigen-Machens fremder Inhalte bestätigte das LG Trier[4] die Haftung eines Anbieters für eine ehrverletzende Äußerung im Gästebuch seiner Site, die einen Monat lang abrufbar war. Den Einwand fehlender Kenntnis des Gästebuchbetreibers ließ das Gericht nicht gelten. Denn ein Gästebuchanbieter müsse auch mit dem Erscheinen von Einträgen rechnen, die andere in ihren Rechten verletzten. Insoweit müsse er zumindest regelmäßig kontrollieren und ggf. Beiträge löschen. Andernfalls entstehe für andere Besucher - wie hier - der Eindruck, dass der Seitenbetreiber mit dem Inhalt einverstanden sei. Damit mache er sich den fremden Inhalt geistig zu eigen und hafte wie für eine selbstverfasste Äußerung[5].

---

[3] LG Köln, U. v. 05.10.2001, MMR 2002, 254.

[4] LG Trier, U.v.16.05.2001, MMR 2002, 694.

[5] ähnlich: LG Düsseldorf vom 14.08.02, abrufbar unter: http://www.jurpc.de, JurPC Web-Dok. 323/2002, für Beleidigung im Gästebuch und OLG München, U. v. 17.05.2002, MMR 2002, 611 ff für gewerbeschädigende Äußerung.

Eigene Inhalte liegen damit vor, soweit diese selbstverfasst sind oder fremde Inhalte selbst verantwortet werden, auch indem man sich diese durch die Art und Weise der Darstellung geistig zu eigen macht. Eine Haftung von Hochschulen kommt insofern auch in Betracht, wenn Dateien auf Hochschulseiten zum Abruf angeboten werden und nicht hinreichend deutlich gemacht wird, dass es sich um ein Fremdangebot handelt.

1.1.2.2 Host-Provider - Haftung für fremde Inhalte auf eigenen Servern

Als Host-Provider fungieren viele Hochschulen, die Speicherplatz für fremde Angebote, etwa Homepages von Studenten, zur Verfügung stellen. Außerdem betrifft diese Regelung Beiträge in Newsgroups, sofern das Rechenzentrum einen eigenen Newsserver vorhält.

Für fremde Informationen ist ein Service-Provider dann nicht verantwortlich, wenn er von rechtswidrigen Inhalten keine Kenntnis hat und auch keine Umstände kennt, bei denen im Falle von Schadensersatzansprüchen die Rechtswidrigkeit offensichtlich ist. Weiter haftet der Provider nicht, wenn er ohne schuldhaftes Zögern versucht, die Information zu sperren oder den Zugang zu ihr zu sperren, §§ 11 TDG, 9 MDStV. Eine Überprüfungspflicht obliegt dem Service-Provider nicht, §§ 8 Abs. 2 TDG, 6 Abs. 2 MDStV.

Für die Kenntniserlangung unerheblich ist dabei, durch wessen Hinweise (Nutzer, Polizei) und auf welche Weise sie erfolgt. Auch eine rein zufällige Kenntnisnahme gelegentlich des "Surfens" genügt. Inhaltlich ausreichend ist ein konkreter Hinweis auf eine bestimmte URL bzw. einen bestimmten Dateinamen, verbunden mit einer Beschreibung der rechtswidrigen Inhalte.

Wesentlich ist schließlich die Frage, auf wessen Kenntnis es ankommt. Ein außenstehender Hinweisgeber braucht nicht die interne Organisation zu beachten; es genügt, wenn er z.B. ein Schreiben an "das Rechenzentrum" richtet. Es obliegt der Hochschule, durch eine geeignete Organisation sicherzustellen, dass eingehende Hinweise auf rechtswidrige Inhalte unverzüglich an einen sperrungsbefugten Mitarbeiter weitergegeben werden. Entsprechendes gilt, wenn im Impressum neben den regelmäßig Verantwortlichen als weitere Kontaktperson der Webmaster genannt ist und Hinweise an diesen gerichtet werden.

Insoweit kann sich auch eine Strafbarkeit wegen rechtswidriger Inhalte ergeben, die von anderen Personen erstellt wurden, aber auf den Servern des Rechenzentrums zum Abruf bereit gehalten werden, sofern die Dateien nicht nach Erlangung der Kenntnis von diesen Inhalten gesperrt werden. Als strafrechtlich (Mit-)Verantwortliche kommen je nach Einzelfall z.B. der Rektor, der Leiter des Rechenzentrums oder der Dekan einer Fakultät in Betracht. Eine Verantwortlichkeit besteht insbesondere für Rechenzentrumsleiter, weil und soweit diese eine Sperrung und Löschung von Dateien mit rechtswidrigen Inhalten veranlassen und umsetzen können. Dies setzt jedoch eine entsprechende Kenntnis voraus. Eine Pflicht zur Durchsuchung von Dateien auf rechtswidrige Inhalte hin besteht grundsätzlich nicht.

1.1.2.3 Access-Provider - Zugangsvermittlung zu fremden Inhalten anderer Server

Access-Provider stellen nur den Zugang zu Kommunikationsnetzen, vor allem zum Internet, her oder leiten fremde Inhalte zum abrufenden Nutzer durch. Für die Zugangsvermittlung zu fremden Inhalten auf anderen Servern haften sie regelmäßig nicht, da - und solange - sie keine Kenntnis von den übermittelten Inhalten und keinen Einfluss darauf haben, §§ 9, 10 TDG, 7, 8 MDStV. Auch Hochschul-Rechenzentren fungieren als Netzzugangsvermittler, Betreiber von Routern oder Proxy-Cache-Servern als Access-Provider.

Der Verantwortlichkeitsausschluß beruht darauf, dass eine Kontrolle des Datenflusses und eine Einflussnahme auf den Inhalt schon technisch nicht möglich ist. Zu diesem Ergebnis gelangte auch das LG München I als Berufungsinstanz in dem von weltweitem Medieninteresse beachteten Strafverfahren gegen den Geschäftsführer der CompuServe Deutschland. Diesem war vorgeworfen worden, nicht hinreichend für die Sperrung des Zugangs zu Newsservern der amerikanischen Muttergesellschaft gesorgt zu haben, von denen pornographische Inhalte auch in Deutschland abrufbar waren. Der Angeklagte wurde freigesprochen, da er durch die reine Zurverfügungstellung der Einwahlzugänge keinen eigenen Einfluss auf die durchgeleiteten Daten hatte[6].

Im Ergebnis ebenso hat das OLG Karlsruhe[7] in einem Fall entschieden, in dem ein kostenlos zugänglicher Faxdienst für unzulässige Versendung von Werbe-Mails missbraucht wurde. Der Faxanbieter hafte als Access-Provider nicht für wettbewerbswidriges Verhalten von Kunden, da er weder rechtlich noch technisch Einfluss auf die Nutzung der zur Verfügung gestellten Anschlüsse habe, sondern nur mit der Beförderung der Kommunikationsdaten Dritter befasst sei.

Ein Unterschied ergibt sich bei Mediendiensten insoweit, als diese der staatlichen Aufsicht unterliegen und die Landesbehörden eine Sperrungsbefugnis hinsichtlich rechtswidriger Angebote haben (§ 22 MDStV). Hiervon hat die Bezirksregierung Düsseldorf im Februar 2002 Gebrauch gemacht und den in NRW ansässigen Providern aufgegeben, den Zugang zu drei US-Servern mit Neonazi-Inhalten zu sperren. Gerichtliche Verfahren zur Prüfung der Rechtmäßigkeit der umstrittenen Verfügung sind noch anhängig.

1.1.3 Haftung für Links

Mangels gesonderter Regelungen wird die Haftung für Hyperlinks entsprechend der Haftung für Inhalte nach dem TDG beurteilt. Grundsätzlich kann dabei ein Link als solcher keine Haftung auslösen, da er nur einen technischen Verweis innerhalb eines HTML-Dokuments darstellt. Haftungsrechtlich wird vielmehr an die Aussage angeknüpft, die mit einem Link verbunden ist. Je nach Ausgestaltung kann auch ein Link als eigener oder fremder Inhalt einzustufen sein. Dies ist nach dem Kontext zu entscheiden, in den ein Link eingebunden ist. Nach dem Gesamteindruck aus Nutzersicht ist zu beurteilen, ob ein erkennbar fremder Inhalt vorliegt oder der Anbieter fremde Inhalte als eigene übernehmen will. Mit fremden Inhalten meint das TDG solche, die der Anbieter weder selbst erstellt hat oder verantwortet noch sich erkennbar zu eigen macht. Ein „Sich-zu-Eigen-machen“ bei Links kann auch dadurch erfolgen, dass nicht deutlich zum Ausdruck gebracht wird, dass der referenzierte Inhalt nicht der eigene ist[8] oder der Anbieter mit den verlinkten Inhalten solidarisiert.

Zu dem Problem der inhaltlichen Aussage eines Links nahm 1997 als erstes deutsches Gericht das Amtsgericht Berlin-Tiergarten[9] Stellung. Dabei ging es um die strafrechtliche Verantwortlichkeit für einen Link, der auf die Homepage der Zeitschrift "Radikal" gesetzt wurde. Zu einem späteren Zeitpunkt wurden auf der verlinkten Site Artikel eingestellt, die zur Zerstörung von Bahnanlagen vor Castor-Transporten aufforderten[10]. Die daraufhin - wegen

---

[6] LG Mü, I, MMR 2000, 171; ebenso BGH zu Netzbetreibern und deren (Nicht-)Verantwortlichkeit bei Telefonsexentgelten, BGH, MMR 2002, 91.

[7] OLG Karlsruhe, U.v. 08.05.2002, MMR 2002, 613.

[8] LG Lübeck, NJW-CoR 1999, 427.

[9] AG Berlin-Tiergarten, CR 1998, 111.

[10] "Kleiner Leitfaden zur Behinderung von Bahntransporten aller Art" sowie "Jedes Herz eine Zeitbombe - Rekrutierungszüge/Abschiebezüge stoppen!".

ihres Links - der Beihilfe zur Anleitung und Billigung von Straftaten Angeklagte wurde freigesprochen, da ihr eine Kenntnis der zeitlich nach der Verlinkung veröffentlichten rechtswidrigen Inhalte nicht nachzuweisen war.

In einem vielzitierten Urteil des LG Hamburg[11] ging es schließlich um Links, welche u.a. auf eine Seite mit ehrverletzenden Äußerungen gegen den Kläger führten. Das Gericht bejahte eine Haftung für die Links, weil sich der Beklagte nicht hinreichend von den ehrverletzenden Äußerungen Dritter distanziert und sich die ehrverletzenden Äußerungen durch seine Links zu eigen gemacht habe. Danach reiche es im Sinne einer ernsthaften Distanzierung nicht aus, auf die eigene Verantwortung des jeweiligen Autors zu verweisen. Insbesondere ergänzten die Links eine Zusammenstellung ausschließlich ehrverletzender Artikel gegen den Kläger. Aufgrund des dadurch entstehenden Solidarisierungseffektes hafte der Beklagte wie für eigene Inhalte.

Rechtlich problematisch sind vor allem auch sog. Inline Links u. Frame Links. Dabei werden programmiertechnisch fremde Inhalte bei Aufruf in Frames oder mittels Links so in aufrufende Webseite eingebunden, dass einem Nutzer der Anbieterwechsel nicht ohne weiteres erkennbar ist. Die Verschleierung des Anbieterwechsels, indem fremder Inhalte als eigene dargestellt werden, kann insbesondere urheberrechtlich, aber auch wettbewerbsrechtlich relevant sein[12]. So bejahte das OLG Hamburg[13] eine Urheberrechtsverletzung für einen Link auf ein umfassendes Medizin-Lexikon, wobei beim Aufruf das Lexikon in einem Frame ohne Menü-, Adress- und Symbolleiste dargestellt wurde. Für den Nutzer war mithin nicht ohne weiteres klar war, dass das Medizin-Lexikon von einem anderen Seitenanbieter stammte. Das Gericht sah eine Widerrechtlichkeit darin, dass nach Anklicken des Links die verweisende Web-Site nicht "vollständig verlassen" wurde, sondern der verlinkte Inhalt in die Website der Antragsgegnerin inkorporiert blieb.

1.1.4 Disclaimer

Angesichts der oben dargelegten Haftungsrisiken findet sich auf vielen WWW-Angeboten ein Haftungsausschluss (sog. Disclaimer). Hierdurch soll eine Haftung des Inhaltsverantwortlichen für die Vollständigkeit, Richtigkeit, Aktualität etc. der angebotenen Inhalte ausgeschlossen werden. Derartige Haftungsausschlüsse, die sich auf die eigenen Online-Inhalte beziehen, sind i.d.R. rechtlich ohne Bedeutung. Wichtiger ist die deutliche Abgrenzung der eigenen Inhalte zu fremden Inhalten, die auf dem eigenen Server bereitgehalten werden (Web-Hosting), und zu fremden externen Angeboten, auf die per Hyperlink verwiesen wird.

1.2 Haftung für Sicherheit und Technik

Neben der Haftung der Provider für Inhalte können sich Haftungsansprüche aus unzureichenden Maßnahmen der informationstechnischen Sicherheit und damit auch des

[11] LG Hamburg, Urteil vom 12. Mai 1998, CR 1998, 565 =NJW-CoR 1998, 302.

[12] Hoeren Thomas, Skriptum zum Internetrecht, abrufbar unter: http://www.uni-muenster.de/Jura.itm/hoeren/Std. 10/2002, S. 216, mwN.

[13] OLG HH, Feb. 2001.

technisch-organisatorischen Datenschutzes ergeben. Der nachfolgende Überblick soll sich dabei auf Haftungsrisiken gegen Angriffe von außen beschränken.

Angreifer nutzen Schwachstellen in den Sicherheitssystemen, um sich Administratorrechte zu verschaffen oder etwa Software mit Schadenswirkung, z.B. Viren, Trojanische Pferde, logische Bomben oder Netzwürmer, einzubringen. Ziel ist es, Daten auszuspähen, zu verändern oder zu vernichten oder Informationen, Programme oder Hardware so zu verändern, dass sie fehlerhafte Ergebnisse erzeugen oder unerwünschte Funktionen ausführen. Schließlich können Betriebssysteme und Kommunikationsverbindungen funktionsunfähig gemacht werden. Dabei kommen Serverbetreiber sowohl als Opfer wie als potentielle Ausgangsplattformen vor allem von DDoS-Angriffen (Distributed Denial of Service Attacks) in Betracht, bei welchen unzählige Rechner so manipuliert werden, dass sie durch massenweises Absenden von Datenpaketen einen Zielrechner lahmlegen.

Gefährdet sind dabei die wesentlichen informationstechnischen Sicherheitsziele der Verfügbarkeit und Integrität von Daten, Programmen, Hardware und sonstigen Verarbeitungsmitteln sowie die Vertraulichkeit und Authentizität von Daten. Dabei kommt eine Vielzahl von Haftungstatbeständen in Betracht. Schäden beträchtlicher Höhe können entstehen bei Kunden der Provider, Nutzern der Dienstangebote und Mitarbeitern. Dabei können beispielsweise Vermögensschäden (geldwerter Arbeitsausfall oder -aufwand) ebenso wie Verletzungen des Eigentum an geldwerten geistigen Informationsinhalten und an informationstechnischen Einrichtungen und Daten und auch eine Verletzung des Persönlichkeitsrechts eintreten. Nachdem das Entdeckungsrisiko für Außentäter gering ist, spielt eine Haftung der Provider - auch aufgrund der hohen Schadensrisiken - eine umso größere Rolle.

1.2.1 Anwendbarkeit der Haftungsnormen der Tele- und Mediendienste

Die Haftungsmodifikationen des TDG und MDStV sind nur auf Inhalte anwendbar, nicht dagegen auf die allgemeine Haftung der Anbieter im Bereich der Funktionstüchtigkeit und Sicherheit der jeweiligen Dienste[14]. Dies gilt auch, soweit durch eine Vireninfektion Inhalte verändert werden. Denn §§ 8 ff. TDG gelten nur für Informationen, die "zur Nutzung bereitgehaltenen" werden; von einer derartig bewussten Tätigkeit des Providers kann aber hinsichtlich Viren schwerlich die Rede sein[15].

1.2.2 Strafrechtliche Haftung

Hackerangriffe können verschiedene computerspezifische Straftatbestände erfüllen. So erfüllt ein Eindringen in ein System durch Überwindung einer Firewall jedenfalls den Tatbestand des Ausspähens von Daten, § 202a StGB. Denn danach ist strafbar, wer sich unbefugt Daten verschafft, die nicht für ihn bestimmt sind und die gegen unberechtigten Zugang, wie es eine Firewall darstellt, besonders gesichert sind. Für die Strafbarkeit gem. § 202a StGB spielt es keine Rolle, ob die verschafften Daten Geheimnisse darstellen. Auch ist es nicht erforderlich, dass Daten verändert, zerstört oder an dritte Personen weitergegeben werden. Vielmehr sind

[14] Spindler in Hoeren/Sieber, Teil 29,Rn. 93.

[15] Spindler, aaO., Teil 29, Rn.93.

bereits das - durch die Sicherung dokumentierte - formelle Geheimhaltungsinteresse des Netzteilnehmers und die Integrität seines Computersystems geschützt.

Wenn beim Eindringen in fremde Rechner Daten vorsätzlich und rechtswidrig gelöscht, unterdrückt, unbrauchbar gemacht oder verändert werden, so kommen zusätzlich die Strafbestimmungen der Sachbeschädigung (§ 303 StGB), der Datenveränderung (§ 303a StGB) und der Computersabotage (§ 303b StGB) in Betracht. Diese Tatbestände erfassen Angriffe auf Hard- oder Software und insbesondere auch den Einsatz von Viren und Würmern. Daneben können Angriffe auch als Computerbetrug, § 263a StGB, Störung von Fernmeldeanlagen, § 317 StGB, Verletzung von Geschäfts- und Betriebsgeheimnissen, § 17 UWG, und nach urheber- und datenschutzrechtlichen Tatbeständen strafbar sein.

Die Einrichtungen eines Rechenzentrums können zur Begehung verschiedener Straftaten missbraucht werden. Es stellt sich die Frage, inwieweit Verantwortliche in Rechenzentren dafür strafrechtlich belangt werden können.. Die meisten Strafnormen gegen Computermissbrauch setzen eine Begehung durch aktives Tun voraus. Ein Nichtstun - durch Unterlassen von ausreichenden Sicherungs- und Kontrollmaßnahmen - ist nur dann strafbar, wenn den Täter gegenüber dem Opfer eine strafrechtliche Garantenpflicht zur Vornahme von Sicherungsmaßnahmen trifft.

Eine Garantenpflicht setzt voraus, dass gegenüber dem Opfer gewisse Schutzpflichten bestehen oder aus vorangegangenem gefahrdendem Tun gewisse Überwachungspflichten erwachsen. Die erste Fallgruppe spielt in dem bereich Providerhaftung keine Rolle.

Eine Garantenpflicht aus vorausgegangenem gefährdendem Tun (sog. Ingerenz) ist abzulehnen, weil die Eröffnung von Kommunikations- und Speicherverbindungen kein objektiv pflichtwidriges Tun darstellt, sondern als rechtmäßiges und sozialadäquates Verhalten anzusehen ist. Daher kann es einem Provider auch strafrechtlich nicht zugerechnet werden, wenn ein Dritter durch eigenverantwortliches und vorsätzliches Handeln dieses sog. erlaubte Risiko zu einer Straftat missbraucht.

Allenfalls könnte ein strafrechtlicher Vorwurf aufgrund der Providern obliegenden Pflicht zur Überwachung der Kommunikationsinfrastruktur als Gefahrenquelle erhoben werden, soweit die Verhinderung von Straftaten Dritter auch zu den Organisationspflichten des Providers rechnet. Neben der Problematik der strafrechtlichen Zurechnung setzen jedoch die meisten in Frage kommenden Straftatbestände vorsätzliches Handeln voraus. In diesen Konstellationen ist der Verantwortliche nur strafbar, wenn er bei der Unterlassung von Sicherungsmaßnahmen die Verwirklichung der Straftatbestände zumindest billigend in Kauf nimmt.

Wenn der Vorsatz beim Provider zu bejahen ist, dann kommt es darauf an, ob die Sicherheitsvorkehrungen ausreichend waren. Denn strafbar ist eine Unterlassungshandlung nur dann, wenn die geforderte Handlung dem Provider möglich und zumutbar war. Das hängt davon ab, welche Sicherheitsvorkehrungen erforderlich sind. Siehe dazu Kapitel 1.2.5.

1.2.3 Zivilrechtliche Haftung

Eine zivilrechtliche Haftung entfällt jedenfalls nicht wegen vorsätzlichen und eigenverantwortlichen Handelns Dritter. Auch die fahrlässige Schaffung von Situationen, die schädigende Handlungen Dritter begünstigen oder gar heraufbeschwören, kann haftungsbegründend sein. Wenn die zumutbaren Sicherheitsvorkehrungen entsprechend dem Stand der Technik sorgfaltspflichtwidrig vernachlässigt werden und dadurch ein schädigender

Hackerzugriff begünstigt, ein Virenbefall oder der Missbrauch der Server zu Angriffen auf andere Internet-Teilnehmer ermöglicht wird, haften Provider für entstehende Schäden.

Seitens der Kunden, deren Website gehostet wird, können aus der Zerstörung von Daten oder der Beschädigung von Hardware vertragliche Ansprüche bestehen. Daneben und gegenüber anderen Nutzern und Internet-Teilnehmern können deliktische Ansprüche eingreifen wegen Verletzung des Eigentums an Hardware, Speichermedien, Daten, ferner wegen Verletzung der Privat- und Intimsphäre bei Ausspähen von E-Mails oder pesonenbezogener Daten. Möglich sind auch Ansprüche wegen Verletzung von Verkehrssicherungspflichten, Eingriff in den eingerichteten und ausgeübten Gewerbebetrieb und Ermöglichung des Verschaffens von Betriebs- und Geschäftsgeheimnissen.

Zum Schutz vor Virenverbreitung obliegt Providern das Anbieten und Bereithalten von Anti-Viren-Programmen. Zur Vorbeugung von Angriffen, die E-Mails ausspähen, müssen zumindest Passwörter eingerichtet werden und auf Verschlüsselungsmöglichkeiten hingewiesen werden. Ist dem Provider eine technische Sicherung gegen Angriffe nach dem Stand der Technik nicht möglich, hat er den Nutzer zur Meidung eigener Haftung intensiv auf entsprechende Gefahren hinzuweisen und Schutzmaßnahmen, etwa durch eine Firewall, zu empfehlen. Unterlassenen Selbstschutz muss sich der Geschädigte u.U. als Mitverschulden entgegenhalten lassen.

1.2.4 Datenschutzrechtliche Haftung

Erhält der Hacker Zugang zu personenbezogenen Daten wie z.B. Personaldaten oder Passwörtern, so ist dies auch datenschutzrechtlich relevant. Die Verletzung des Rechts auf informationelle Selbstbestimmung, bedingt oder begünstigt durch mangelnde Sicherheitsvorkehrungen, kann Schadensersatzansprüche oder eine Strafbarkeit nach sich ziehen. Den Rechenzentren als datenverarbeitenden Stellen obliegt nach den Landesdatenschutzgesetzen die Wahrung eines hohen Niveaus an technischen und organisatorischen Sicherheitsmaßnahmen zur Datensicherheit und zum Datenschutz. Dies dient sowohl der Vermeidung als auch der Aufklärung von unerwünschtem bzw. unerlaubtem Verlust, Veränderung, Weitergabe oder Nutzung von personenbezogenen Daten, und zwar unabhängig davon, ob dies unabsichtlich oder bewusst herbeigeführt wird. Soweit die informationstechnische Sicherheit gewährleistet ist, ist gleichzeitig dem sog. Systemdatenschutz des Bundesdatenschutzgesetzes (§ 9) bzw. der Sicherheitsziele der neueren Landesdatenschutzgesetze Genüge getan. Insoweit profitiert der technische Datenschutz wesentlich von der Verbesserung der informationstechnischen Sicherheit, welche über die personenbezogenen Daten hinaus alle Daten schützt. In organisatorischer Hinsicht wird eine sorgfältige und vollständige Dokumentation verlangt. Oberstes Gebot der Systemstruktur ist dabei die Datenvermeidung. Um Haftungsansprüchen entgegenzuwirken, muss der Anbieter zumindest ein angemessenes Schutzniveau nach dem jeweiligen Stand der Technik sicherstellen.

1.2.5 Erforderliche Sicherungsmaßnahmen

Die Haftungsvorschriften knüpfen regelmäßig an eine sorgfaltswidrige Unterlassung von Sicherungsmaßnahmen an. Fraglich ist daher das Maß der einzuhaltenden Sorgfaltspflichten, um einem Fahrlässigkeitsvorwurfs zu entgehen. Als Standardanforderung setzen die genannten Haftungsregelungen regelmäßig einen am Stand von Wissenschaft und Technik ausgerichteten angemessenen Schutz als Mindestanforderung voraus.

Es besteht zwar Einigkeit, dass ein umfassender Schutz selbst für kritische Infrastrukturen nicht zu realisieren ist. Jedoch müssen im Rahmen einer Schutzbedarfsermittlung Schwachstellen ausgelotet und Wahrscheinlichkeit und Auswirkungen von Schäden unter Berücksichtigung von Verfügbarkeit, Vertraulichkeit und Integrität von Daten als Basis eines Sicherheitskonzepts eingeschätzt werden. Dabei werden die Sicherheitsanforderungen in Hochschulrechenzentren wesentlich mitgeprägt durch die zu schützenden Arbeitsergebnisse aus Wissenschaft, Forschung und Lehre und die personenbezogenen Daten der Nutzer der angebotenen Dienste und der Mitarbeiter. Ein zusätzlicher Schwerpunkt ist aufgrund der hohen Zahl potenzieller Nutzer in der Verfügbarkeit der verschiedenen Dienste zu sehen. Grundsätzlich müssen Diensteanbieter jedenfalls bereits definierte technische Standards für Produkte und Systeme gewährleisten. Im Bereich der Telekommunikation haben Hochschulrechenzentren als Anlagenbetreiber zunächst die zum Schutz vor Angriffen erforderlichen technischen Maßnahmen zu beachten, die in dem von der RegTP im Benehmen mit dem Bundesamt für Sicherheit in der Informationsgesellschaft (BSI) erstellten Katalog von Sicherheitsanforderungen gemäß § 87 Abs. 1 TKG veröffentlicht sind[16]. Darüberhinaus beschreiben das IT-Grundschutzhandbuch des BSI[17] und die Kataloge der vom BSI eingesetzten Task-Force[18] "Sicheres Internet" Standard-Sicherheitsmaßnahmen gegen die typischen Gefährdungen durch Virenbefall, DDoS-Angriffe und andere Angriffe von außen. Neben dem Einsatz von Firewalls, Virenscannern und Verschlüsselung ist insbesondere auch die zeitnahe Installation von Patches unabdingbar, um neu entdeckte sicherheitsrelevante Schwachstellen in Betriebssystemen und Serversoftware unverzüglich zu beheben. Serverbetreibern, die auch potentielle Ausgangsplattformen für DDoS-Angriffe darstellen, wird u.a. der ergänzende Einsatz von Intrusion Detection Systemen (IDS) zur automatischen Angriffserkennung, restriktive Rechtevergabe und weitgehende Vermeidung aktiver Inhalte empfohlen. Diese Empfehlungen für Standardmaßnahmen entsprechen auch den Ratschlägen des Arbeitskreises Technik der Konferenz der Datenschutzbeauftragten des Bundes und der Länder[19] zum Schutz personenbezogener Daten durch Technik. Allerdings können angesichts der rasanten Veränderungen im Bereich der Informationssicherheit die zur Umsetzung des Datensicherungskonzepts ergriffenen Maßnahmen niemals konstant sein, sondern müssen laufend angepasst werden.

Zusammenfassend sind damit zur Meidung einer Haftung Vorkehrungen zum Schutz nach dem Stand der Technik als Mindestmaß zu treffen und nach datenschutzrechtlichen Vorgaben und zu Beweiszwecken sorgfältig zu dokumentieren.

1.2.6 Datenschutzrechtliche Problematik einzelner Sicherungsmaßnahmen

Wenn einerseits die Maßnahmen der informationstechnischen Sicherung auch dem Datenschutz dienen, so ergeben sich andererseits regelmäßig Konflikte beim Einsatz von Mißbraucherkennungsmaßnahmen gerade mit dem Datenschutzrecht.

---

[16] abrufbar: http://text.bund.de/Wir-ueber-uns/Bundesverwaltung/Bundesoberbehoerden -.4393.35005/Regulierungsbehoerde-fuer-Telekommunikation-und-Post.htm

[17] http://www.bsi.bund.de/gshb.

[18] "Empfehlungen zum Schutz vor verteilten Denial of Service-Angriffen im Internet ", Version 1.1a vom 20.06.2000; " Empfehlungen zum Schutz vor Computer-Viren aus dem Internet ", Version 1.0 vom 18.05.2000, beide Kataloge abrufbar unter www.bsi.de/taskforce.

[19] Orientierungshilfe zu Datenschutzfragen des Anschlusses von Netzen der öffentlichen Verwaltung an das Internet, erstellt vom Arbeitskreis Technik der Konferenz der Datenschutzbeauftragten des Bundes und der Länder, Überarbeitete Fassung vom Mai 2000, abrufbar unter http://www.datenschutz-berlin.de/ueber/tech.htm#empfehlungen.

Beim Einsatz einer zentralen Virenschutzsoftware werden eingehende Dokumente oder Files vorsorglich auf eventuelle Viren untersucht. Als zusätzliche Sicherheit zu üblichen Firewall-Systemen werden IDS eingesetzt, die Angriffe zeitnah erkennen und Alarm auslösen und zur Schadensbehebung oder -prävention oder Rückverfolgung von Tätern werden erstellte Protokolle analysiert. Betroffen von einer Aufzeichnung durch Firewalls und IDS-Systeme sind nicht nur die Bediensteten der Stelle, deren Datenverarbeitungsanlage von der Firewall geschützt werden soll, sondern im Fall der E-Mail-Kommunikation auch die Kommunikationspartner und betroffen sind schließlich personenbezogene Daten von externen Nutzern wie auch von Angreifern.

Datenschutzrechtliche Probleme ergeben sich bei diesen Maßnahmen, soweit die Registrierung unberechtigter Zugriffe oder Zugangsversuche die Zuordnung zu bestimmten Aktivitäten Einzelner zuläßt und somit personenbezogene Daten verarbeitet werden.

Grundsätzlich unterliegen Universitätsrechenzentren ebenso wie alle sonstigen Forschungseinrichtungen im Deutschen Forschungsnetz dem Datenschutzrecht. Aufgrund seiner Konzeption als Verbot mit Erlaubnisvorbehalt ist danach jede Erhebung, Speicherung und Verarbeitung personenbezogener Daten verboten, es sei denn, es liegt eine ausdrückliche Einwilligung des Betroffenen vor oder die Verarbeitung wird - etwa für Zwecke der Missbrauchsaufklärung oder Störungsbeseitigung - durch eine Rechtsvorschrift erlaubt. Über diesen Grundsatz hinaus wird das Datenschutzrecht geprägt durch das Gebot der Datenvermeidung schon bei der Erhebung und im Sinne einer möglichst frühzeitigen Löschung und den Grundsatz der Zweckbindung, wonach Daten nur für die bei der Erhebung vorgesehenen Zwecke verarbeitet werden dürfen. Im Online-Datenschutzrecht sind neben einzelnen Landesgesetzen vor allem die bereichsspezifischen Vorschriften der Telekommunikation und der Tele- und Mediendienste von Bedeutung. Insoweit ist zu differenzieren:

1.2.6.1 Daten der Telekommunikation

Für die rein technische Ebene des Datentransports sind datenschutzrechtliche Regelungen im Telekommunikationsgesetz (TKG) und der darauf beruhenden Telekommunikations-Datenschutzverordnung (TDSV) getroffen. Diese Normen sind auch von Hochschulrechenzentren zu beachten, die als Telekommunikationsanbieter IP-Routing, Mail-Transport und sonstige Übermittlungsfunktionen im Netz-Verkehr auf Transportebene betreiben. Relevant sind insbesondere Vorgaben zur Wahrung des Fernmeldegeheimnisses (§§ 85 ff. TKG), zur Datensicherung und zum Datenschutz (§§ 87, 89 TKG).

Aufgrund des grundrechtlich garantierten Fernmeldegeheimnisses (Art. 10 GG) ist es untersagt, sich über das "für die Erbringung der Telekommunikationsdienste erforderliche Maß" hinaus Kenntnis vom Inhalt oder den näheren Umständen der Telekommunikation zu verschaffen (§ 85 Abs. 3 S. 1 TKG); dies betrifft „insbesondere die Tatsache, ob jemand an einem Telekommunikationsvorgang beteiligt ist oder war" (§ 85 Abs. 1 TKG).

Danach ist eine Einsichtnahme in Mail-Postfächer einzelner Nutzer oder die Überwachung des Mail-Verkehrs durch den Systemadministrator ohne Einwilligung der Betroffenen grundsätzlich unzulässig. Ebenso unterliegt die erlaubte private Nutzung des Internet-Zugangs von Mitarbeitern dem Fernmeldegeheimnis nach § 85 TKG.

Die ergänzenden Normen zur Datensicherheit und zum Datenschutz verpflichten Telekommunikationsbetreiber zu angemessenen technischen Vorkehrungen zum Schutz des Fernmeldegeheimnisses und personenbezogener Daten, zum Schutz der Systeme gegen unerlaubte Zugriffe, Störungen und äußeren Angriffe (§ 87 Abs. 1 TKG) entsprechend dem von der RegTP im Benehmen mit dem BSI veröffentlichten Maßnahmen-Katalog. Dies betrifft insbesondere auch Protokollierungen aller Telekommunikationsvorgänge im Rahmen von Firewall-Systemen oder IDS. In Log-Files werden etwa die Verbindungsdaten bei Einwählzugängen (Login-Kennung, IP-Adresse, Uhrzeit, Verbindungsdauer etc.) oder dienstbezogene Nutzungsdaten ("click-stream", Mail-Protokolle etc.) aufgezeichnet. Diese Daten sind regelmäßig als personenbezogene Daten zu qualifizieren, da anhand der mitprotokollierten Nutzerkennung eine individuelle Zuordnung möglich ist.

Wichtig für die Praxis sind die Erlaubnistatbestände für Zwecke der Störungsbeseitigung und Missbrauchsaufklärung, die sich in engem Umfang in § 89 Abs. 2 Nr. 1 lit. d und e TKG finden. Nach der insoweit einschlägigen TDSV ist die Verwendung von Bestandsdaten und Verbindungsdaten zulässig, wenn sie "im Einzelfall erforderlich" sind zum Erkennen und Beseitigen von Störungen und Fehlern der Telekommunikationsanlagen (§ 9 Abs. 1 Nr. 1 TDSV).

Soweit *im Einzelfall* insbesondere mit einer rechtswidrigen Inanspruchnahme von Telekommunikationsnetzen gerechnet werden muss, erlaubt 9 Abs. 1 Nr. 1 TDSV die Datenverarbeitung bezogen auf diesen Einzelfall; die tatsächlichen Anhaltspunkte für diesen Verdacht sind zwingend schriftlich zu dokumentieren.

Eine vorsorgliche, verdachtsunabhängige Protokollierung und Speicherung aller Daten, um einer latent vorhandenen Missbrauchsgefahr der Netzdienste vorzubeugen, ist danach unzulässig.

Präventive Maßnahmen zur Verhütung und Aufklärung von Missbräuchen sind ausschließlich erlaubt im Rahmen von § 9 Abs. 2 TDSV[20]. Danach darf der Telekommunikationsanbieter aus dem Gesamtdatenbestand aller bis zu sechs Monate zurückliegenden Verbindungsdaten die Daten der Verbindungen auswerten, „für die tatsächliche Anhaltspunkte den Verdacht der rechtswidrigen Inanspruchnahme von Telekommunikationsdiensten und -netzen begründen". Wesentlich ist die Beschränkung der Auswertung nur auf Verbindungsdaten; diese auch durch das Fernmeldegeheimnis geschützten Daten betreffen einzelne Kommunikationsvorgänge, etwa Beginn, Ende und Dauer der Verbindung, die Art des Dienstes und weitere zur Entgeltberechnung notwendige Daten.

Filterkriterien im Rahmen von Missbrauchserkennungsprogrammen müssen datenschutzgerecht so konfiguriert werden, dass sie ausschließlich Verbindungsdaten verarbeiten; nicht zulässig ist insoweit die Verarbeitung von Bestandsdaten, auch nicht zur Profilbildung zwecks Missbrauchserkennung. Soweit datenschutzgerechte Filterprogramme Alarm auslösen, berechtigen sie in konkreten Einzelfällen zu Maßnahmen nach § 9 Abs. 1 Nr. 2 TDSV. Wird dabei etwa ein Teilnehmer als nur mit geringer Wahrscheinlichkeit kritisch eingestuft, wäre eine vorübergehende weitere Speicherung der anfallenden Verbindungsdaten zulässig. Wenn kein weiteres Alarmereignis bezüglich dieses Teilnehmers in einem bestimmten Zeitraum hinzukommt, muss unverzüglich eine automatische Löschung erfolgen[21].

1.2.6.2 Daten der Nutzung von Tele- und Mediendiensten

Für die im Wege der Telekommunikation übertragenen inhaltlichen Dienste finden sich Regelungen zum Schutz personenbezogener Daten im TDDSG für Teledienste und im MDStV für Mediendienste. Sie betreffen allerdings nur personenbezogene Daten der Nutzer der Dienste, d.h. die Daten derjenigen, die diese Dienste nachfragen. Nicht erfasst werden

---

[20] Büttgen in Hoeren/Sieber, Teil 16.3, Rn. 143 ff.

[21] Büttgen in Hoeren/Sieber, Teil 16.3, Rn. 145.

reine Maschinenangaben und Daten nicht - nutzender Dritter, hinsichtlich derer für Hochschulrechenzentren die Landesdatenschutzgesetze eingreifen.

Einen speziellen Erlaubnistatbestand für Zwecke der Missbrauchsaufklärung - ausgenommen die missbräuchliche Nutzung eines kostenpflichtigen Web-Angebots (§ 6 Abs. 8 TDDSG) - sehen diese Gesetze nicht vor; insoweit kann aufgrund der abschließenden Regelungen auch nicht auf andere Gesetze zurückgegriffen werden[22].

Danach ist eine automatisierte Erfassung des Nutzerverhaltens über das Ende der jeweiligen Nutzung hinaus grundsätzlich unzulässig: Nutzungsprofile durch gezieltes Logging dürfen nur bei der Verwendung von Pseudonymen erstellt werden. Im Übrigen sind alle personenbezogenen Nutzungsdaten, die während der Nutzung eines Teledienstes entstehen, grundsätzlich nach dem Ende der jeweiligen Nutzung zu löschen, soweit sie nicht zu Abrechnungszwecken erforderlich sind. Diese Vorgaben sind auch für Firewalls und IDS zu beachten.

Für die Praxis der Rechenzentren im Deutschen Forschungsnetz bedeutet dies insbesondere, dass Interaktionen des Nutzers mit dem jeweiligen Diensteanbieter regelmäßig nicht protokolliert werden dürfen. Damit sind sowohl Logfiles, die den Abruf eigener Web-Inhalte oder Dateien durch externe Nutzer aufzeichnen, als auch Logfiles, die den "click-stream" der eigenen Nutzer beim Abruf externer Angebote protokollieren, grundsätzlich unzulässig, soweit personenbezogene Daten gespeichert werden. Unbedenklich sind lediglich anonymisierte Abrufstatistiken, z.B. Protokollierung der Top- oder Second-Level-Domain oder der gesamten IP-Adresse des Abrufenden, soweit ein Rückschluss auf den jeweiligen Nutzer nicht möglich ist.

1.2.6.3 Allgemeiner Schutz personenbezogener Daten

Soweit keine bereichsspezifischen Datenschutzregelungen eingreifen, gelten für alle Universitätsrechenzentren und sonstigen öffentlich-rechtlichen Forschungseinrichtungen in Landesträgerschaft die jeweiligen Landesdatenschutzgesetze. Auf nicht-öffentliche Forschungseinrichtungen ist das Bundesdatenschutzgesetz (BDSG) anzuwenden.

Danach ist die Erzeugung von Protokolldateien im Rahmen von Firewalls oder IDS-Systemen zulässig ausschließlich zu Zwecken der Datenschutzkontrolle, der Datensicherung oder Sicherung eines ordnungsgemäßen Betriebs der EDV-Anlage (entsprechend der für öffentliche Stellen des Bundes einschlägigen § 14 i.V.m. § 9 BDSG und Anlage). Der Umfang der Protokollierung darf nicht über das zur Erkennung von Angriffen, Angriffsversuchen und Sicherheitsverletzungen und ggf. deren Rückverfolgung Erforderliche hinausgehen. Insbesondere darf nicht wahllos protokolliert werden, sondern tatsächlich nur Aktivitäten mit erhöhtem Schutzbedarf - ggf. beschränkt auf Programme, Dateien, Datenfelder - registriert werden[23]. Die personenbezogenen Daten dürfen auch zu keinem anderen Zweck verwendet werden und sind zu löschen, sobald sie nicht mehr zu Beweis- oder Nachweiszwecken erforderlich sind.

Soweit die erlaubte private Nutzung des Internet-Zugangs von Mitarbeitern umfasst ist, darf eine Protokollierung über Abrechnungszwecke hinaus erfolgen, soweit zur Aufrechterhaltung eines regelgerechten Firewallbetriebs unerlässlich.

Im Ergebnis ist Virenscanning datenschutzrechtlich unbedenklich, soweit bei eingehenden Daten, beispielsweise E-Mails (dienstlicher oder privater Natur) zentrale und dezentrale

---

[22] Hoeren Thomas, Skriptum zum Internetrecht, S. 330.

[23] Gola/Schomerus, BDSG, § 9 Anm. 3.2.

Virenchecks automatisiert ablaufen und keine regelmäßige Kenntnisnahme des Kontrollvorgangs oder -ergebnisses durch Administratoren stattfindet. Ferner darf sich das Inhalts-Scanning nur auf fest definierte Virensignaturen beziehen und keinesfalls Scanning frei wählbarer Textstellen ermöglichen. Über das Auffinden von Viren in einer für ihn bestimmten Nachricht ist der Betroffene zu informieren und das weitere Vorgehen mit ihm abzustimmen.

Beim Einsatz von IDS lediglich als ergänzender Maßnahme zum Schutz des Internet-Übergangs gegen Angriffe von außen fallen kaum personenbezogene Daten an; denn insoweit werden typischerweise lediglich IP-Adressen (pseudonymisiert) erfasst; die Zuordnung der IP-Adresse ist regelmäßig nicht möglich[24]. Beim internen Einsatz auch von Firewalls müssen neben den Anforderungen des Datenschutzes auch die der Arbeitnehmer-Mitbestimmung (PersVG[25]) beachtet werden.

Protokollierungen der von außen erfolgenden Zugriffe oder Zugriffsversuche, die einen Angriff darstellen, im Rahmen von Firewalls und IDS nach den Landesdatenschutzgesetzen zulässig, soweit sie zu Zwecken der Datenschutzkontrolle, der Datensicherung oder Sicherung eines ordnungsgemäßen Betriebs der EDV-Anlage erforderlich sind.

2 Urheberrecht: was war, was wird?

Das deutsche Urheberrecht war in den vergangenen Jahren Gegenstand bedeutsamer Reformbestrebungen. Kernanliegen waren die Besserstellung von Urhebern und ausübenden Künstlern[26] sowie die Anpassung des Rechtsgebiets an das digitale Zeitalter[27].

Im Zuge dessen trat zunächst am 1. Juli 2002 das Gesetz zur Stärkung der vertraglichen Stellung von Urhebern und ausübenden Künstlern in Kraft.[28] Damit betonte der Gesetzgeber im Urheberrecht den verfassungsrechtlich verankerten Grundsatz der angemessenen Beteiligung von Urhebern an dem wirtschaftlichen Nutzen ihrer Arbeit[29]. Insbesondere die Rechtsstellung der freischaffenden Urheber gegenüber den wirtschaftlich stärkeren Verwertern wurde verbessert.

Der Aktualisierungsprozess ist damit aber nicht abgeschlossen. Vielmehr stehen inhaltlich weitere Maßnahmen zur Anpassung des noch am analogen Umfeld ausgerichteten Urheberrechts an die Entwicklungen im Bereich der Informations- und Kommunikationstechnologien bevor. Es existiert ein entsprechender Gesetzesentwurf zur Reglung des Urheberrechts in der Informationsgesellschaft.[30] Formal geht es dabei auch um die Anpassung des deutschen Rechts an europäische und internationale Vorgaben. Mit dem geplanten Gesetz werden die zwingenden, fristgebundenen Vorgaben der Richtlinie 2001/29/EG[31] umgesetzt, welche neben der Harmonisierung von Teilen des Urheberrechts

---

[24] BSI-Leitfaden zur Einführung von Intrusion Detection Systemen, Stand: 31.10.2002.

[25] Personalvertretungsgesetze des zuständigen Landes.

[26] http://www.bundesregierung.de/dokumente/,-42345/Artikel.htm:

[27] http://www.bundesregierung.de/Gesetze/Gesetzesvorhaben-und-Neuregelu-,441.89227/Besserer-Schutz-von-Urheberrec.htm

[28] Gesetz zur Stärkung der vertraglichen Stellung von Urhebern und ausübenden Künstlern vom 28. März 2002, BGBL I , 1155; abrufbar unter: http://217.160.60.235/BGBL/bgbl1f/BGBl102021s1155.pdf

[29] BGHZ 11, 135, 143.

[30] Entwurf des Gesetzes zur Reglung des Urheberrechts in der Informationsgesellschaft, abrufbar unter: http://www. Urheberrecht.org/topic/Info-RiLi/ent/RegE_UrhR_InfoG.pdf

[31] RL 2001/29/EG des Europäischen Parlamentes und des Rates vom 22. Mai 2001 zur Harmonisierung bestimmter Aspekte des Urheberrechts und der verwandten Schutzrechte in der Informationsgesellschaft.

auch die EG-weite gemeinsame Ratifizierung zweier "WIPO-Verträge“ (WIPO Copy Right Treaty, WIPO Performances and Phonograms Treaty) bezweckt.[32]

2.1 Gesetz zur Stärkung der vertraglichen Stellung von Urhebern und ausübenden Künstlern[33]

Die Neuregelungen durch das Gesetz zur Stärkung der vertraglichen Stellung von Urhebern und ausübenden Künstlern lassen sich vereinfacht wie folgt zusammenfassen:

- Normierung eines Anspruchs der Urheber und ausübenden Künstler auf eine angemessene Vergütung;
- Regelung des Verfahrens zur Schaffung gemeinsamer Vergütungsregeln zwischen den Verbänden der Betroffenen zur Bestimmung der angemessenen Vergütung durch die jeweilige Branche selbst;
- Einführung eines Schlichtungsverfahrens, das mit einem begründeten Schlichtungsspruch endet;
- Eröffnung der Möglichkeit für Urheber und ausübende Künstler, ihre angemessene Vergütung notfalls selbst vor Gericht einzuklagen;
- Schaffung eines fairen Ausgleichs für Fälle, in denen das Honorar und der nach Jahren eintretende Erfolg eines Werkes weit auseinander klaffen (auch für die Vergangenheit geltender neuer „Bestellerparagraph“).

2.1.1 Gesetzlicher Anspruch auf angemessene Vergütung

2.1.1.1 Vergütungsanspruch

§ 32 UrhG gibt Urhebern erstmals ein gesetzliches Werkzeug an die Hand, auf vertraglicher Ebene eine angemessene Vergütung gegenüber Werknutzern durchzusetzen. Werden im Nutzungsvertrag keine Regelungen hinsichtlich der Vergütungshöhe getroffen, gilt zugunsten des Urhebers eine angemessene Vergütung als vereinbart (§ 32 Abs. 1 S. 2 UrhG). Wurde zwar eine entsprechende Regelung getroffen, genügt die Höhe der vereinbarten Vergütung jedoch nicht dem Angemessenheitserfordernis, so kann die Aufnahme einer angemessenen Vergütungsregelung in den Vertrag verlangt werden (§ 32 Abs. 1 S. 3 UrhG). Neben den Urhebern dient diese Neuregelung mittelbar auch Unternehmen, nämlich solchen, die bereits zuvor faire Vergütungen zahlten und dadurch unredlichem Konkurrenzdruck ausgesetzt waren.

---

[32] Ziel des Gesetzesentwurfs, abrufbar unter: http://www. Urheberrecht.org/topic/Info-RiLi/ent/RegE_UrhR_InfoG.pdf.

[33] Gesetz zur Stärkung der vertraglichen Stellung von Urhebern und ausübenden Künstlern vom 28. März 2002, BGBL I , 1155; http://217.160.60.235/BGBL/bgbl1f/BGBl102021s1155.pdf

2.1.1.2 Vergütungsumfang

Der Gesetzgeber definiert keine konkreten Vergütungssätze. Vielmehr trägt er die Bestimmung der Angemessenheit der Vergütung i.S.d. § 32 UrhG der Branche selbst auf. Dies geschieht, indem Vereinigungen der Urheber und der Werknutzer ermächtigt werden, die angemessene Vergütung in einem verfahrensrechtlichen Ordnungsrahmen - den gemeinsamen Vergütungsregeln - festzulegen (§ 36 Abs. 1 S. 1 UrhG). Wird eine Vergütung nach diesen Regeln ermittelt, gilt deren Umfang als angemessen (§ 32 Abs. 2 S. 1 UrhG). Strukturelle Besonderheiten auf Verwerterseite (Größe von Verlagen etc.) können und sollen bei den Verhandlungen berücksichtigt werden (§ 36 Abs. 1 S. 2 UrhG).

Soweit Vergütungsbestimmungen bereits in Tarifverträgen festgehalten wurden, gehen diese den gemeinsamen Vergütungsregelungen vor (§ 36 Abs. 1 S. 3 UrhG). Momentan existieren allerdings kaum entsprechende Tarifvereinbarungen. Liegen weder tarifvertragliche Vergütungsbestimmungen, noch gemeinsame Vereinbarungen vor, so gilt eine Vergütung als angemessen, wenn sie dem entspricht, was im Geschäftsverkehr nach Art und Umfang der eingeräumten Nutzungsmöglichkeit, insbesondere nach Dauer und Zeitpunkt der Nutzung, unter Berücksichtigung aller Umstände üblicher- und redlicherweise zu leisten ist (§ 32 Abs. 2 S. 2 UrhG).

2.1.2 Schlichtungsverfahren

Sollte es aus bestimmten Gründen (§ 36 Abs. 3 Nr. 1 –3 UrhG-E) nicht zu gemeinsamen Vergütungsregeln kommen, sieht das Gesetz ein Schlichtungsverfahren vor. Dieses endet mit einem Schlichtungsspruch in Form eines begründeten Vorschlags, der den Inhalt der gemeinsamen Vergütungsregeln enthält (§ 36 Abs. 4 S. 1 UrhG). Letzterem kommt keine rechtliche Verbindlichkeit, wohl aber Indizwirkung für die Angemessenheit der Vergütung zu.

2.1.3 Weitere Beteiligung des Urhebers, „Bestsellerparagraph“

Der verbesserte § 32a UrhG („Bestsellerparagraph“) regelt Fälle, in denen ein Werk nach Jahren so erfolgreich ist, dass ein auffälliges Missverhältnis zwischen den wirtschaftlichen Erträgen und Vorteilen für den Verwerter/Nutzer des Werkes und der Gegenleistung für den Urheber entsteht. Nach der neuen Regelung ist in solchen Fällen der Nutzer/Verwerter verpflichtet, auf Verlangen des Urhebers in Vertragsänderungen einzuwilligen, durch die dem Urheber eine weitere angemessene Beteiligung gewährt wird (§ 32a Abs. 1 S. 1 UrhG).

Um dem ersten Vertragspartner des Urhebers nicht das Insolvenzrisiko sämtlicher Sublizenznehmer aufzubürden, haftet dem Urheber nun unmittelbar der jeweilige Sublizenznehmer, bei dem die unerwarteten Erträge und Vorteile angefallen sind (§ 32a Abs. 2 UrhG).

2.2 Entwurf des Gesetzes zur Reglung des Urheberrechts in der Informationsgesellschaft[34]

Im Folgenden werden einige der wichtigsten Neuerungen durch den Gesetzesentwurf kurz dargestellt.

2.2.1 Recht der öffentlichen Zugänglichmachung

§ 15 Abs. 2 Nr. 2 UrhG-E stellt klar, dass das Recht der öffentlichen Zugänglichmachung eine Form der öffentlichen Wiedergabe ist, und als solche ausschließlich dem Urheber zusteht. Dieses Zugänglichmachungsrecht wird legal definiert als „das Recht, das Werk (...) drahtlos der Öffentlichkeit (...) zugänglich zu machen, dass es Mitgliedern der Öffentlichkeit von Orten und zu Zeiten ihrer Wahl zugänglich ist“ (§ 19a UhrG-E). Damit ist das Bereithalten von urheberrechtlich geschützten Materialien in elektronischen Medien (Internet) nun explizit ein Unterfall der öffentlichen Wiedergabe, und folglich von der Zustimmung des Urhebers abhängig.

2.2.2 Vorübergehende Vervielfältigungshandlungen

Flüchtige oder begleitende Vervielfältigungshandlungen, die einen wesentlichen Bestandteil eines technischen Verfahrens darstellen, sind nach § 44a UrhG-E unter bestimmten Voraussetzungen ohne Zustimmung des Urhebers zulässig. Zum einen dürfen sie keine eigene wirtschaftliche Bedeutung haben (§ 44a letzter HS UrhG-E), zum anderen müssen sie ausschließlich dazu bestimmt sein, entweder eine Übertragung in einem Netz zwischen Dritten durch einen Vermittler (§ 44a Nr. 1 UrhG-E) oder eine rechtmäßige Nutzung eines Werkes oder eines sonstigen Schutzgegenstandes (§ 44a Nr. 2 UrhG-E) zu ermöglichen. Hiernach sind beispielsweise ständige Speichervorgänge auf Servern der Zugangsvermittler sowie die zeitlich begrenzte Zwischenspeicherung bereits aufgerufener Netzinhalte auf Anbieterservern zur Beschleunigung des Abrufverfahrens („Caching“)[35]zulässig.

2.2.3 Öffentliche Zugänglichmachung für (Unterricht und) Forschung

§ 52a UrhG-E eröffnet Bildungs- und Forschungseinrichtungen in engen Grenzen die Möglichkeit, veröffentliche Werke zustimmungsfrei für einen bestimmten Personenkreis öffentlich zugänglich zu machen. § 52a Abs. 1 Nr. 1 UrhG-E erlaubt dies für Zwecke der Veranschaulichung im Unterricht für den Kreis der Unterrichtsteilnehmer. Nach § 52a Abs. 1 Nr. 2 UrhG-E gilt dasselbe für einen bestimmt abgegrenzten Kreis von Personen für deren eigene wissenschaftliche Forschung, wobei damit allerdings Vergütungspflichten einhergehen (§ 52a Abs. 3 UrhG-E). In beiden Fällen muss die Zugänglichmachung zu dem jeweiligen Zweck geboten und zur Verfolgung nichtkommerzieller Zwecke gerechtfertigt sein (§ 52a Abs. 1 UrhG-E).

§ 52a UrhG-E wurde Gegenstand kontroverser Debatten. Auf der einen Seite stehen Vertreter der Open-Source-Gemeinde und der Bibliotheks- und Hochschullandschaft. Sie sind der

---

[34] Entwurf des Gesetzes zur Reglung des Urheberrechts in der Informationsgesellschaft, abrufbar unter: http://www. Urheberrecht.org/topic/Info-RiLi/ent/RegE_UrhR_InfoG.pdf

[35] Erwägungsgrund 33 RL 2001/29/EG.

Auffassung, der Gesetzesentwurf unterstütze zum Nachteil der grundgesetzlich garantierten Rechte der Allgemeinheit die Rechteinhaber und –verwerter bei der Durchsetzung ihrer rein ökonomischen Interessen.[36] Sie warnen, durch eine Umsetzung des Entwurfs könnten die Nutzer weitgehend von der Informationsversorgung abgeschnitten sowie Lehre und Forschung behindert werden. Andererseits erachtet die "Ad-hoc-Allianz" der Vertreter aller urheberrechtlichen Lager (Rechteinhaber, Werknutzer und Geräteindustrie)[37] die so genannte „Wissenschaftsschranke" als rechtspolitisch verfehlt und hält diese im Hinblick auf die Eigentumsgarantie des Art. 14 Abs. 1 GG sogar für verfassungsrechtlich bedenklich. Sie geht so weit, eine ersatzlose Streichung des § 52a UrhG-E zu fordern, um „Schaden vom Bildungs- und Forschungsstandort Deutschland zu wenden".[38] Zur Begründung dieser Ansicht wird vorgebracht, mit der Zugänglichmachung geschützter Werke in Netzwerken ohne Anbringung technischer Schutzmaßnahmen sei ein erhebliches Risiko des Rechteinhabers in Gestalt eines unkontrollierten Aufkommens nicht autorisierter Kopien verbunden.[39]

Die Bundesregierung lenkte bereits ein Stück weit ein.[40] Sie schlug eine Beschränkung des Rechts auf kleine Teile eines Werkes bzw. auf Werke geringen Umfangs vor.[41] Dies wird von der „Ad-hoc-Allianz" jedoch als „praxisfremd und nicht durchsetzbar" abgelehnt, da bei einer elektronischen Vervielfältigung digitaler Vorlagen typischerweise das ganze Werk kopiert werde.[42]

2.2.4 Vervielfältigungen zum privaten und wissenschaftlichen Gebrauch

§ 53 UrhG-E führt keine inhaltliche Änderung der Rechtslage herbei. Die einzelne, nicht Erwerbszwecken dienende Vervielfältigung eines Werkes durch eine Privatperson zum privaten Gebrauch bleibt zulässig (§ 53 Abs. 1 S. 1 UrhG-E). Die Begriffswahl „Vervielfältigung auf belieben Tonträgern" stellt klar, dass keine Differenzierung nach der verwendeten Technik (analog/ digital) bei Erstellung von Privatkopien stattfindet, also auch die digitale Vervielfältigung erlaubt ist.

2.2.5 Schutz technischer Maßnahmen und Durchsetzung von Schrankenbestimmungen

Mit § 95a UrhG-E schlägt der Gesetzgeber den Schutz technischer Maßnahmen zur Sicherung von Werken vor. Es wird ein Verbot der Umgehung solcher Vorkehrungen (einschließlich

[36] Stellungnahme der Deutschen Initiative für Netzwerkinformation e.V. (DINI) zum Regierungsentwurf für ein Gesetz zum Urheberrecht in der Informationsgesellschaft, abrufbar unter: http://www.dini.de/documents/Stellungnahme_Urheberrecht.doc; Stellungnahme zu den Vorschlägen zur Regelung eines neuen Urhebervertragsrechtes, abrufbar unter: http://www.ifross.de/ifross_html/urhebervertragsrecht.pdf.

[37] vgl. Gemeinsames Papier anlässlich des Gesetzgebungsverfahrens für ein Gesetz zum Urheberrecht in der Informationsgesellschaft (im Folgenden: Gemeinsames Papier), http://www.urheberrecht.org/topic/Info-RiLi/st/Gemeins_Papier_2002-12-16.pdf.

[38] Gemeinsames Papier.

[39] Gemeinsames Papier, S.2.

[40] Gegenäußerung der Bundesregierung zur Stellungnahme des Bundesrates vom 27. September 2002 zum Entwurf eines Gesetzes zur Regelung des Urheberrechts in der Informationsgesellschaft (Stand 06.11.2002).

[41] Gegenäußerung der Bundesregierung zur Stellungnahme des Bundesrates vom 27. September 2002 zum Entwurf eines Gesetzes zur Regelung des Urheberrechts in der Informationsgesellschaft (Stand 06.11.2002), S.4.

[42] Gemeinsames Papier, S.3.

Software-implementierter Maßnahmen[43]) statuiert, die dazu dienen, vom Rechtsinhaber nicht genehmigte Nutzungen urheberrechtlich geschützter Materialien zu verhindern oder einzuschränken[44]. Das Verbot knüpft bereits an bestimmte Vorfeldhandlungen an, so betrifft es die Herstellung, Vermietung, den Verkauf etc. von Einrichtungen, die im wesentlichen zur Umgehung technischer Schutzmaßnahmen bestimmt sind (§ 95a UrhG-E). Umgehungshandlungen, die ausschließlich wissenschaftlichen Zwecken dienen (Kryptographie etc.), werden nicht erfasst.[45]

Wer mit der Absicht, den Zugang zu einem Werk oder dessen Nutzung zu ermöglichen, gegen § 95a UrhG-E verstößt, muss mit Bußgeld (§ 111a Abs. 1 Nr. 1 UrhG-E), einer Geld- oder Freiheitsstrafe rechnen (§ 108b UrhG-E).

Wirksame und rechtlich durchsetzbare technische Vorrichtungen gewährleisten einerseits, dass die Nutzung geschützter Werke in der Praxis nicht genehmigungs- und entgeltfrei bleibt und die Urheber so angemessen an der Verwertung beteiligt werden. Andererseits vereiteln sie faktisch auch zulässige Nutzungshandlungen. Zugunsten derer, denen aufgrund bestimmter Schrankenregelungen Nutzungsrechte zukommen, wird daher der Rechteinhaber verpflichtet, technische Mittel zur Ermöglichung der Werknutzung zur Verfügung zu stellen (§ 95b UrhG-E). Dies gilt jedoch nicht für sämtliche Schrankenregelungen, insbesondere müssen keine Mittel zur Ermöglichung privater Digitalkopien bereitgestellt werden. Die von der Regelung Begünstigten werden in § 95b Nr. 1-7 UrhG-E aufgelistet. Begünstigt sind beispielsweise die Nutzungsberechtigten aus den Bereichen der Bildung, Wissenschaft und Forschung (§ 95b Abs. 1 Nr. 3, 5, 6 UrhG-E).

Ob der UrhG-E insgesamt einen fairen Ausgleich zwischen den wirtschaftlichen Interessen der Urheber und den z.T. in Gestalt der Schrankenregelungen gesetzlich verankerten Interessen der Werknutzer (insbesondere denen aus Bildung, Wissenschaft und Forschung) schaffen kann, ist zweifelhaft. Zudem bleibt abzuwarten, welcher Art und welchen Umfangs zukünftige technische Schutzmaßnahmen tatsächlich sein werden. Die Umsetzungsfrist der Richtlinie 2001/29/EG[46] ist am 22. Dezember 2002 bereits abgelaufen, so dass der Gesetzgeber nun entsprechendem Handlungsdruck ausgesetzt ist.

3 Verhalten bei Verdacht des Vorliegens einer Straftat

Ihr Verhalten im Verdachtsfall kann entscheidend für die Ergreifung und Überführung des Täters sein.

Es sollten keine eigenständigen Ermittlungen angestellt werden. Wichtig ist vielmehr, Beweise zu sichern. Geht es um eine Straftat per Internet oder E-Mail, so sichern Sie die entsprechenden Beweise, indem Sie Ausdrucke anfertigen, Speicherung der Dateien vornehmen und andere Mitarbeiter informieren, die dann gegebenenfalls als Zeugen dienen können. Lassen Sie die Netz-Protokollierungen und eventuellen Backups, durch Informatikdienste sichern. Bewahren Sie Diskretion. Keinesfalls sollte Ihr Verdacht öffentlich gemacht werden, da ein solches Verhalten den Täter warnen könnte.

---

[43] Begründung des Regierungsentwurfs, S. 62.

[44] Kopierschutzsysteme, Zugangskontrollen, Verschlüsselungen, Verzerrungen etc.

[45] Begründung des Regierungsentwurfs, S. 62.

[46] RL 2001/29/EG des Europäischen Parlamentes und des Rates vom 22. Mai 2001 zur Harmonisierung bestimmter Aspekte des Urheberrechts und der verwandten Schutzrechte in der Informationsgesellschaft

In Deutschland besteht grundsätzlich keine Anzeigepflicht. Abgesehen von moralischen Gesichtspunkten ist es jedoch im Zusammenhang mit einigen Delikten empfehlenswert, Anzeige zu erstatten, um die Gefahr der Beihilfe oder unterlassenen Hilfeleistung zu verhindern.

Bei Entscheidung der Frage nach Anzeigeerstattung ist die Forschungsstelle des DFN-Vereins behilflich: E-Mail-Adresse: dfn.recht@uni-muenster.de

Bei Anzeigen im Bereich des Jugendschutzes ist Ihre Anlaufstelle die vom DFN-Verein eingerichtete spezielle Meldestelle, welche als freiwillige Selbstkontrolle zur Wahrnehmung der Aufgaben eines Jugendschutzbeauftragten im Deutschen Forschungsnetz fungiert:

E-Mail-Adresse: medieninhalte@dfn.de

Telefon-Nummer: 030 – 886788 – 44

Telefax-Nummer: 030 – 88 42 99 – 71

Grundsätzlich können Sie sich zunächst auch unverbindlich an die Polizeidienststellen wenden, wobei allerdings zu beachten ist, dass bestimmte Straftaten dann automatisch verfolgt werden, unabhängig davon, ob Sie sich letztendlich zu einer Anzeige entschließen!

Jeder Bürger kann rund um die Uhr und ohne Terminvereinbarung Strafanzeige bei den Polizeidienststellen (z.T. online) oder direkt bei der Staatsanwaltschaft erstatten. Dies ist kostenlos und ohne Rechtsanwalt möglich. Sie können Anzeige gegen "Unbekannt" erstatten, falls Sie den Täter nicht kennen oder nicht nennen wollen. Machen Sie die Strafanzeige schriftlich und detailliert. Benennen Sie die Zeugen, die Ihre Aussage bestätigen können. Halten Sie möglichst Ihren amtlichen Ausweis mit Lichtbild bereit (Reisepass, Führerschein, Pass, Personalausweis). Geben Sie Ihre Erreichbarkeit tagsüber an.

Die Auswertung Ihrer Angaben wird von der Staatsanwaltschaft vorgenommen, die bei Vorliegen eines konkreten Anfangsverdachts zur Einleitung des Ermittlungsverfahrens verpflichtet ist (§ 152 Abs. 2 StPO).

Fordern Sie, dass Ihnen das Aktenzeichen des Vorganges mitgeteilt wird und dass Sie über die Ermittlungen informiert werden.

Möglicherweise werden Sie noch einmal zur Vernehmung bei der Polizei und später als Zeuge vor Gericht geladen.

Falls die Ermittlung z.B. wegen "Geringfügigkeit" eingestellt wird, waren ihre Bemühungen nicht nutzlos. Der Vorgang ist nun erfasst. Falls es zu einem erneuten Tatbestand kommt, kann dies von erheblicher Relevanz sein. Zudem haben Sie die Möglichkeit, gegen die Einstellung Beschwerde einzulegen.

Literaturverzeichnis:

[1] Hoeren Thomas, Skriptum zum Internetrecht, abrufbar unter: http://www.uni-muenster.de/Jura.itm/hoeren/Std. 10/2002, S. 216, mwN.

[2] Hoeren, Thomas / Sieber, Ulrich, Handbuch Multimediarecht, Kommentar, München 2002.

[3] Maßnahmenkatalog der RegTP zu § 87 TKG, abrufbar unter: http://text.bund.de/Wir-ueber-uns/Bundesverwaltung/Bundesoberbehoerden-.4393.35005/Regulierungsbehoerde-fuer-Telekommunikation-und-Post.htm

[4] IT-Grundschutzhandbuch des BSI, abrufbar unter http://www.bsi.bund.de/gshb.

[5] Task-Force "Sicheres Internet", Kataloge "Empfehlungen zum Schutz vor verteilten Denial of Service-Angriffen im Internet ", Version 1.1a vom 20.06.2000; " und "Empfehlungen zum Schutz vor Computer-Viren aus dem Internet ", Version 1.0 vom 18.05.2000, beide Kataloge abrufbar unter www.bsi.de/taskforce.

[6] Orientierungshilfe zu Datenschutzfragen des Anschlusses von Netzen der öffentlichen Verwaltung an das Internet, erstellt vom Arbeitskreis Technik der Konferenz der Datenschutzbeauftragten des Bundes und der Länder, Überarbeitete Fassung vom Mai 2000, abrufbar unter http://www.datenschutz-berlin.de/ueber/tech.htm#empfehlungen.

[7] BSI-Leitfaden zur Einführung von Intrusion Detection Systemen, Stand: 31.10.2002.

[8] Gola, Peter /Schomerus, Rudolf, BDSG, Kommentar zum Bundesdatenschutzgesetz, 7. Aufl. 2002.

[9] Fromm, Friedrich Karl / Nordemann, Wilhelm, Urheberrecht, Kommentar, 9. AL 1998.

[10] Schricker, Gerhard, Urheberrecht, Kommentar, 2. AL 1999.

[11] Wandtke, Axel /Bullinger, Winfried, Praxiskommentar zum Urheberrecht, 2002.

Öffentliche Netzzugänge an der Universität Hamburg

Dr. Carsten Benecke
Regionales Rechenzentrum der Universität Hamburg
Carsten.Benecke@rrz.uni-hamburg.de

Zusammenfassung

Durch die zunehmende Verbreitung von tragbaren Rechnern (Laptops) steigt der Bedarf der Benutzer, mit ihren eigenen Rechnern über die Infrastruktur der Universität Hamburg auf Ressourcen im Internet zuzugreifen. Technisch kann ein solcher Zugang entweder über öffentlich zugängliche Netzanschlußdosen oder über "Wireless LAN Access Points" realisiert werden. Dieser Zugriff muß allerdings auf legitime Benutzer (beispielsweise Studierende und Personal der Universität Hamburg) eingeschränkt werden.

Dieses Paper beschreibt, wie an der Universität Hamburg ein solcher öffentlicher Netzzugang in Hinblick auf sichere Authentifikation, einfache Administration und geringe Anschlußkosten pro Benutzer realisiert wurde.

1 Einleitung

Durch sinkende Kosten für Laptops nimmt deren Verbreitung unter den Studierenden ständig zu. Diese Tendenz wird dadurch gefördert, daß es in einigen Instituten der Universität keine Möglichkeit für ausreichend dimensionierte Rechnerpools gibt. So kann beispielsweise nicht für jeden Leseplatz in den einzelnen Bibliotheken ein Rechner beschafft — geschweige denn administriert — werden.

Es liegt daher nahe, eingeschriebenen Studierenden, Mitarbeiterinnen und Mitarbeitern die Möglichkeit zu geben, mit ihren privaten Rechnern genauso auf das Universitätsnetz zuzugreifen, als würden sie an einem PC-Pool-Rechner arbeiten. Innerhalb der Bibliotheken könnten dann – um das obige Beispiel wieder aufzugreifen – von den Laptops über öffentliche Netzzugänge die gleichen Recherchemöglichkeiten genutzt werden wie von einem stationären Rechner aus.

Studierende mit eigenem Laptop wären somit nicht mehr auf einen freien PC-Pool-Platz angewiesen, bräuchten sich nicht um Öffnungszeiten der PC-Pools kümmern und bekämen für ihren Rechner einen für sie kostenfreien Netzzugang. Aus der Sicht der Betreiber ergeben sich ebenfalls Vorteile. So können ohne Neuanschaffungen von PCs deutlich mehr Benutzer

Zugriff auf Ressourcen im Netz der Uni und im Internet erhalten. Darüber hinaus müßten die privaten Geräte nicht von Mitarbeitern der Universität administriert werden.

Diese Paper beschreibt in Abschnitt 2 die Anforderungen an öffentliche Netzzugänge aus der Sicht des Betreibers (in diesem Fall das Regionale Rechenzentrum (RRZ) der Universität Hamburg). In Abschnitt 3 wird auf verschiedene Lösungsmöglichkeiten eingegangen und es werden kurz deren Vor- und Nachteile diskutiert. Abschnitt 4 beschreibt schließlich die zur Zeit im Probebetrieb eingesetzte Lösung. Offene Punkte und eine Zusammenfassung folgen in Abschnitt 5.

2 Anforderungen an öffentliche Netzzugänge

Der Begriff "öffentlicher Netzzugang" ist einleitend schon verwendet worden und soll hier nachträglich definiert werden:

> Ein *öffentlicher Netzzugang* ist ein Zugang zu einem lokalen Netz (LAN) des Universitätsnetzes, an den autorisierte Personen ihre eigenen Rechner jederzeit und ohne Voranmeldung anschließen dürfen, um bestimmte (Internet-)Dienste zu nutzen.

Wesentlich an dieser Definition ist die Beschränkung der Netzzugänge auf autorisierte Personen. In unserem Fall sind dies alle eingeschriebenen Studierende und MitarbeiterInnen der Universität. "Öffentlich" bezieht sich somit auf die Möglichkeit, Zugriff auf die Anschlüsse zu bekommen, da diese im wesentlichen in den allgemein zugänglichen Bereichen der Universität (Bibliotheken, Foyers der Hörsäle, usw.) installiert werden.

Es ergibt sich somit unmittelbar die Anforderung, daß eine Authentifikation erfolgen muß, bevor einem Benutzer der Nachrichtenaustausch über einen öffentlichen Netzzugang ermöglicht wird. Nur so kann zwischen berechtigten Benutzern (Studierende und MitarbeiterInnen) und anderen "Benutzern" der Anschlüsse unterschieden werden.

Darüber hinaus ergibt sich aus der geographischen Ausdehnung der Universität Hamburg die Anforderung, daß die öffentlichen Netzzugänge über das gesamte Campus-Netz verteilt werden müssen. Lokale Insellösungen sind nicht geeignet, da Studierende häufig die Lokalität wechseln und dann möglicherweise verschiedene, lokale Anmeldevarianten beherrschen müßten. Einzig gangbar erscheint eine universitätsübergreifende Lösung, bei der öffentliche Netzzugänge nach einem einheitlichen Verfahren benutzt werden können.

Neben diesen unmittelbar einsichtigen Anforderungen gibt es noch eine Reihe von Anforderungen, die sich eher aus der Sicht des Regionalen Rechenzentrums in seiner Rolle als Betreiber des Universitäts-Netzes ergeben. Die hieraus resultierenden Anforderungen und die bereits oben ausgeführten Anforderungen werden im folgenden noch einmal zusammengefaßt.

1. Universitätsübergreifende Lösung: Grundsätzlich muß die Lösung für die gesamte Universität möglich sein, unabhängig von der Lokalität, dem jeweiligen Campus und der Fachbereichsstruktur.

2. Zugang für viele, wechselnde Benutzer: Weiterhin muß die Lösung auch für potentiell hohe Benutzerzahlen geeignet sein. Nimmt man beispielsweise an, daß mittelfristig jeder 10. Studierende über einen Laptop verfügt, dann sind ca. 4000 (wenn auch nicht unbedingt gleichzeitig genutzte) öffentliche Netzzugänge zu versorgen.

3. Unabhängigkeit von der verwendeten Netztechnologie: Die Lösung sollte sowohl für den Zugriff über öffentliche Anschlußdosen (kabelbasierte Zugänge) als auch für den Zugriff über 'Wireless LANs' (kabellose Zugänge) geeignet sein.

4. Zugriff auf das Internet erst nach erfolgreicher Authentifikation: Um den Mißbrauch öffentlicher Netzanschlüsse zu unterbinden bzw. zu erkennen, ist es erforderlich, die Benutzer dieser öffentlichen Zugänge eindeutig zu identifizieren. Erst wenn ein legitimer Benutzer erkannt wurde, darf ein Zugriff auf das Internet durch dessen Rechner erfolgen.

5. Aufwandsarme Administration: Der Verwaltungsaufwand pro Benutzer und pro öffentlichen Netzzugangspunkt muß möglichst gering sein. Das Verfahren muß sowohl technisch einfach handhabbar als auch für den Benutzer leicht verständlich sein. Benutzerunfreundliche (komplizierte) Verfahren würden den Beratungsaufwand durch RRZ-Mitarbeiter erhöhen.

6. Kosteneffizienz: Eine universitätsübergreifende Lösung mit einer ausreichend hohen Anzahl an öffentlichen Zugängen ist nur vorstellbar, wenn die Kosten pro öffentlichen Netzzugangspunkt in etwa den üblichen Anschlußkosten entsprechen.

7. Herstellerunabhängigkeit: Die Lösung muß herstellerunabhängig sein, damit durch eine initiale Beschaffung nicht eine Präjudiz für weitere Beschaffung entsteht. Herstellerunabhängigkeit ermöglicht somit die Migration zu neuerer/preiswerterer Hardware anderer Hersteller.

Diese Anforderungen stehen in vielfältigen Wechselwirkungen miteinander. So erfordert beispielsweise die Authentifikation eine Benutzerdatenbank. Um den Administrationsaufwand (5) für die Pflege dieser Datenbank gering zu halten, sollte auf bereits vorhandene Datenbanken zurückgegriffen werden. Da im Zuge der Authentifikation vertrauliche Daten übertragen werden, muß die Übertragung dieser Daten gegen Abhören geschützt werden (4). Strukturierte Verkabelung alleine reicht dafür nicht aus, da bei einer Funkübertragung (im Falle eines öffentlichen WLAN-Access-Points, 3) die Daten dennoch abgehört werden können.

Aus Sicht des Betreibers ist die aufwandsarme Administration und die sichere Authentifikation ausschlaggebend. Die Herstellerunabhängigkeit ist ebenfalls sehr wichtig und bedeutet, daß auf proprietäre Verfahren einzelner Hersteller verzichtet werden muß. Ordnet man obige Liste, so ergibt sich folgende Gesamtanforderung: Gesucht ist eine kryptographisch abgesicherte Authentifikation für den Übergang von öffentlichen Netzzugängen zum Universitätsnetz, so daß nur autorisierte Benutzer Zugang zum Internet erhalten. Die Zugriffskontrolle muß aufwandsarm, kostengünstig und gleichermaßen für kabelgebundene Zugänge als auch für WLAN-gebundene Zugänge nutzbar sein und sich leicht in die dezentrale Fachbereichs- und Campusstruktur der Universität Hamburg integrieren lassen. Herstellerabhängigkeiten sind zu vermeiden.

3 Vor- und Nachteile verschiedener Lösungsansätze

Will man wie gefordert die Identität der Personen überprüfen, die ihre Rechner an die öffentlichen Netzzugänge anschließen, ist eine Authentifikation erforderlich. Hierbei soll auf Informationen in vorhandenen Benutzerdatenbanken zurückgegriffen werden. Es ist nicht im Interesse des Betreibers, eine zusätzliche bzw. neu zu erstellende Datenbank für die Benutzer der öffentlichen Netzzugänge zu pflegen.

Da es sich bei den vorhandenen Datenbanken i.d.R. um RADIUS-, LDAP- oder SQL-Datenbanken mit Benutzer/Passwort-Einträgen handelt, muß die Übertragung und Abfrage dieser Informationen gesichert werden. Diese Informationen stellen ein besonders zu schützendes Gut des Betreibers dar, denn sie ermöglichen den Zugriff auf weitaus kritischere Ressourcen (beispielsweise Zugang auf Rechner des Betreibers). Den Benutzern der öffentlichen Netzzugänge darf daher keine Möglichkeit gegeben werden, diese Informationen im Zuge der Authentifikation versehentlich preiszugeben.

Die Sicherung der Identitätsprüfung erfordert daher neben der Verschlüsselung der übertragenen Daten auch die Abwehr von 'Man-in-the-Middle'-Angriffen. Gerade beim Einsatz von 'Wireless LAN'-Access-Points (WLAN-APs) könnte ein Angreifer sehr leicht andere Benutzer täuschen, indem er vorgibt, der maßgebliche Authentifikations-Server zu sein. Der Server muß sich daher über ein Zertifikat gegenüber den Benutzern ausweisen. Der öffentliche Schlüssel des Servers – als Teil des Zertifikats – kann dann für die Etablierung einer verschlüsselten Verbindung für die eigentliche Authentifikation verwendet werden (beispielsweise Abfrage von Benutzernamen und Passwort).

Die eben skizzierten Mindestanforderungen erfüllen die folgenden Verfahren mehr oder weniger gut:

- IPSec-basierter Tunnel zwischen Client am öffentlichen Netzzugang und VPN-Gateway
- EAP-basierte Authentifikation zwischen Client am öffentlichen Netzzugang und einer Netzkomponente mit IEEE802.1x-Funktionen
- SSL- oder SSH-basierte Authentifikation zwischen Client und Gateway

3.1 IPSec-basierter Tunnel

Der Hauptvorteil in der Verwendung von IPSec als Protokoll zur Absicherung der Kommunikation zwischen Rechnern am öffentlichen Netzzugang und einem IPSec-Gateway liegt darin, daß die gesamte Kommunikation verschlüsselt wird. Dadurch werden auch nach einer Authentifikation übertragene, eventuell vertrauliche Daten vor dem Abhören geschützt. Dies ist bei einem Zugang über WLAN-APs ein enormer Vorteil, handelt es sich hier doch um ein Broadcast-Medium, das prinzipiell von jederman in Funkreichweite unbemerkt abgehört werden kann (vgl. [4]).

Aber auch für veraltete kabelbasierte Netzzugänge bietet IPSec eine deutliche Verbesserung der Sicherheit. So kann auch bei immer noch im Einsatz befindlichen "Cheaper-Net"-Anschlüssen ("shared Ethernet" auf Basis von Koaxialverkabelung, 10Base2) ein Höchstmaß an Sicherheit erreicht werden. Dieser Punkt ist wichtig, um öffentliche Netzzugänge auch in Instituten anbieten zu können, die noch über diese alte Verkabelung verfügen (vgl. universitätsübergreifende Lösung).

Der Hauptnachteil dieses Ansatzes liegt in einem vergleichsweise hohen Administrationsaufwand. So muß für jeden Benutzer ein Zertifikat für sein System bzw. für seine Systeme[1] erstellt werden[2]. Die Zertifikate müssen durch den Betreiber signiert werden, um sicherzustellen, daß die VPN-Gateways sie akzeptieren. Weiterhin muß eine Möglichkeit für die Verwaltung von Sperrlisten und Widerrufszertifikaten vorgesehen werden, will man sich die Möglichkeit vorbehalten, Zertifikate später wieder zu sperren.

Der eben beschriebene Aufwand fällt darüber hinaus periodisch an. Bei Mitarbeitern kann man vielleicht davon ausgehen, daß ihre Zertifikate über längere Zeit unverändert benutzt werden können. Den weitaus größeren Anteil am Verwaltungsaufwand produzieren jedoch die Studierenden. Sie kommen und gehen von einem zum anderen Semester! Neuen Studenten müssen neue Zertifikate erstellt werden. Höheren Semestern müssen regelmäßig die Zertifikate verlängert werden bzw. die Zertifikate von exmatrikulierten Studierenden müssen gesperrt werden.

Der Vollständigkeit halber (der skizzierte Verwaltungsaufwand ist bereits ein K.O.-Kriterium für die IPSec-basierte Lösung) sei noch angemerkt, daß die Gateways teuer sind, da zur Unterstützung der Ver- und Entschlüsselung spezialisierte Hardware einzusetzen ist. Bei einem Zugang über WLAN-APs mögen Universalrechner die maximale Übertragungskapazität von ca. 6 Mbit/s (Netto)-Daten noch leicht ver- und entschlüssel können. Aber bereits zwei oder drei PCs können über kabelbasierte Netzzugänge mehr als 100Mbit/s verschlüsselter Daten produzieren. Diese Last können nur noch vergleichsweise teure Spezialrechner (neudeutsch: Appliance) verarbeiten (vgl. Kosteneffizienz).

3.2 EAP-basierte Authentifikation

Das "Extensible Authentication Protocol" (EAP) wird im Rahmen der IEEE802.1x Spezifikation (vgl. [6]) als Basis für verschiedene Authentifikationsmechanismen beschrieben. EAP selbst (als Teil der Spezifikation) wird jedoch lediglich als Transportprotokoll für die eigentlichen Authentifikationsprotokolle verwendet. Diese Protokolle sind hingegen nicht Teil der IEEE-Spezifikation und beliebig von den Herstellern wählbar und somit auch beliebig (un)sicher (beispielsweise "Microsoft Chap", vgl. [8]).

Viele WLAN-APs und auch Access-Switches für kabelbasierte Anschlüsse bieten bereits 802.1x-Unterstützung. Hierbei verhindert die Netzkomponente (WLAN-AP oder Access-Switch) so lange die Kommunikation von und zu neu gelernten MAC-Adressen[3], bis über das EAP-Protokoll Authentifikations-Anfragen und -Antworten zwischen zwischen Access-Switch und Client ausgetauscht und von einem (externen, konfigurierbaren) Authentifikationsserver verifiziert wurden. Die Access-Switches öffnen sozusagen erst nach der Authentifi-

[1] Es gibt Studenten an der Universität Hamburg, die tatsächlich mehr als einen Laptop besitzen.

[2] Damit die Zertifikate vom Gateway akzeptiert werden, ist eine Unterstützung der Anwender bei der Erstellung erforderlich.

[3] 'Medium Access Control'-Adressen: z.B. die Ethernet-Adresse (im Gegensatz zur IP-Adresse)

kation den Port für eine uneingeschränkte Kommunikation (vgl. Abbildung 1). Dies ist auch der Hauptvorteil des genormten Verfahrens: Die ohnehin erforderlichen Netzkomponenten führen die Authentifikation durch und es fallen weder Kosten noch Verwaltungsaufwände für zusätzliche Gateways an (vgl. Kosteneffizienz, aufwandsarme Administration).

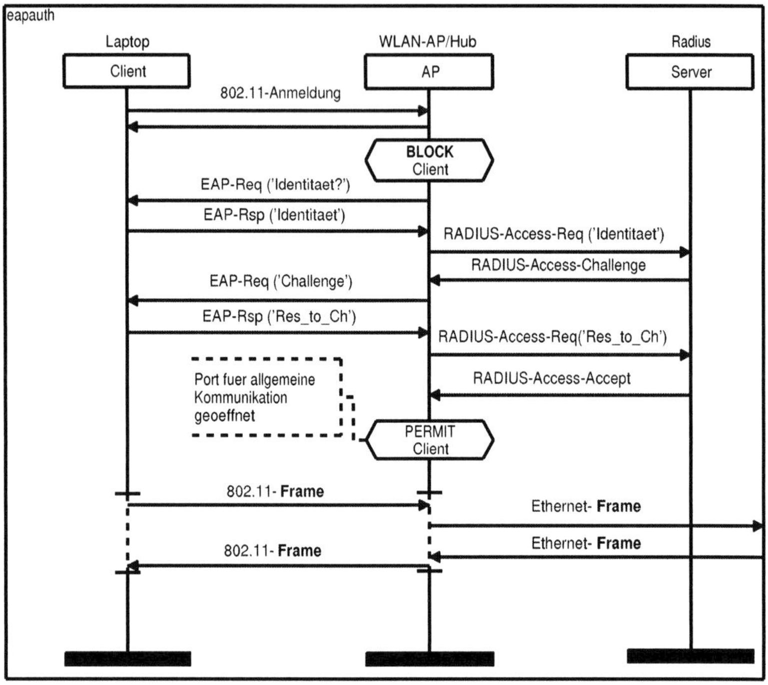

Abbildung 1: EAP-basierte Authentifikation (vereinfachte Darstellung)

Leider ist dieses Verfahren zur Zeit noch nicht geeignet, um die Übertragung der für die Authentifikation erforderlichen Daten bei Zugang über WLAN-APs zu schützen (vgl. [7]). Protokolle, die dies leisten könnten[4], sind entweder herstellerabhängig (beispielsweise Cisco's LEAP) oder erfordern Client-Zertifikate mit den bereits im Abschnitt 3.1 diskutierten Nachteil eines erheblichen Verwaltungsaufwands. Hinzu kommt, daß bei weitem nicht alle an der Universität eingesetzten Switches diese noch recht neue IEEE-Spezifikantion unterstützen. Flächendeckend wäre dieses Verfahren somit nicht einsetzbar.

Das IEEE802.1x-Verfahren wird mit der Normierung von "Tunneled-TLS" (Erweiterung von [2]) als Authentifikationsprotokoll innerhalb von EAP deutlich an Wert gewinnen. Dann können zwischen WLAN-Client und WLAN-AP vor der eigentlichen Authentifikation individuelle Sitzungsschlüssel vereinbart werden, ohne daß man Client-Zertifikate benötigt. Die

[4]Im Zuge der EAP-Authentifikation wird gleich ein individueller Sitzungsschlüssel zwischen WLAN-AP und WLAN-Client ausgehandelt. Hiermit können dann die vertraulichen Daten verschlüsselt übertragen werden.

Authentifikation des Benutzers erfolgt wiederum z.B. durch Prüfen eines nun verschlüsselt übertragenen Paßworts.

3.3 SSL- oder SSH-basierte Authentifikation

Eine weitere Möglichkeit, die Authentifikation abzusichern, bieten verschiedene Protokolle auf Anwendungsebene. Bekannte Vertreter dieser Kategorie sind das 'Secure Socket Layer'-Protokol (SSL) bzw. der von der IETF spezifizierte Nachfolger 'Transport Layer Security' (TLS, vgl. [5]). Diese Protokolle wurden ursprünglich eingesetzt, um HTTP-Übertragungen abzusichern.

Zum Zweck der Authentifikation könnte man beispielsweise von den Benutzern verlangen, eine WWW-Seite von einem Gateway abzurufen, auf der mit Hilfe von HTML-Formularen Benutzername und Passwort eingegeben werden können. Via SSL kann die Übertragung verschlüsselt werden und das Gateway schaltet nach der Validierung der übertragenen Daten die IP-Adresse des Clients für andere Dienste frei.

Für diese Art der Authentifikation müssen die Clients über IP-Adressen verfügen. Diese werden sowohl für die Kommunikation mit dem Gateway — zum Abruf der WWW-Seite mit dem Anmeldeformular — benötigt als auch für die anschließende Freischaltung (Autorisation) am Gateway: Wurde ein gültiger Benutzername und ein dazugehörendes Passwort angegeben, erlaubt das Gateway für die bei der Authentifikation verwendete IP-Adresse die Kommunikation mit dem Internet. In Abbildung 2 ist dies schematisch dargestellt.

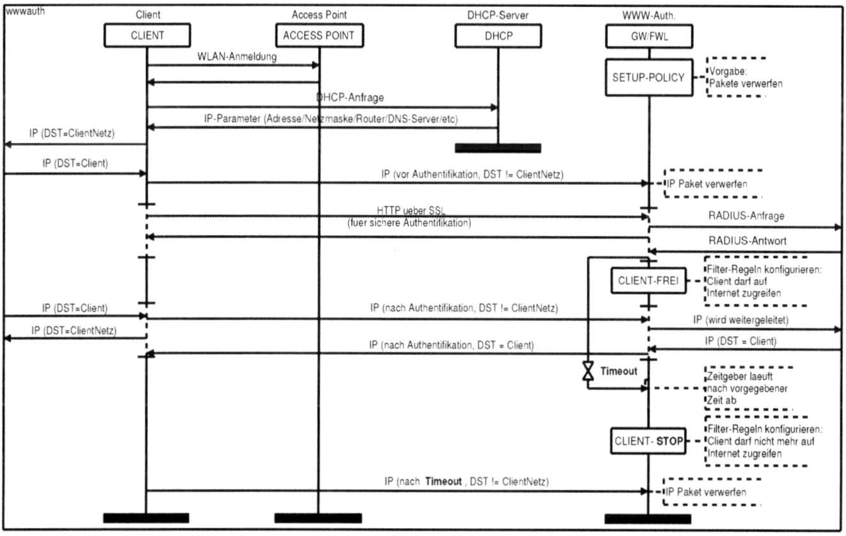

Abbildung 2: WWW-Authentifikation mit SSL-Verbindung zum Gateway

Die Authentifikation auf Anwendungsebene durch Ausfüllen eines HTML-Formulars, das mit dem SSL-Protokoll verschlüsselt übertragen wird, ist besonders aufgrund der geringen Anforderungen an die Clients von Vorteil: Es wird lediglich ein Browser benötigt, der das SSL-Protokoll unterstützt. Eine Anforderung, die heute für alle verbreiteten Betriebsysteme trivial zu erfüllen ist.

Der Hauptnachteil dieser Methode besteht darin, daß zwar die Authentifikation nicht aber die anschließende Datenübertragung zwischen Client und Gateway verschlüsselt wird. Im Falle von öffentlichen Netzzugängen, bei denen Wanddosen über strukturierte Verkabelung an die Access-Switche angeschlossen sind, ist das kein Problem. Jeder Teilnehmer verfügt über eine dedizierte Leitung zum Access-Switch. Das Abhören der Datenkommunikation durch andere Teilnehmer ist nur in Ausnahmefällen möglich[5]. Wird das Verfahren hingegen benutzt, um Teilnehmer an WLAN-APs zu authentifizieren, dann sollten anschließend nur Anwendungsprotokolle vom Gateway freigeschaltet werden, die ihre Daten selbständig verschlüsseln.

Ein weiterer Nachteil der eben beschriebenen Methode liegt darin, daß auf dem Gateway im Zuge der Authentifikation zwar die IP-Adressen der autorisierten Clients freigeschaltet werden, es aber nicht trivial zu entscheiden ist, wann die IP-Adresse wieder zu sperren ist. Man kann schließlich nicht davon ausgehen, daß sich Benutzer vor dem Ausschalten ihrer Laptops oder vor dem Herausziehen des Datenkabels aus der öffentlichen Anschlußdose ordentlich am Gateway abmelden. Auf dem Gateway müßte daher für jeden angemeldeten Teilnehmer ein Monitoring ablaufen, das meldet, wann ein Teilnehmer nicht mehr erreichbar ist, um anschließend die Kommunikation mit dessen IP-Adresse wieder zu sperren. Dieses Monitoring selbst ist wiederum nicht trivial, da beispielsweise einfache Lösungen wie periodische 'ICMP-Echo-Requests' von einem Angreifer beantwortet werden können, um die IP-Adresse eines bereits legitimierten (jedoch kürzlich abgeschalteten Clients) weiter zu verwenden.

Alternativ könnten periodisch (über einen 'Timeout') die IP-Adressen der Clients gesperrt werden (angedeutet in Abbildung 2), um die Benutzer zu einer erneuten Authentifikation zu zwingen. Ist diese Periode zu kurz, stört die Notwendigkeit zur häufigen Neuanmeldung die Benutzer. Ist die Periode zu lang, bleiben 'Löcher' im Gateway über längere Zeit ungeschlossen und ermöglichen den Mißbrauch der öffentlichen Zugänge.

Dennoch besticht die einfache Möglichkeit, mit Hilfe eines Anwendungsprotokolls eine für alle gängigen Betriebssysteme und für beide Übertragungsmedien (WLAN und Kabel) einheitliche Authentifikation durchführen zu können. Um gleichzeitig noch das geschilderte 'Monitoring-Problem' zu lösen, wurde an der Universität Hamburg eine leicht abgewandelte Variante der anwendungsbasierten Authentifikation implementiert. Ein Client ist genau so lange am Gateway freigeschaltet, bis die hierfür verwendete SSH-Verbindung unterbrochen wird. Dieses Verfahren ist eine Verfeinerung des in [3] vorgeschlagenen Verfahrens, das noch auf Telnet-Verbindungen basierte.

[5]Eine solche Ausnahme ist ein kompromittierter Switch. Ein Angreifer könnte beispielsweise Dateneinheiten über einen 'Monitoring-Port' abhören. Dieses Risiko besteht aber nicht nur für die öffentlichen Netzzugänge, sondern für alle Rechner an der Universität.

4 Öffentliche Netzzugänge an der Uni Hamburg

Die möglichst zeitnahe Erkennung, daß ein zuvor angemeldeter Benutzer ohne Abmeldung beim WWW-Server seinen mobilen Rechner vom öffentlichen Netzzugang trennt (Abschalten des Rechners, abziehen des Verbindungskabels), kann bei der obigen Lösung nur durch relativ unsichere Verfahren erkannt werden. So ist beispielsweise ein periodisches Versenden von 'ICMPEcho- Request'-Nachrichten an autorisierte mobile Rechner möglich, um deren kontinuierliche Erreichbarkeit zu prüfen. Bleiben diese Nachrichten wiederholt unbeantwortet, kann man folgern, daß der Benutzer die Verbindung zum öffentlichen Netzzugang getrennt hat und daraufhin die Autorisation wieder aufheben.

Leider ist dieser einfache und für Benutzer völlig transparente Vorgang mit relativ wenig Aufwand angreifbar. So kann beispielsweise ein Angreifer die Antworten auf die 'ICMP-Echo-Request' stellvertretend für einen gerade abgeschalteten autorisierten Rechner senden ('spoofen') und so dessen IP-Adresse für einen nicht-autorisierten Zugriff auf das Internet mißbrauchen.

Eine Möglichkeit, sowohl diesen Mißbrauch zu unterbinden als auch eine zeitnahe Erkennung der Abtrennung eines autorisierten Clients vom öffentlichen Netzzugang zu erreichen, ist die Verwendung der 'Secure Shell'-Anmeldung (SSH-Anmeldung).

Bei diesem Szenario wird genau wie bei der WWW-Anmeldung zuerst über einen DHCP-Server (vgl. [1]) eine IP-Adresse bezogen. Anschließend öffnet der Benutzer eine SSH-Verbindung zum Gateway. Diese Verbindung ist genau wie die SSL-Verbindung beim Szenario 'WWW-Authentifikation' verschlüsselt und Manipulationen Dritter am Datenstrom werden erkannt. Über diese verschlüsselte Verbindung wird wiederum Benutzername und Paßwort abgefragt und bei einer erfolgreichen Authentifikation wird der Benutzer analog zum vorigen Szenario autorisiert, unter Verwendung seiner IP-Adresse mit dem Internet zu kommunizieren.

Der wesentliche Unterschied zum vorigen Szenario ist, daß die SSH-Verbindung (im Hintergrund) weiterhin etabliert bleibt. Es werden ständig verschlüsselte 'Keep-alive'-Nachrichten ausgetauscht, die ein sofortiges Erkennen des Verbindungsabbaus ermöglichen. Da diese Nachrichten mit Mechanismen des SSH-Protokolls gegen Manipulationen gesichert sind, hat ein Angreifer keine Möglichkeit, die Erkennung durch 'spoofing' zu unterbinden. Erkennt das Gateway mittels dieses Nachrichtenaustausches, daß die Verbindung zum autorisierten Client unterbrochen ist, dann wird sofort die Autorisation für die verwendete IP-Adresse aufgehoben, d.h. die Kommunikation mit der verwendeten IP-Adresse wird am Gateway unterbunden. In Abbildung 3 ist dieses Verfahren noch einmal grafisch dargestellt.

Technisch stellt sich das Verfahren folgendermaßen dar: Ein SSH-Server (hier auf dem Gateway implementiert) sendet zur Erkennung eines Verbindungsabbruchs sogenannte 'Keep Alive'-Nachrichten. Die Periodizität und die Anzahl an ausbleibenden Antworten, die als Schwellwert für einen Verbindungsabbruch angesehen werden, können auf dem Server konfiguriert werden. Dieses 'Monitoring' der Verbindung erfolgt für den Benutzer völlig transparent, d.h. er muß diesen Mechanismus zu keiner Zeit manuell unterstützen. So lange die SSH-Verbindung, über die auch die Authentifikation erfolgte, besteht, ist die IP-Adresse des Clients offensichtlich noch in (autorisierter) Benutzung. Demzufolge ermöglicht das Gateway dem Benutzer die Kommunikation mit dem Internet genau so lange, wie diese Verbindung

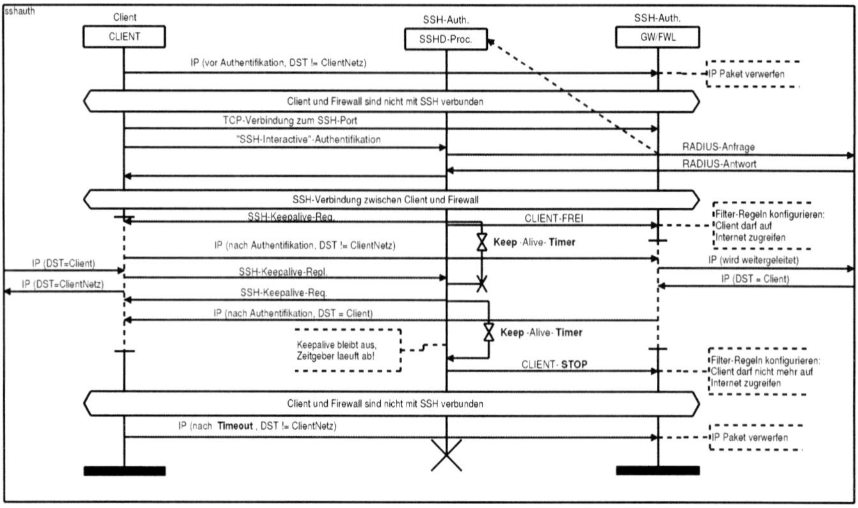

Abbildung 3: SSH-Verbindung zum Gateway für abgesicherte Authentifikation

besteht. Es erfolgt daher automatisch und unmittelbar eine Aufhebung dieser Autorisation, falls

- sich der Benutzer abmeldet, in dem er die SSH-Verbindung aktiv beendet,
- der Rechner ausgeschaltet wird, da das Ausbleiben der ‘Keep Alive’-Antworten erkannt wird (und diese nicht gefälscht werden können),
- der Rechner vom Netzzugang getrennt wird (durch Kabel abziehen, AP-Empfangsbereich verlassen).

Diese Erkennung ist wohlgemerkt sicher und kann nicht durch ‘spoofing’ oder andere Mechanismen eines Angreifers verhindert werden. Darüber hinaus sind keine Timer für die Überwachung erforderlich und die damit verbundenen Nachteile entfallen ebenfalls:

1. Benutzer brauchen sich nur einmal für die Gesamtdauer ihrer Sitzung anzumelden, ohne daß eine erneute Anmeldung nach einem Timer-Ablauf erforderlich wäre. Dieser Punkt ist nicht zu unterschätzen, da auch gut informierte Benutzer bei Kommunikationsproblemen nicht unmittelbar auf die Idee kommen, sich erneut anzumelden. Beim Szenario WWW-Authentifikation wäre daher mit relativ vielen Rückfragen aufgrund dieser zeitgesteuerten Zugriffskontrolle zu rechnen.
2. Nicht mehr benötigte Tunnel durch das Gateway werden sofort geschlossen und nicht erst nach Ablauf eines “Timers” (s.o.). Die Erkennung des Verbindungsabbruchs kann im Bereich weniger Millisekunden geschehen. Ein Angreifer, der durch Abhören der Kommunikation mit einem WLAN-AP darauf wartet, daß ein Benutzer die autorisierte

IP-Adresse nicht mehr verwendet, um diese dann für einen nicht-autorisierten Zugriff zu verwenden, hat nur ein minimales Zeitfenster für derartige Versuche zur Verfügung. In so kurzen Zeitspannen sind gefährliche Angriffe kaum vorstellbar.

Ein weiterer, ganz wesentlicher Vorteil liegt in dem Mehrwert der SSH-Verbindung. Neben dem Hinweis einer erfolgreichen Anmeldung können die Benutzer über weitere wichtige Ereignisse informiert werden. Beispielsweise können alle Benutzer auf eine bevorstehende Betriebsunterbrechung hingewiesen werden, indem ihnen ein entsprechender Hinweis als Text über die SSH-Verbindung zugesendet wird. Dieser Text erscheint dann im Fenster der SSH-Clients.

Für dieses Szenario wird eine SSH-Client-Software für das Betriebssystem des jeweiligen mobilen Rechners benötigt. Derartige Software ist für die akademische Nutzung (Ausbildung, Studium, Lehre) für Windows- und Macintosh-Rechner frei erhältlich. UNIX-Versionen sind auch für die kommerzielle Nutzung aus dem OpenSource-Bereich frei erhältlich, ebenso wie eine Server-Version für den Einsatz auf dem Gateway.

In den vergangenen Jahren wurden darüber hinaus in verschiedenen Fachbereichen gute Erfahrungen mit den SSH-Tools gesammelt, so daß auch dezentrales 'Know-How' für eventuell erforderliche Benutzerberatung vorhanden ist. Im Zuge der Zugangsbeantragung könnte die jeweils passende Client-Version vom RRZ als CD-ROM zur Verfügung gestellt werden. Darüber hinaus könnte die Software bereits derart vorkonfiguriert werden, daß die Anmeldung via 'Mausklick' nach der Installation erfolgen kann. Das Verfahren ist somit ähnlich einfach zu handhaben wie eine Browser-basierte WWW-Anmeldung. Weiterhin kann hierdurch die aus Sicherheitsgründen ohnehin wünschenswerte Verbreitung der SSH-Tools vorangetrieben werden. Durch Verteilung von CDs kann außerdem das Problem des initialen Schlüsselaustausches gelöst werden. Die 'Public-Key-Zertifikate' der wichtigsten RRZ-Server werden einfach mit auf die CD kopiert und können dann von der SSH-Software geladen werden. Die Verbreitung der Zertifikate ist somit vertrauenswürdig.

5 Offene Punkte und Zusammenfassung

Die oben dargestellte Authentifikation mit anschließender Freischaltung von Clients an öffentlichen Netzzugängen auf Basis einer verschlüsselten, permanent überwachten SSH-Verbindung zwischen Client und Gateway befindet sich zur Zeit in der Erprobung an der Universität Hamburg.

Unklar ist vor allem, ob die Benutzer den Aufwand für die Freischaltung akzeptieren. Das Verfahren ist zwar relativ einfach in der Handhabung, erfordert jedoch die Installation einer SSH-V2-konformen Software auf den Clients. Weiterhin ist unklar, ob die Benutzer sich mit der Beschränkung auf HTTP und den wenigen sicheren Diensten begnügen oder das Angebot der öffentlichen Netzzugänge aufgrund der restriktiven Dienstfreischaltung nicht annehmen. In diesem Fall wäre zu überlegen, ob für die kabelgebundenen Zugänge die Beschränkung auf sichere Protokolle aufgehoben wird. Liegt eine strukturierte Verkabelung vor, ist das Risiko bei der Verwendung von unsicheren Protokollen an öffentlichen Netzzugängen schließlich nicht höher als bei der Benutzung dieser Protokolle auf Rechnern in herkömmlichen PC-Pools.

Unabhängig von diesen Akzeptanzfragen — die sich auch bei anderen, kommerziellen Verfahren stellen würden — läßt sich feststellen, daß die SSH-basierte Authentifikation eine sehr kostengünstige, aufwandsarme und dennoch sichere Möglichkeit für die Benutzeridentifikation an öffentlichen Netzzugängen darstellt. Das Verfahren kann unabhängig von dem verwendeten Übertragungsmedium eingesetzt werden und eignet sich für alle gängigen Betriebssysteme (Windows in diversen Derivaten, Unix, MacOS). Bei der Authentifikation kann auf vorhandene Benutzerdatenbanken vom Gateway aus zugegriffen werden und es ist nicht erforderlich, für jeden Benutzer ein Zertifikat zu erstellen bzw. zu verwalten. Das Verfahren ist darüber hinaus nicht an die Hardware der Benutzer gebunden, sondern ermöglicht den Benutzern, beliebige Geräte (für die es einen SSH-Client gibt) nach der Authentifikation an den öffentlichen Netzzugängen zu betreiben.

Literaturverzeichnis

[1] Alexander, S.; Droms, R. “DHCP Options and BOOTP Vendor Extensions”, Network Working Group, Request for Comments: 2132, March 1997

[2] Aboba, B.; Simon, D. “PPP EAP TLS Authentication Protocol”, Network Working Group, Request for Comments 2716, October 1999

[3] Beck, R. “Dealing with Public Ethernet Jacks Switches, Gateways, and Authentication”, Proc. LISA ’99: 13th Systems Administration Conference, Seattle, Washington, USA, November 7–12, 1999

[4] Borisov, N.; Goldberg, I.; Wagner, D. “Intercepting Mobile Communications: The Insecurity of 802.11”, Proc. 7th Annual Intern. Conf. on Mobile Computing and Networking, July 16–21, Rome, Italy, 2001

[5] Dierks, T.; Allen, C. “The TLS Protocol. Version 1.0”, Network Working Group, Request for Comments: 2246, January 1999

[6] IEEE-SA Standards Board 2001 “IEEE Standard for Local and metropolitan area networks PortBased Network Access Control” (IEEE Std 802.1x-2001)

[7] Mishra, A.; Arbaugh, W.A. “An Initial Security Analysis of the IEEE 802.1X Standard”, University of Maryland, Department of Computer Science, Technical Report 4328 (UMIACS-TR-2002-10), (CS-TR-4328), 2002

[8] Schneier B.; Mudge “Cryptanalysis of Microsoft’s PPTP Authentication Extensions (MS-CHAPv2)”, CQRE Proceedings, Springer-Verlag, 1999

Sichere Einbindung von WLAN-Netzen in eine Forschungsumgebung

Ralph Niederberger
Egon Grünter
Forschungszentrum Jülich GmbH
Postfach
52425 Jülich
R.Niederberger@fz-juelich.de
E.Gruenter@fz-juelich.de

1 Einführung

Rechner, Daten und Datennetze stellen in einem Unternehmen einen großen Wert dar, dessen Schutz besonderer Aufmerksamkeit bedarf. Hierzu investieren diese Unternehmen große Geldbeträge in Firewalls, Intrusion-Detection-Systeme, Viren-Filter und weitere Sicherheitssoft- und Hardwaresysteme, um die Gefahr eines unberechtigten Zugriffs auf diese Ressourcen und des Einschleusens von Viren, Würmern und Trojanischen Pferden zu verhindern.

Alle Nutzer und Betreiber von Rechnern und Datennetzen müssen sich dieser Gefahren bewusst sein und entsprechend verantwortungsvoll verhalten. Es müssen Vorkehrungen getroffen werden, dass alle am Netzbetrieb beteiligten Komponenten entsprechend ihres Bedarfs abgesichert werden.

In den meisten Fällen steht im Mittelpunkt dieser Schutzbemühungen das kabelgebundene Firmennetzwerk. Die mobile Kommunikation, insbesondere Wireless Local Area Networks (WLANs) deren Bedeutung in allen Bereichen des öffentlichen Lebens zunimmt, nutzt nicht nur eine gesonderte Infrastruktur, sondern bedient sich der Luft als Übertragunsmedium. Dies erfordert besondere Vorkehrungen, damit alle am Netzbetrieb beteiligten Komponenten entsprechend ihres Bedarfs gesichert werden können.

Der vorliegende Bericht beschreibt die Einbindung eines Wireless LAN in die bestehende Netzwerkarchitektur des Forschungszentrums Jülich unter besonderer Berücksichtigung der IT-Sicherheit.

2 Generelle Probleme von WLANs

Mobile Kommunikation ist in der Informationstechnik von großer Bedeutung. Der IEEE 802.11b Standard, der im September 1999 vom Institute of Electrical and Electronic Engineers verabschiedet wurde, beschreibt die Grundlagen eines drahtlosen lokalen Netzes. Drahtlose Netze nach dem IEEE 802.11b Standard werden auch als Wireless Local Area Networks (WLANs) bezeichnet, welche auf Funktechniken basieren, die im genehmigungsfreien 2,4-GHz-Bereich Übertragungsraten von 11 Megabit pro Sekunde erreichen.

Daraus ergeben sich erste Einschränkungen für den Betrieb: Im genannten Frequenzbereich dürfen Funknetze ohne Genehmigung betrieben werden, so dass sich benachbarte Netze grundsätzlich gegenseitig stören können. Ein daraus resultierendes "Abhören" des benachbarten Netzes zieht derzeit keine strafrechtlichen Konsequenzen nach sich [1].

Aus sicherheits-technischer Sicht stellt eher das Kommunikationsmedium Luft ein Problem dar. Die Frequenzen des 2,4-GHz-Bandes sind nur mit großem Aufwand räumlich zu kontrollieren, so dass Funkzellen auch über das eigene Firmengelände hinaus den Zugang zu einem WLAN ermöglichen {Abbildung 1}.

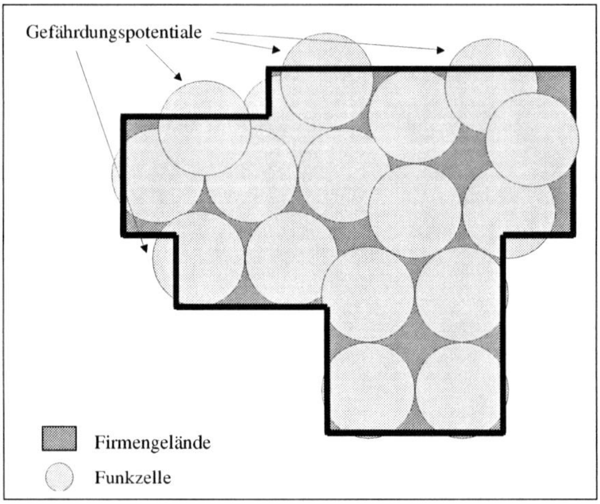

Abbildung 1: Beispielhafte funktechnische Ausleuchtung eines Firmengeländes

Mit der heute üblichen Plug and Play-Technologie können Rechner sehr leicht in Funknetze eingebunden werden. Die Einfachheit der Einbindung in diese Netze birgt jedoch auch ein inhärentes Problem in sich.

Eine externe Person kann so mit der entsprechenden Ausrüstung unberechtigt Zugang in das Firmennetz erlangen und als interner Benutzer arbeiten [2]. Ebenso können Personen, die sich auf dem Firmengelände befinden, unbemerkt am Funknetz teilnehmen und im schlimmsten Fall ihren Rechner als Gateway installieren, so dass von überall her unkontrollierter Zugriff auf das Unternehmensnetz besteht. Nebenpfade, wie oben beschrieben, ins firmeneigene Kommunikationsnetz werden von Hackern gerne genutzt. Dieses Szenario gilt es zu verhindern.

Aus sicherheitstechnischer Sicht sollte in einem Unternehmen die Verbindung interner Datennetze mit den externen Datennetzen (z.B. weltweites Internet, Telefonnetz) nur an einer zentralen Stelle erfolgen. Hier sind alle notwendigen Sicherheitsmaßnahmen (Logging, Routing, Firewalling, Authentication und Authorization usw.) implementiert und werden von geschultem Fachpersonal betrieben und überwacht.

Bedingt durch die Eigenschaften der Funkübertragung kann nicht die gleiche Konnektivität und Performance wie im leitungsgebundenen Netz garantiert werden. So bringen es die technischen Besonderheiten des WLANs mit sich, dass Funk-LANs mit 11 Mbit/s als "shared medium" betrieben werden. Das bedeutet, dass sich die Benutzer eine effektive Bandbreite von etwa 5,7 Mbit/s teilen müssen. Es kann hier sehr schnell zu Engpässen kommen, da eine unkontrollierte Nutzung stattfinden kann (Adhoc-Nutzung z.B. bei Besprechungen). Eine Planung des Netzes ist für das Netzmanagement wesentlich schwieriger.

Um gegenseitige Störungen (Bandbreitenengpässe) zu vermeiden, sollten die Benutzer des WLAN auch gebeten werden, keine großen Datenmengen zu übertragen, da das WLAN dafür ungeeignet ist.

Bei auftretenden Netzproblemen kann in kabelgebundenen geswichten Netzen schnell der Verursacher ermittelt werden. Die heutigen modernen Netzprotokolle ermöglichen über ein Remote Management die Konfiguration und Überwachung der Netzkomponenten von einer zentralen Managementworkstation aus. Hierdurch sind die Kommunikation störende Geräte leicht ermittelbar. Switch und Switchport, an den das Gerät angeschlossen ist, können prozedural ausgelesen werden. Das störende Gerät kann umgehend am Switch gesperrt und eine störungsfreie Kommunikation wieder hergestellt werden. Anders ist dies bei Funknetzen. Auch hier kann das verursachende Gerät anhand der Hardware-Adresse ermittelt und der zugehörige Access Point, der diesem Gerät Zugriff gewährt hat, ermittelt werden. Allerdings führt eine Sperrung des Problemverursachers nicht automatisch zur Lösung des Netzproblems. Der Verursacher stört weiterhin die Funkzelle, in der er tätig ist. Die hier angemeldeten Geräte können erst wieder störungsfrei arbeiten, wenn die defekte Komponente lokalisiert und abgeschaltet wurde. Dies kann eine langwierige Suche nach der Komponente im Bereich der Funkzelle bedeuten.

Alle diese Probleme machen somit eines unabdingbar. Voraussetzung für die Lösung ist der direkte und möglichst umgehende Kontakt mit dem Systemverantwortlichen. Es muss also auch in Funknetzen gelten: „Erst anmelden, dann surfen."

3 Probleme/Besonderheiten in Forschungsumgebungen

In Forschungsumgebungen werden häufig neuartige Techniken mit leistungsstarken Rechnern und Netzen hoher Bandbreite genutzt. Diese bieten daher ein attraktives Ziel für Attacken. Es gilt somit diese meist auch teuren Ressourcen ausreichend zu schützen. Eine straffe zentrale Organisation, wie in Wirtschaftsunternehmen, lässt sich in Forschungsumgebungen aber nicht leicht durchsetzen.

Aufgrund der weitreichenden Kooperationen eines Forschungszentrums mit externen Partnern aus Industrie, Forschung und Lehre sind ständig eine große Anzahl von Mitarbeitern dieser Partner vor Ort und benötigen Zugang zur Netzinfrastruktur. Charakteristisch für Forschungsumgebungen ist auch die hohe Anzahl von Praktikanten, Diplomanden und Doktoranden, die sich für kurze Zeit im Forschungszentrum aufhalten und für ihre Arbeit Zugriff auf interne Ressourcen wie Supercomputer, Drucker und Online-Bibliothekskataloge benötigen.

Ferner werden in den verschiedenen Teilinstituten Vortragsveranstaltungen organisiert, Ausbildungen durchgeführt und Adhoc-Besprechungen einberufen. Auch hier müssen Vortragsfolien heruntergeladen, Präsentationen über Kommunikationsnetze hinweg vorgeführt, Webinformationen geladen und E-Mails gelesen werden. Temporärer Kommunikationsbedarf ist hier ebenfalls vorhanden.

Grundprinzip sollte in derartigen sich häufig ändernden Umgebungen sein, dass jedes IT-System, das ans Rechnernetz angeschlossen wird, einen benannten Betreuer (Systemadministrator) hat, der sich beim Netzanschluss verpflichtet, für einen störungsfreien und sicheren Betrieb am Netz zu sorgen und alle Konfigurations- und Standortänderungen dem zentralen Netz-Management zu melden. Um kurzfristig am System auftretende Probleme des Netzwerkbetriebs und der IT-Sicherheit bearbeiten zu können, sollte auch bei Abwesenheit des Systemadministrators eine Vertretung ansprechbar sein. Im Forschungszentrum Jülich werden diese Informationen nicht nur für IT-Sicherheitsbelange sondern auch für das tägliche Netzmanagement ständig benötigt und sind hier mittels eines selbsterstellten Netzverwaltungstool realisiert. Diese Informationen sind auch für ein sich ständig änderndes Wireless LAN und eine Anmeldung dieser Systeme unverzichtbar.

4 Sicherheitsfeatures im IEEE 802.11b Standard

Der IEEE 802.11 Standard bietet verschiedene Sicherheits-Features. Hierzu gehören Open- und Shared-Key-Authentisierung, der Service Set Identifier (SSID) und das Wired Equivalent Privacy (WEP) Protokoll. Jede dieser Features bietet unterschiedliche Level von Sicherheit.
Bei der SSID gibt es zwei unterschiedliche Nutzungsmodelle. Der SSID kann als Netzwerkname genutzt werden, über den sich ein Rechner an einen Access Point assoziieren kann. Werden für unterschiedliche Access Points verschiedene SSID's genutzt, so können hierdurch getrennte Zugriffsbereiche definiert werden. In diesem Modus wird der Access Point so konfiguriert, dass er seinen SSID broadcastet. Somit kann ein WLAN-Rechner über diesen SSID den Access Point finden, mit dem er sich verbinden möchte (das für ihn vorgesehene Netz).
Im zweiten Modus wird der SSID nicht vom Access Point bekannt gegeben. Der WLAN-Rechner kann sich durch Kenntnis des SSID ausweisen und somit Zugriff auf das Netz erlangen (preshared key).
Leider bietet dieser Zugriffsmodus keine ausreichende Sicherheit, da Management-Frames in 802.11 WLANs unverschlüsselt übertragen werden. Mit entsprechender Softwareausstattung kann eine unberechtigte Person den SSID mitlesen. Diese Software (z.B. AirSnort) ist vielfach im Internet frei verfügbar.
Der Zugriff eines Endgerätes auf das WLAN geschieht in mehreren Phasen. Nach einem Probe-Request und -Response wird mittels eines Authentication-Request eine Authentifizierung durchgeführt. Ist diese erfolgreich abgelaufen, so erhält der Rechner eine Authentication-Response Nachricht. Diese Authentifizierung kann im einfachsten Fall aus einem Authentication Request (z.B. mit Angabe der Station ID oder Hardware-Adresse) und dem Authentication-Response („Success" oder „Failure") bestehen. In diesem Fall handelt es sich um eine Open- oder Null-Authentication.
Bei der Shared-Key-Authentication sendet der Access Point nach dem Authentication-Request des Clients einen per Zufallsgenerator erzeugten Challenge-Text. Der Client verschlüsselt diesen Text mit dem shared-key und sendet das Ergebnis zurück an den Access Point. Dieser entschlüsselt die empfangene Nachricht wiederum mit dem Shared-Key. Ergibt sich der Ursprungstext, so war die Authentifizierung korrekt und ein Authentication-Response mit „Success" wird gesendet. Um gegenseitige Authentifizierung zu erlangen wird der Prozess ebenso in umgekehrter Richtung durchgeführt. Viele bekannte Attacken basieren darauf, dass durch Mitschneiden eines verschlüsselten Textes bei bekanntem Ursprungstext (Challenge-text) der Shared Key ermittelt werden kann. Eine Sicherheit auf der Basis dieser Shared-Key-Authentication ist somit nicht gewährleistet. Ein weiteres Problem ist, dass alle WLAN-Teilnehmer diesen Key kennen müssen, was sich einerseits leicht herumspricht, auch Gäste müssen diesen Key wissen, und andererseits bedeutet, dass ein derartiger Shared-Key nicht einfach änderbar ist, da alle WLAN-Teilnehmer informiert werden müssen.
Das Wired Equivalent Privacy (WEP) Protokoll wurde entwickelt, um das einfache Mitlesen am Netz zu verhindern. Die Sicherheit vergrößert sich mit der Länge des verwendeten Schlüssels. Der WEP-Algorithmus basiert auf dem RC4 Algorithmus und benutzt nur einen 40-Bit Secret Key in Verbindung mit einem 24 Bit Initialisierungsvektor. Hierdurch kann keine ausreichende Verschlüsselung gewährleistet werden. Das WEP-Protokoll bietet somit keinen ausreichenden Schutz gegen Mithören [3, 4]. Zur Zeit bietet also keines der im Standard spezifizierten Verfahren ausreichende Sicherheit. In der Entwicklung sind derzeit

neue Standards, die dieses Manko aufgreifen. Eine sichere Kommunikation bedarf daher momentan weitergehender Sicherungsmaßnahmen, auf die weiter unten eingegangen wird.

5 Das WLAN Konzept des Forschungszentrums Jülich

5.1 Allgemeines

Das WLAN muss in die bestehende Netzwerk-Infrastruktur integriert werden. Moderne Technologien erlauben in kabelgebundenen Netzen eine hierarchische Strukturierung (Baumstruktur), so dass jedes Endgerät einen dedizierten Anschluss besitzt. Hierdurch kann jedes Endgerät (Port am Switch) einem oder mehreren VLANs (Virtual LAN) zugeordnet werden. Durch diese, auf den Switches konfigurierten, VLANs lässt sich eine Trennung der Maschinen unterschiedlicher Netze realisieren, also auch zwischen kabel- und funkgebundenem Netz. Im Forschungszentrum Jülich können nur die Institute am WLAN teilnehmen, die an die switch-basierte Infrastruktur angeschlossen sind. Die über die VLANs realisierte Trennung zwischen kabelgebundenem und funkbasiertem Netz liefert nicht nur Sicherheit, sondern erspart auch zusätzliche Kosten für eine parallele Infrastruktur. Netzbereiche, die noch über Busstrukturen angebunden sind, können somit am WLAN-Betrieb nicht teilnehmen.

Der Anschluss der WLAN-Teilnehmer ans kabelgebundene Netz wird mittels sogenannter Access Points (APs) realisiert. Diese verfügen über einen Ethernet-Anschluss. Im Forschungszentrum Jülich werden diese Access Points und die zugehörigen Antennen zentral beschafft, installiert und administriert, um einen reibungslosen Betrieb zu gewährleisten. Es werden hier Produkte aus der "Cisco Aironet Serie" der Firma Cisco Systems eingesetzt. Diese Geräte garantieren auch eine sehr gute Kompatibilität mit Funk-LAN-Adaptern anderer Hersteller in den Endgeräten. Da diese Hardware-Komponenten, die für den Zugang eingesetzt werden, Produkte eines Herstellers sind, wird die Kompatibilität der Geräte untereinander und mit dem kabelgebundenen Netz sichergestellt, eine leichtere Administrierbarkeit wird erreicht. WLANs, welche diesen Bedingungen nicht entsprechen, dürfen im Forschungszentrum Jülich nicht installiert und betrieben werden.

Mobile Computer sowie stationäre Endgeräte können durch den Einbau eines speziellen WLAN-Adapters (Funk-LAN-Karte) ohne großen Aufwand in das Funknetz integriert werden.

Das WLAN wird als Ergänzung zum bestehenden kabelgebundenen Netz angeboten. Es ist auf dem Campus nicht flächendeckend verfügbar und nur dort nutzbar, wo entsprechende Hardware-Komponenten installiert worden sind. Für Gäste und Mitarbeiter des Unternehmens ist es wichtig, dass über das WLAN eine rasche und einfach zu handhabende Konnektivität ins lokale und weltweite Internet ermöglicht wird.

Alle Regelungen des kabelgebundenen Netzes gelten auch entsprechend für das WLAN. Das System muss beim Netzmanagement angemeldet sein. Der verantwortliche Systemadministrator muss dafür Sorge tragen, dass die aktuellen Betriebssystem- und Software-Patches installiert werden, alle nicht benötigten Dienste deaktiviert sind und Virenfilter mit den aktuellsten Virenmustern und eine Personal Firewall die Sicherheit des Systems ergänzen.

Des weiteren ist zu beachten, dass die Anschlüsse an das kabelgebundene Netz und an das WLAN (Funknetz) nicht gleichzeitig aktiv sein dürfen, da hierdurch einerseits Routingprobleme auftreten können und zum anderen parallele Übergänge zum zentralen Eingangsrouter (Firewall) implementiert werden könnten (vgl. Abbildung 2), die der

Sicherheitsphilosophie der Einrichtung widersprächen. Also müssen mögliche weitere Netzwerkadapter entfernt oder deaktiviert werden.

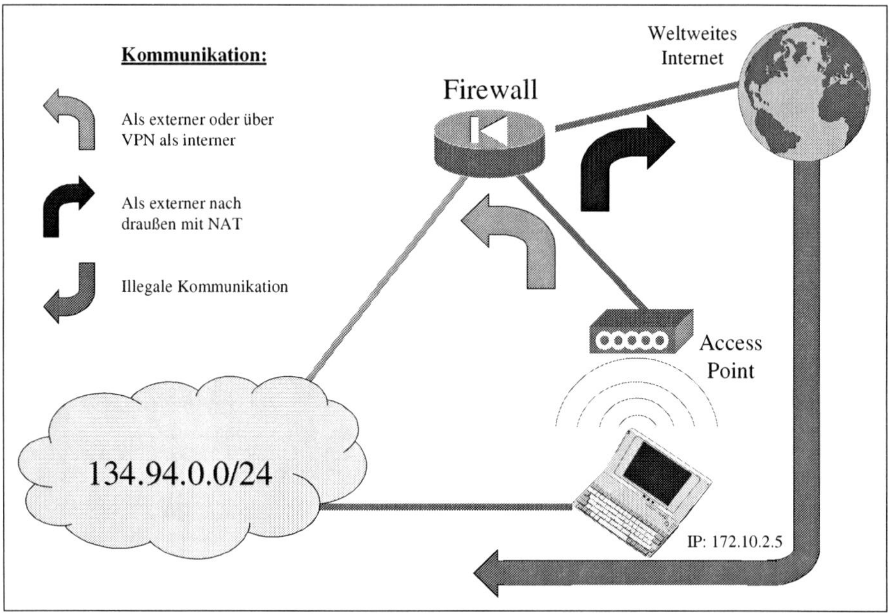

Abbildung 2:Illegale Konfiguration WLAN-Rechner als Gateway

5.2 Integration des WLAN mit MAC-Authentication

Dem WLAN wird ein privater IP-Adressbereich nach RFC1918 zugewiesen, der sicherheitstechnisch als externes Netz zu betrachten ist. Hieraus resultiert ein disjunkter Adressbereich zwischen kabelgebundenem und funkbasiertem Netz. Diese privaten Adressen müssen nicht bei der zentralen Adressvergabestelle (Internet Assigned Numbers Authority, IANA) beantragt werden. Sie erweitern somit den von der IANA zugewiesenen Adressbereich. Ein Firewall-System filtert die Zugriffe vom WLAN ins kabelgebundene Netz gemäß der Unternehmens-Sicherheitsphilosophie.

Mitarbeiter und Gäste, die ihren Rechner an das WLAN anschließen möchten, müssen hierzu einen Antrag stellen. Antragsteller und MAC-Adresse der Funk-Karte des Rechners werden hierbei gespeichert. Die Möglichkeit einer elektronischen Beantragung mit Antragstelleridentifikation erlaubt eine schnelle, automatische Bearbeitung des Antrages. Der Antragsteller übernimmt hierdurch die Verantwortung für die Kommunikation mit diesem Funk-LAN-Adapter. Die Konnektivität kann so innerhalb weniger Minuten hergestellt werden.

Die Access Points bieten eine Zugangskontrolle (MAC-Address-Authentication [5]), die es ermöglicht, den Zugang Unbefugter (nicht registrierter Netzwerkkarten) auf Netzwerkebene zu unterbinden. Diese MAC-Address-Authentication, welche die Open- und Shared-Key Authentication gemäß Standard 802.11b erweitert, ist zwar nicht im Standard vorgesehen, aber von vielen Herstellern implementiert worden. Jedem Netzwerkadapter ist eine eindeutige Hardware-Adresse zugeordnet, so dass der Zugang zum WLAN auf bekannte Hardware-Adressen beschränkt werden kann. Diese bei der Authentication mitgesandte MAC-Adresse wird auf einem Radius-Server verifiziert. Logging dieser Adress-Vergabe (Antragsteller, Mac-Adresse, vergebene IP-Adresse, Start- und Endzeit der Komunikation) ermöglicht im Problemfall eine zeitlich korrelierte Identifikation der Nutzer des WLAN.

Die Zulassung zum Wireless LAN hat zunächst eine begrenzte Gültigkeit. Mitarbeiter des Forschungszentrums können eine dauerhafte Zulassung beantragen. Dazu muss der User das Formular, das bei der Registrierung im Web ausgedruckt werden kann, unterschrieben bei der Netzwerk-Benutzerberatung des Forschungszentrums abgeben.

Gastwissenschaftler sowie andere Gäste erhalten einen Zugang zum WLAN nur über ihren jeweiligen Betreuer im Forschungszentrum. Die Gültigkeit liegt wahlweise zwischen einer Woche und dauerhaftem Zugriff.

Konferenzteilnehmer können über das jeweilige Tagungsbüro einen Zugang zum WLAN erhalten. Die Konferenzteilnehmer sind keinem direkten Betreuer zugeordnet, so dass hier die Anmeldung für das WLAN durch das Konferenzbüro für diese Zeit (maximal eine Woche) vorgenommen wird. Konferenzlisten mit Konferenzteilnehmer und zugeordneter Hardware-Adresse seines Rechners geben im Problemfall Rückschluss auf den betroffenen Rechner.

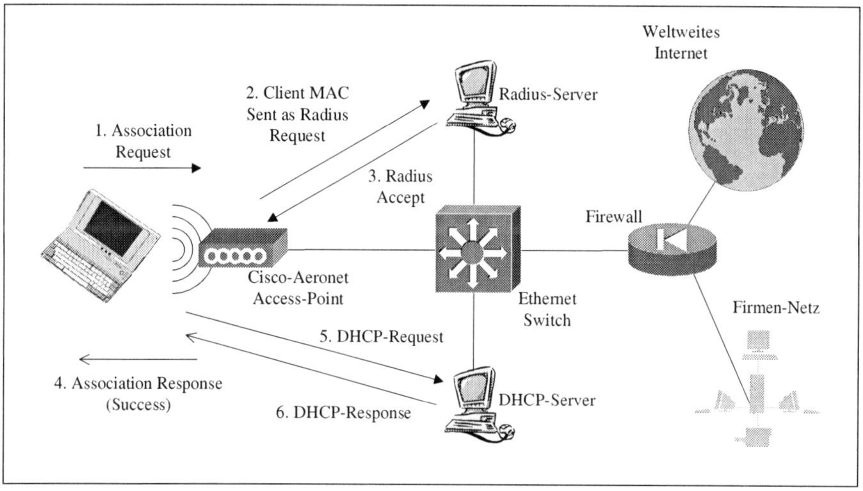

Abbildung 3:WLAN-Zugriff mittels MAC-Authentication

Die IP-Adressen der WLAN Teilnehmer werden automatisch per DHCP (Dynamic Host Configuration Protocol [6]) vergeben. Ein DHCP-Server versorgt dabei auf Anfrage die Stationen mit einer nur im WLAN gültigen IP-Adresse aus seinem Adress-Pool sowie Informationen über den eigenen Namen, Domain, Netzmaske, Nameserver, NTP-Server und Default-Gateway. Hierdurch ist die Kommunikation der registrierten WLAN-Teilnehmer untereinander sichergestellt.

Im Forschungszentrum Jülich werden im WLAN private IP-Adressen benutzt, um einerseits keinen Adressbereich des öffentlich bekannten Netzes des Forschungszentrums zu verbrauchen und andererseits eine klare Trennung zwischen internen und externen Netzteilnehmern zu gewährleisten. Viele Sicherheitsmechanismen beruhen auf der Aufteilung von lokalen und nicht-lokalen Netzen in unterschiedliche Sicherheitszonen, wobei die lokalen

Netze als sicher(er) angesehen werden. Die Unterscheidung zwischen lokal und nicht-lokal wird dabei oftmals aufgrund der IP-Adresse getroffen. Eine saubere Trennung dieser Bereiche ist daher von Vorteil.
Eine Kommunikation in das Firmennetz, bzw. in das weltweite Internet kann aufgrund der privaten Adressen nur stattfinden, wenn diese entweder geroutet werden oder aber andere Mechanismen in Anwendung kommen. Diese Mechanismen beschreiben die beiden folgenden Kapitel.

5.3 Zugriff in das Intranet (VPN, externe Mitarbeiter)

Bei der in das Forschungszentrum Jülich eingehenden Kommunikation werden über das lokale Firewall nur Dienste zugelassen, die der bestehenden Sicherheitsphilosophie entsprechen. Alle Aktivitäten der WLAN-Nutzer werden immer als externe Aktivitäten betrachtet. Es wird daher eine Funktion benötigt, die Mitarbeitern des Forschungszentrums Jülich, die über das WLAN kommunizieren, den internen Benutzern des kabelgebundenen Netzes gleichstellt. So kann auf interne Ressourcen wie Mail- und Druckserver, File- und Computeserver des Forschungszentrums Jülich zugegriffen werden. Zur Behebung dieser Problematik können Virtual Private Networks (VPN's) [7] eingesetzt werden. VPN's minimieren die Gefährdungspotentiale einer Datenübertragung durch unsichere nicht lokale Netze. Diese Technologie nutzt kryptographische Verfahren zum Aufbau eines sicheren Zugangs zu einem Firmennetz. Sie bieten Vertraulichkeit durch verschlüsselte Übertragung, Authentifizierung, Autorisierung und Integrität.

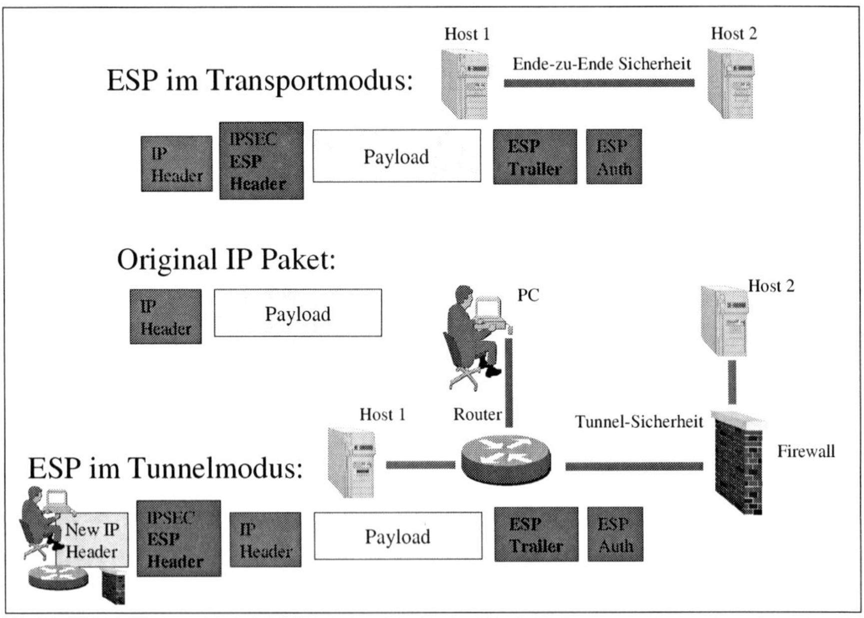

Abbildung 4:IPSEC- Tunnel-Techniken

Zur Realisierung eines VPN's werden die ursprünglichen IP-Pakete verschlüsselt und in einem neuen IP-Paket durch das INTERNET zu einem Security Gateway übertragen; diese Art der Übertragung ist eine spezielle Variante sogenannter IP-Tunnel. Im Forschungszentrum Jülich basiert die VPN-Lösung auf dem IPSEC-Protokoll. Das IPSEC-Protokoll ist integraler Bestandteil von IPv6 und kann in IPv4 optional genutzt werden. Hier wird das ursprüngliche IP-Paket in ein neues IPSEC-Paket eingepackt.

Das Security Gateway im Forschungszentrum Jülich ist ein Cisco VPN Concentrator. Die auf der Gegenseite (Client) genutzte VPN-Software ist die Cisco VPN Client Software [8, 9], die insbesondere auf Interoperabilität mit dem Cisco VPN Concentrator als Security Gateway optimiert ist.

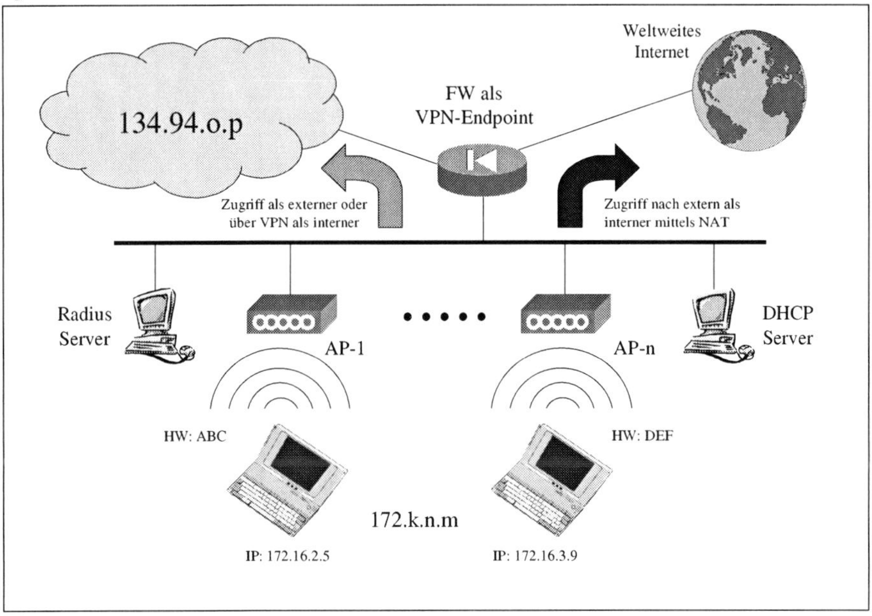

Abbildung 5:VPN-Zugriff (WLAN) auf interne Dienste des Forschungszentrums

Eine wichtige Eigenschaft dieser VPN-Software ist die Zuordnung einer eigenen IP-Adresse im geschützten IP-Tunnel, hier im konkreten Fall eine offizielle Internet-Adresse des Forschungszentrums Jülich. Damit sind VPN-Benutzer beim Zugriff auf zentrale Server wie WWW- und E-Mail-Server des Forschungszentrums internen Benutzern gleichgestellt. Derzeit ist die Software für die Windows-Varianten 95/98/Me/NT/2000/XP, LINUX (x86) mit Kernelversion 2.2 – 2.4, Solaris OS Vers. 2.6+ und Macintosh OS X Version 10.1.0+ verfügbar.

5.4 Zugriff auf das weltweite Internet (NAT/PAT)

Die WLAN-Teilnehmer benötigen Zugriff sowohl auf interne Ressourcen als auch auf externe Dienste. Insbesondere wollen Gäste auf Dienste ihres Firmennetzwerkes zugreifen.

Im Internet werden Pakete jedoch nur dann erfolgreich weitergeleitet, wenn das Netz, zu welchem ein Rechner gehört, in den weltweit installierten Routern bekannt ist oder aber eine

Default-Route existiert. Die nach RFC 1918 [10] definierten und im WLAN des Forschungszentrums Jülich benutzen privaten IP-Adressen werden jedoch von den meisten Providern nicht weitergeleitet, da diese Netze nicht eindeutig einer Installation zugewiesen sind. Eine eindeutige Weiterleitung solcher Adressen ist also nicht gewährleistet. Um nun den WLAN-Teilnehmer, die per DHCP-Server Adressen aus einem privaten Adressbereich erhalten haben, einen Zugriff auf Rechner im weltweiten Internet ermöglichen zu können, müssen diese Adressen eindeutig öffentlichen Adressen zugeordnet werden. Daher ist ein Mechanismus erforderlich, der bei einem Zugriff auf das Internet diese privaten Adressen in offizielle IP-Adressen aus dem Adressraum des Forschungszentrums umsetzt. Das geschieht mittels Network Address Translation (NAT) [11] bzw. Port Address Translation (PAT) an dafür geeigneten Geräten. Hier wird bei jedem Zugriff auf externe Ressourcen eine dynamische Adress-Übersetzung gestartet, die nur für einen begrenzten Zeitraum gültig ist. Es braucht daher nur ein eingeschränkter IP-Adress-Bereich der Einrichtung reserviert zu werden.

Bei der Port Address Translation wird ebenfalls eine Adress-Umsetzung durchgeführt. Allerdings wird hier nur eine offizielle Adresse benötigt. Zusätzlich muss hier zur Adressumsetzung auf diese eine Adresse auch noch eine Umsetzung der Source Ports durchgeführt werden, so dass das NAT-Device anhand der zurückkommenden Pakete erkennen kann, für welche Verbindung diese Pakete bestimmt sind. Aufgrund der großen Menge der Ports, mehr als 60000, kann hierdurch Adressraum eingespart werden, wenn nicht genügend offizielle lokale Adressen zur Verfügung stehen.

Logging der dynamischen Adress/Port-Vergabe gewährleistet auch hier eine Rechner-/Benutzeridentifikation im Problemfall. Werden von externen Stellen Zugriffe aus dem Forschungszentrum Jülich gemeldet, die einer Aufklärung bedürfen, so kann mittels der Logging-Dateien der zentralen Geräte die Hardware- Adresse des Urhebers zurückermittelt werden, wenn Informationen über den Zeitpunkt des illegalen Zugriffs bekannt sind. Aufgrund dieser Informationen kann nun im Anmeldeprotokoll der Hardware-Adressen (Benutzer, Hardware-Adresse) der Systemadministrator des Rechners (Beantrager) ermittelt werden. Dieser kann sich dann um das Problem kümmern.

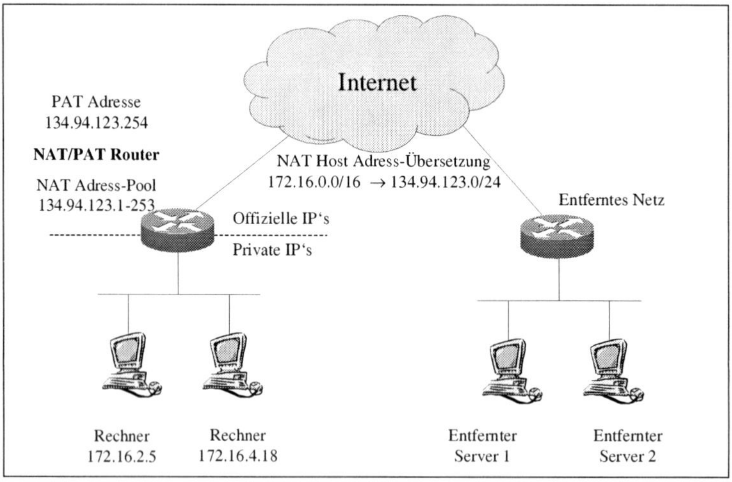

Abbildung 6:NAT/PAT Adress-Übersetzung für den Zugriff ins weltweite Internet

6 Zusammenfassung

Der hier aufgezeigte Weg der Integration eines Wireless-LAN in eine Forschungsumgebung stellt sich als sichere und weitgehend auch flexible Lösung dar. Die Realisierung des WLANs als externes Netz bietet sicherheitstechnisch gesehen Schutz vor dem Zugriff unberechtigter Personen in das kabelgebundene Rechnernetz. Die Mac-Adress-Authentifizierung macht es unberechtigten Personen schwierig, wenn auch nicht unmöglich, das WLAN mit seinen Access-Points zu nutzen. Der VPN-Zugriff ermöglicht es berechtigten Personen authentifiziert und vertraulich auf interne Ressourcen uneingeschränkt zuzugreifen. Die NAT/PAT-Übersetzung für die externe Kommunikation bietet zusätzlich die Möglichkeit externe Dienste, wie z.B. Mail- und Web-Server, zu erreichen, was z.B. für Gäste, die nur kurze Zeit in der Einrichtung tätig sind, zwingend notwendig erscheint. Durch die Implementierung einer elektronischen Registrierung der WLAN-Adapter ist eine AdHoc-Kommunikation gewährleistet. Eine sichere, kostensparende und weitgehend uneingeschränkte Nutzung der Unternehmensressourcen durch berechtigte Personen aus dem Wireless-LAN ist somit gewährleistet.

Literaturverzeichnis

[1] Heise-Online Meldung vom 25.04.2002 13:55: „Funknetz Hacken straffrei?", http://www.heise.de/newsticker/data/pab-25.04.02-000/

[2] Heise-Online Meldung vom 13.03.2002 18:15: „FunkLAN im Überfluss", http://www.heise.de/newsticker/data/ju-13.03.02-000/

[3] N.Borisov,I.Goldberg,D.Wagner – Intercepting Mobile Communications: The Insecurity of 802.11, ACM Press, Proceedings of the seventh annual international conference on Mobile computing and networking, pp. 180 189, New York 2001, ISBN 1-58113-422-3

[4] A. Stubblefield, et al – Using the Fluhrer, Mantin and Shamir Attack to break WEP (Rev. 2), AT&T Labs Tech. Report TD-4ZCPZZ, http://www.cs.rice.edu/~astubble/wep/, Aug. 2001

[5] Cisco Systems - 802.11 Wireless LAN Security White Paper, A Comprehensive Review of 802.11 WLAN Security and the Cisco Wireless Security Suite, http://ww.cisco.com

[6] P.Degotardi, et al - Beyond DHCP – Work Your TCP/IP Internetwork with Dynamic IP, IBM-Redbooks, SG24-5280-00, Aug. 1998

[7] Microsoft Windows 2000 Server - White Paper: Microsoft Privacy Protected Network Access:Virtual Private Networking and Intranet Security, 1999, http://www.microsoft.com/windows2000/docs/nwpriv.doc

[8] Cisco Systems – VPN Client Administrator Guide, Release 3.6, Aug. 2002, Customer Order number DOC-7814739-, Text Part Number: 78-14739-01, http://www.cisco.com

[9] Cisco Systems – VPN Client Users Guide, Release 3.6, August 2002, Customer Order Number DOC-7814738-, Text Part Number: 78-14738-01, http://www.cico.com

[10] Y. Rekhter, et al - Address Allocation for Private Internets, RFC 1918, Februar 1996, ftp://ftp.uni-stuttgart.de/pub/doc/standards/rfc/rfc1918.txt.gz

[11] K. Egevang, P. Francis - The IP Network Address Translator (NAT), RFC 1631, Mai 1994, ftp://ftp.uni-stuttgart.de/pub/doc/standards/rfc/rfc1631.txt.gz

Rootkits: Techniken und Abwehr

Andreas Bunten
DFN-CERT GmbH
Heidenkampsweg 41
D-20097 Hamburg
bunten@cert.dfn.de

Zusammenfassung

Ein Rootkit ermöglicht einem Angreifer auf einem kompromittierten System unentdeckt zu bleiben, um sich nach Belieben wieder mit dem System zu verbinden und die durch den Einbruch im System erlangten Privilegien wiederherzustellen. Die dabei eingesetzten Techniken haben sich von der Filterung von Logfiles bis zur umfangreichen Manipulation des Kerns des Betriebssystems entwickelt. In diesem Beitrag wird ein Überblick bzgl. der eingesetzten Techniken und der im Gegenzug entstandenen Methoden zur Entdeckung von Rootkits aus dem Unix- und Microsoft-Umfeld gegeben. Exemplarisch wird die Wirksamkeit von Abwehrmaßnahmen in Experimenten untersucht und ein Ausblick über die zu erwartenden Entwicklungen gegeben.

1 Einleitung

Ein typischer Angriff auf ein mit dem Internet verbundenes System kann wie folgt aussehen: Das Ziel wird mit Hilfe von Portscans untersucht, um Dienste mit bekannten Schwachstellen zu erkennen. Kann eine Sicherheitslücke erfolgreich ausgenutzt und können infolge Befehle auf dem System ausgeführt werden, gilt dieses als kompromittiert. Über weitere lokale Schwachstellen kann der Angreifer ggf. seine Zugriffsrechte bis zu denen des Systemadministrators erweitern.

Der Angreifer will das kompromittierte System für seine Zwecke nutzen und dazu Änderungen am System durchführen. Dies kann z.B. die Installation einer *Backdoor* sein, um wieder Zugriff auf das System zu bekommen, ohne dass erneut Schwachstellen ausgenutzt oder die regulären Anmeldeverfahren durchlaufen werden müssen. Bei Entdeckung des Einbruchs wird der Administrator versuchen, das System gegenüber dem Angreifer zu schließen. Dies kann z.B. durch Beseitigung der Sicherheitslücke, eine Neuinstallation oder durch die Trennung des Systems vom Netz geschehen.

Der Angreifer ist daher bestrebt seine Anwesenheit auf dem System, die Spuren des Angriffs und die durchgeführten Modifikationen zu verschleiern. Es werden dazu Sammlungen von speziellen Werkzeugen und Programmen eingesetzt - sog. *Rootkits*. Dieser Beitrag behandelt, unabhängig davon wie der eigentliche Einbruch in das System bewerkstelligt wurde, die Techniken und Methoden von Angreifern, sich den Zugiff auf ein bereits kompromittiertes System mit Hilfe von Rootkits zu bewahren, um dort unentdeckt zu agieren.

In der Einleitung wird im Folgenden die Entwicklungsgeschichte der Rootkits zusammengefasst und einige technische Begriffe schematisch erklärt. Im zweiten Abschnitt werden die relevanten Techniken im Detail zusammen mit Beispielen zu ihrer Abwehr vorgestellt. Die Methoden zur Abwehr und Entdeckung von Rootkits werden im dritten Abschnitt zusammengefasst und bewertet. Im abschließenden vierten Abschnitt werden die Ergebnisse diskutiert und eine Prognose kommender Entwicklungen vorgestellt.

1.1 Eine kurze Geschichte der Rootkits

Die Entwicklung von Rootkits [Ditt2002] begann Ende der 80'er Jahre und betraf hauptsächlich UNIX-artige Systeme wie z.B. SunOS. Es kursierten Programme zur Manipulation der Logfiles, um die Anwesenheit bestimmter User zu verheimlichen. Hierzu sind die Rechte des Systemadministrators - auf Unix-Systemen *root* - nötig. Die Manipulation von Logfiles führte dazu, dass der Ausgabe von Systembefehlen wie `who` oder `last`, welche die angemeldeten User anzeigen, nicht unbedingt vertraut werden konnte.

Austausch von Systembefehlen

Infolge entstand die Praxis, Befehle des Systems auszutauschen, um die Aktivitäten der Angreifer zu verbergen. Es wurde z.B. `ls` ersetzt, um bestimmte Dateien und Verzeichnisse nicht auszugeben, oder `netstat`, um bestimmte Verbindungen zu verheimlichen. Diese ersten explizit als Rootkit bezeichneten Programmsammlungen wurden zuerst für SunOS 4 bekannt, aber bald auf Linux und andere UNIX Varianten portiert. Hierdurch konnten Administratoren Systembefehlen nicht mehr vertrauen, anstatt dass nur Einträge in Logfiles misstraut werden musste.

Erste Rootkits im Kernel

Viele Betriebssyteme besitzen die Möglichkeit Treiber zur Laufzeit in den Kern einzubinden. Mitte der 90'er Jahre kamen *Kernel Rootkits* auf, die durch zur Laufzeit ladbare Kernelmodule den Kern des Betriebssystems manipulierten. Diese neuen Rootkits wurden bald von Linux auf andere UNIX-artige Systeme wie Solaris und die freien BSD Varianten portiert. Auf diese Weise wurde eine Manipulation der Informationen ermöglicht, die der Kernel an die Systembefehle weitergibt, so dass ein Austausch einzelner Programme nicht mehr nötig war. Auf einem anderen System statisch gebundene Programme konnten trojanisierte Systembefehle aufdecken, aber sind auf die gleichen Systemaufrufe angewiesen. Die Entdeckung eines Kernel Rootkits ist am laufenden System nur schwer möglich, da eine beliebige Manipulation des Systems möglich ist.

Ende der 90'er Jahre verbreiteten sich auch Rootkits für die Windows Betriebssysteme von Microsoft. Diese Rootkits wurden auch in den Kern des Betriebssystems eingebunden und nahmen die fortgeschrittenen Methoden der Kernel-Rootkits unter UNIX auf.

Die neue Generation von Kernel-Rootkits

Neuere Entwicklungen von Rootkits unter Linux und den freien BSD Varianten ermöglichen die Installation von Kernel-Rootkits, ohne dass Kernelmodule vom angegriffenen System unterstützt werden müssen. Dazu werden zentrale Strukturen innerhalb des Kernels durch heuristische Suche gefunden und gezielt manipuliert, um den Programmcode der Angreifer zur Ausführung zu bringen. Die im Gegenzug entstehenden Detektionsmethoden müssen zum Teil speziell auf Merkmale einzelner Rootkits zugeschnitten werden.

1.2 Verwendete technische Begriffe

Im Folgenden werden einige Begriffe vorgestellt, die für das Verständnis der Techniken von Rootkits benötigt werden. Die Definitionen sind anwendbar auf die meisten UNIX Varianten und zum Teil auf Windows. Tiefergehende Informationen zu Windows [SR2000], UNIX [Bach1986] und Linux [BC2002] sind in der Literatur zu finden.

Speicherschutz: Ein laufendes Programm kann aufgrund des Speicherschutzes nicht den Speicherbereich eines anderen Programms einsehen oder verändern. Insbesondere kann ein Programm nur unter speziellen Umständen auf den Speicher des Kerns des Betriebssystems zugreifen (siehe auch *Zugriff auf Gesamtspeicher*). Bzgl. der Zugriffsrechte eines Programms wird zwischen *Usermode* und *Kernelmode* unterschieden. Jedes von einem Nutzer gestartete Programm wird im Usermode ausgeführt. Die Funktionen des Betriebssystems können nur über *Systemaufrufe* verwendet werden. Die Ausführung eines Systemaufrufs findet im Kernelmode statt, in dem ohne Einschränkung auf das gesamte System und die Hardware zugegriffen werden kann.

Ablauf eines Systemaufrufs: Wie ein Systemaufruf durchgeführt wird, soll am Beispiel des Kommandos `ls /tmp` unter Linux betrachtet werden, das den Inhalt des Verzeichnisses `/tmp` anzeigt. Das Programms `ls` führt dazu den Systemaufruf `open()` aus, um das betreffende Verzeichnis zum lesen zu öffnen. Dieser Aufruf ist schematisch in Abb. 1 dargestellt und verläuft wie folgt:

1. Das Programm `ls` ruft `open(/tmp, O_RDONLY)` auf. Der erste Parameter gibt an, welches Verzeichnis geöffnet werden soll. Der zweite gibt an, dass lediglich gelesen und nicht geschrieben wird. Die Parameter und die Nummer des gewünschten Systemaufrufs (`open()` hat die Nummer 5) werden in den dafür vorgesehenen Registern des Prozessors abgelegt und der für Systemaufrufe vorgesehene Interrupt `0x80` wird ausgelöst.
2. Das System wechselt zur Interruptbehandlung in den Kernelmode und wählt aus der *Interrupt Descriptor Table* (IDT) den zum Interrupt (`0x80`) gehörenden *Interrupt Handler* aus, und führt diesen aus.

3. Der Interrupt Handler (`0x80`) ist unter Linux für die Ausführung von Systemaufrufen zuständig. Es wird die übergebene 5 in der *Syscall Tabelle* referenziert, in der alle Systemaufrufe verzeichnet sind, und die Funktion `sys_open()` des Kernels mit den übergebenen Parametern aufgerufen.

Als Ergebnis der Funktion wird ein gültiges Filehandle auf ähnliche Weise zurückgegeben. Das Programm `ls` liest dann mit dem Systemaufruf `getdents()` die Einträge des Verzeichnisses `/tmp`, um diese schließlich auszugeben.

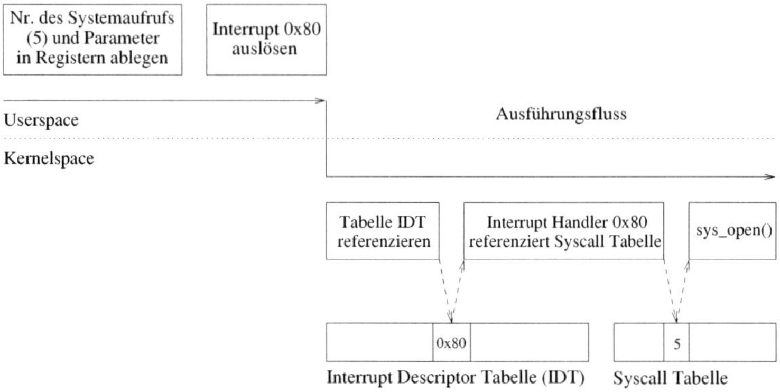

Abbildung 1: Schematischer Ablauf eines Systemaufrufs

Die beschriebenen Grundprinzipien finden sich in allen gängigen Betriebssystemen wieder. Die Verwendung eines Interrupts für Systemaufrufe ist sehr verbreitet, aber es existieren auch andere Methoden. Relevant ist, dass die Auswahl der bei einem Systemaufruf auszuführenden Funktion im Kernel von wenigen zentralen Ressourcen abhängt - u.a. der Interrupt Descriptor Tabelle und der Syscall Tabelle.

Kernelmodule: Die meisten gängigen Betriebssysteme besitzen die Möglichkeit zur Laufzeit zusätzlichen Programmcode in From von *Kernelmodulen* in den Kern zu integrieren. Dies erleichtert die Arbeit des Administrators, da z.B. Treiber für neue Hardware ohne aufwendiges Übersetzen oder Binden des Kernels genutzt werden können. Über die Symboltabellen des Kernels kann das zur Laufzeit hinzugefügte Modul auf die Funktionen und Datenstrukturen des Kernels zugreifen. Die Unterstützung von Modulen lässt sich auch deaktivieren. Es werden dann keine Symboltabellen im Kernel vorgehalten, da die Funktionsaufrufe der festen Bestandteile des Kernels bereits zur Übersetzungszeit feststehen. Die Liste der gerade geladenen Module kann über Befehle im Userspace angezeigt werden. Unter Linux ist auch direkter Zugriff auf diese Liste unter `/proc/modules` möglich.

Zugriff auf Gesamtspeicher: Über die Devices `/dev/kmem` und `/dev/mem` kann auf UNIX-artigen Systemen ein Programm, das die Zugriffsrechte des Administrators besitzt, auf den Speicher des Kernels zugreifen. Je nach Konfiguration des Kernels, ist auch schreibender Zugriff möglich. Wenige Programme im Userspace, wie der X-Server XFree86, benutzen den schreibenden Zugriff für die Ansteuerung von Hardware.

2 Techniken der Rootkits

Im Folgenden werden die im vorherigen Abschnitt kurz vorgestellten Techniken genauer beschrieben. Dabei werden Beispiele für relevante Techniken aufgeführt, ohne Anspruch auf Vollständigkeit erheben zu können.

2.1 Die Manipulation von Logfiles

Programme zur Maniplulation von Logfiles werden seit den ersten Tagen der Rootkits eingesetzt, um den Angriff selber oder die darauf folgenden Aktivitäten zu verheimlichen [BTA1989]. Typischerweise geschieht dies zum Teil automatisch, so dass der Angreifer lediglich Stichworte als Parameter angeben muss, die gesucht und aus den Logfiles gelöscht werden. Dies ist i.d.R. der eigene Loginnamen oder die IP des Systems von dem der Angriff erfolgt. Implementierungen von Programme zur automatischen Manipulation von Logfiles existieren für alle gängigen Betriebssysteme. In Abb. 2 ist die Ausgabe des Programms zum manipulieren von Logfiles aus dem Rootkit tornkit zu sehen.

```
linux:/home/rks # tail -3 /var/log/messages
Jan  3 14:16:10 linux kernel: VFS: Disk change detected on device fd(2,0)
Jan  3 14:19:39 linux sshd[1517]: WARNING: /etc/ssh/primes does not exist,\
   using old prime
Jan  3 14:19:43 linux sshd[1517]: Accepted password for seg from\
   192.168.1.17 port 36262 ssh2
linux:/home/rks # sh t0rnsb seg
 * sauber by socked [07.27.97]
 *
 * Cleaning logs.. This may take a bit depending on the size of the logs.
 * Cleaning messages (414 lines)...1 lines removed!
 * Cleaning boot.log (7mlines)...0 lines removed!
(...)
 * Alles sauber mein Meister !
linux:/home/rks # tail -3 /var/log/messages
Jan  3 14:16:10 linux kernel: VFS: Disk change detected on device fd(2,0)
Jan  3 14:19:39 linux sshd[1517]: WARNING: /etc/ssh/primes does not exist,\
   using old prime
Jan  3 14:20:21 linux syslogd 1.3-3: restart.
```

Abbildung 2: Manipulation der Logfiles

Im Logfile `/var/log/messages` ist zuerst das Login des Users `seg` zu sehen. Das Programm `t0rnsb` wird mit dem Schlüsselwort `seg` gestartet und durchsucht eine Reihe von Dateien. Danach ist die Zeile mit dem angegebenen Schlüssel aus dem Logfile verschwunden. In diesem Beispiel werden die Unzulänglichkeiten solcher Hilfsmittel deutlich: Zu der eigentlichen Meldung gehört auch die vorhergehende Zeile bzgl. der Datei `/etc/ssh/primes`. Diese Zeile bleibt nach der Anwendung des Programms alleine im Logfile zurück, was einem aufmerksamen Administrator bei der Kontrolle der Logfiles auffallen kann. Weiterhin wird der Neustart des Syslog Daemon gemeldet. Dies sollte nicht außerhalb des üblichen Turnus geschehen und ist ebenso verdächtig.

Den vollständigen Kontext um die zu löschenden Meldungen auszuwählen und alle Verdacht erregenden Meldungen zu löschen ist insgesamt eine komplexe Aufgabe. Oft lassen sich daher Hinweise auf den Angriff und die Manipulation des Systems in den Logfiles finden. Die Suche nach derartigen Hinweisen wird z.B. durch das Paket `chkrootkit` [MSJ2002] vorgenommen, das eine Reihe allgemeiner und viele spezielle, auf bestimmte Rootkits zugeschnittene, Tests durchführt, um ein installiertes Rootkit zur Laufzeit zu erkennen. Die oben beschriebenen Unregelmäsigkeiten durch unvollständiges Löschen lassen sich i.d.R. nur durch manuelle Analyse der Logfiles aufdecken. Werden die Daten der Logfiles nicht lokal aufbewahrt, sondern direkt an einen zentralen Loghost geschickt, wird die Entdeckung eines Rootkits erheblich erleichtert. Sobald der Angreifer die Rechte des Administrators erlangt hat, kann das Logging auf dem kompromittierten System gestoppt werden. Alle Spuren, die bis dahin erzeugt wurden, liegen dann bereits auf dem Loghost.

2.2 Austausch von Systemprogrammen

Die Manipulation der Logfiles reicht meistens nicht aus, damit der Angreifer auf einem kompromittierten System unentdeckt bleibt. Laufende Prozesse und die Dateien des Angreifers sind z.B. deutliche Hinweise für den Administrator. Der Austausch von Systembefehlen ermöglicht es, diese Spuren zu verheimlichen. Diese Vorgehensweise wurde zuerst auf SunOS 4 bekannt und bald als Linux Rootkit (LRK) portiert. Mittlerweile existieren Implementierungen solcher Rootkits für jedes gängige, UNIX-artige Betriebssystem. Ausgetauscht werden vor allem die Befehle `ps`, `ls` und `netstat`, um bestimmte Prozesse, Dateien und Netzwerkverbindungen aus der Ausgabe dieser Standardbefehle zu löschen.

Im Folgenden soll das Rootkit tornkit in der Version 6.66 als Beispiel dienen. Das Rootkit kam im Jahr 2000 verstärkt zum Einsatz und wird auch gegenwärtig noch verwendet [CERT2000]. Die trojanisierten Programme liegen i.d.R. übersetzt und nicht als Quellcode vor. Bei der Installation wird ein Passwort und ein Port für die Backdoor angegeben, und es ist zur Laufzeit konfigurierbar, welche Dateien, Prozesse und Verbindungen versteckt werden sollen. Etwas vereinfacht läuft die Installation wie folgt ab:

1. Der `syslogd` wird gestoppt und damit das Logging abgeschaltet.
2. Ein bei der Installation anzugebendes Passwort wird in `/etc/ttyhash` gespeichert.
3. Ein trojanisierter SSH Daemon wird unter dem Namen `nscd` gestartet und in `/etc/rc.d/rc.sysinit` eingetragen, damit er bei einem Reboot gestartet wird. Der `nscd` ist normalerweise ein kleines Hilfsprogramm für DNS-Anfragen und fällt dadurch nicht unbedingt auf. Die Schlüssel des Daemons werden in `/usr/info/.t0rn` abgelegt.
4. Das Arbeitsverzeichnis `/usr/src/.puta` wird angelegt und die Konfigurationsdateien dort abgelegt.
5. Es werden die folgenden Systembefehle ausgetauscht: `login`, `ifconfig`, `ps`, `du`, `ls`, `netstat`, `in.fingerd`, `find` und `top`.
6. Die Zeitstempel werden mit denen der Original-Befehle abgeglichen und durch das Anhängen von Nullbytes erhalten die trojanisierten Programme die gleich Größe wie die Originale.

7. Es wird u.a. ein Sniffer in `/usr/src/.puta` installiert und die Dienste `telnet`, `shell` und `finger` für den Internet Daenmon `inetd` in `/etc/inetd.conf` aktiviert.
8. Der `inetd` und der `syslogd` werden neu gestartet.

Eine gängige Methode ist das Kopieren der Original-Befehle in ein verstecktes Verzeichnis. Die trojanisierten Versionen prüfen bei Aufruf, ob spezielle Umstände vorliegen, die ein Filtern der Ausgabe nötig machen und rufen ggf. die Original-Befehle auf. Das tornkit dagegen ersetzt die auzutauschenden Programme komplett - es wird keine Kopie der Originale angelegt. Die Konfigurationsdateien in `/usr/src/.puta` geben an, was versteckt wird. Es wird die Ausgabe von Dateien, Verzeichnissen und Prozessen unterdrückt, die eines der angegebenen Schlüsselwörter im Namen enthalten.

Da es prinzipiell viele Wege gibt sich z.B. die Dateien eines Verzeichnisses anzeigen zu lassen, enthalten neuere Rootkits auch immer mehr trojanisierte Befehle. Neben den vom tornkit trojanisierten Programmen, tauschen manche Rootkits noch folgende Befehle aus: `lsof`, `rpm`, `md5sum`, `tar`, `crontab`, `killall`, `passwd`, `pidof`, `rshd`, `syslogd`, `tcpd` und `tripwire`. Die Liste kann naturgemäß nie vollständig sein und es wird nur eine zufällige Entdeckung verhindert.

Es existieren eine Reihe von Möglichkeiten Rootkits zu erkennen, die wie das tornkit Systembefehle austauschen. Im Folgenden sollen die gängigsten Ansätze kurz vorgestellt werden:

Checksummen: Die trojanisierten Programme haben die gleiche Länge und die gleichen Zeitstempel wie die Originale, aber werden Checksummen mit Algorithmen wir MD5 und SHA-1 gebildet, wird die Manipulation offensichtlich.

Solche Tests können mit Programmen wie `tripwire` oder `aide` [Aide2002] automatisiert durchgeführt werden. Letzteres ist freie Software und erlaubt die freie Wahl des Checksummen generierenden Algorithmus. Um die Checksummen zu überprüfen müssen vorher Referenzwerte erzeugt werden. Der erste Einsatz eines solchen Programms ist nicht sinnvoll, wenn bereits der Verdacht besteht, dass ein Rootkit installiert sein könnte. Ein Vergleich der wichtigsten Programme mit den Versionen auf der CD, von der das Betriebssystem installiert wurde, kann allerdings schon in vielen Fällen helfen, um z.B. den Austausch von `ls` oder `ps` zu erkennen.

Etwas ähnliches kann auch mit Paket-Systemen wie z.B. `rpm` erreicht werden. Diese enthalten i.d.R. schon Mechanismen, um installierte Pakete auf Vollständigkeit und Konsistenz zu prüfen. Wird aber nicht nur mit dem Paket-System, sondern auch manuell Programme installiert, so ist die Ausgabe evtl. irreführend bzw. mit vielen falschen Treffern versehen. In Abb. 3 ist die gekürzte Ausgabe eines Tests der Checksummen per `aide` und `rpm` zu sehen, nachdem das *tornkit* installiert wurde. Manche Hersteller bieten weiterhin an, die Checksummen regulär installlierter Programme über eine Website des Herstellers nachzuschlagen [SUN2002].

Bei allen auf Checksummen basierenden Methoden muss bedacht werden, dass sowohl die Programme zur Erstellung der Checksummen, als auch die Datenbanken mit den Werten manipuliert werden können. Sowohl die nötigen Programme als auch die Checksummen sollten daher auf einem schreibgeschützten, externen Medium gelagert werden.

```
linux:/home/rks # aide -C
AIDE found differences between database and filesystem!!
Start timestamp: 2003-01-03 21:32:11
Summary:
Total number of files=17520,added files=16,removed files=0,changed files=43
[...]
changed:/bin
changed:/bin/ls
changed:/bin/netstat
changed:/bin/ps
changed:/bin/login
[...]
linux:/home/rks # rpm -Vva
[...]
S.5....T   /bin/ls
S.5.....   /bin/netstat
SM5.....   /bin/ps
.M5....T   /bin/login
[...]
```

Abbildung 3: Test der Checksummen mit `aide` und `rpm`.

Rootkit Detektoren: Programme wie das bereits erwähnte `chkrootkit` suchen nach allgemeinen Anzeichen für die Installation eines Rootkits und nach Signaturen bestimmter Rootkits. Existiert z.B. das Verzeichnis `/usr/src/.puta`, so ist dies ein deutlicher Hinweis auf die Installation des tornkit. Bei neuen oder stark modifizierten Rootkits reichen die Signaturen allerdings oft nicht zur Erkennung aus. Weiterhin sollte auch `chkrootkit` und die davon verwendeten Programme auf einem externen, schreibgeschützten Medium gelagert werden. Wie in Abb. 4 zu sehen, wird das tornkit von `chkrootkit` erkannt, sobald die ausgetauschten Systembefehle und bekannte Arbeitsverzeichnisse von Rootkits getestet werden.

```
linux:/home/tools/chkrootkit-0.38 # ./chkrootkit
[...]
Checking `login'... INFECTED
Checking `ps'... INFECTED
[...]
Searching for t0rn's default files and dirs... Possible t0rn rootkit installed
[...]
```

Abbildung 4: `chkrootkit` erkennt das tornkit.

Manuelle Suche: Da nur eine begrenzte Anzahl von Systembefehlen ausgetauscht wird, kann z.B. der Inhalt eines verdächtig erscheinenden Verzeichnisses auf andere Weise angezeigt werden. In Abb. 5 wird dies mit `tar`, `rm` und dem in der Shell implementierten Befehl `echo` realisiert. Die mit `strings` anzeigbaren, lesbaren Zeichenketten können auch Hinweise auf Rootkits geben. Die in Abb. 5 gefundene Referenz auf die Datei `/usr/src/.puta/.1file` verrät dabei das Arbeitsverzeichnis des Rootkits.

```
linux:/usr/src # ls -al
total 8
drwxr-xr-x   3 root     root         4096 Jan  3 21:34 .
drwxr-xr-x  25 root     root         4096 Jan  3 21:34 ..
linux:/usr/src # echo .*
. .. .puta
linux:/usr/src # tar -cf - . | tar -tvf - | grep "^d"
drwxr-xr-x root/root         0 2003-01-03 21:34:51 ./
drwxr-xr-x root/root         0 2003-01-03 20:19:24 ./.puta/
linux:/usr/src # rm -i .*
rm: cannot remove `.' or `..'
rm: cannot remove `.' or `..'
rm: `.puta' is a directory
linux:/usr/src/.puta # which ls
/bin/ls
linux:/usr/src/.puta # strings /bin/ls | grep puta
/usr/src/.puta/.1file
```

Abbildung 5: Die manuellen Suche mit Alternativen zum Befehl `ls`.

Einer Suche nach ausgetauschten Systembefehlen kommt unter Solrais entgegen, dass es i.d.R. verschiedene Versionen der grundlegenden Systembefehle gibt. Es kann z.B. zwischen den nicht identischen Programmen `/usr/bin/cp`, `/usr/sbin/static/cp` und `/usr/xpg4/bin/cp` gewählt werden, um eine Datei zu kopieren.

Untersuchen der Systembefehle: Eine genauere Untersuchung von Programmen ist möglich, indem alle zur Laufzeit getätigten Systemaufrufe aufgelistet werden. Unter Solaris ist dies mit dem Befehl `ptrace` möglich. In Abb. 6 werden die vom trojanisierten `ls` getätigten Systemaufrufe unter Linux mit `strace` angezeigt. Hierbei reichen die Aufrufe von `open()` aus, um zu sehen, dass neben den üblichen Dateien die Konfiguration für das trojanisierte `ls` aus `/usr/src/.puta/.1file` gelesen wird.

```
linux:/usr/src/.puta # which ls
/bin/ls
linux:/home/rks # strace /bin/ls / 2> /tmp/tracefile
linux:/home/rks # cat /tmp/tracefile | grep open
open("/etc/ld.so.cache", O_RDONLY)      = 3
open("/lib/libc.so.5", O_RDONLY)        = 3
open("/usr/local/share/locale/locale.alias", O_RDONLY) = -1 ENOENT
open("./locale.alias", O_RDONLY)        = -1 ENOENT
open("/usr/share/locale/de_DE/LC_CTYPE", O_RDONLY) = -1 ENOENT
open("/usr/share/locale/de/LC_CTYPE", O_RDONLY) = -1 ENOENT
open("/usr/src/.puta/.1file", O_RDONLY) = 3
open("/", O_RDONLY)                     = 3
```

Abbildung 6: Die genauere Untersuchung von `ls` per `strace`.

Werden die trojanisierten Systembefehle nicht auf dem Zielsystem übersetzt, muss der Angreifer auf Kompatibilität aller bei der Übersetzung verwendeter Bibliotheken mit dem Zielsystem achten, damit die Befehle lauffähig sind. Statische Bindung scheidet i.d.R. aus, da

Systembefehle aus Effizienzgründen dynamisch gebunden werden und eine Abweichung von dieser Norm schon aufgrund der Größe des resultierenden Programms auffällt. Funktionieren manche Kommandos nicht mehr, oder versagen Skripte, da die Ausgabe von Systembefehlen sich scheinbar etwas geändert hat, so ist dies oft ein Hinweis auf ein nachlässig installiertes Rootkit.

Eine Verallgemeinerung des Austauschs von Systembefehlen ist die Manipulation von dynamischen Bibliotheken [Half1997b] [Cesa2000]. Es wird dabei eine zusätzliche Bibliothek geladen oder eine bestehende verändert, um Systembefehle zu trojanisieren ohne diese direkt zu ändern. Es besteht z.B. die Möglichkeit Anwendungen von Systemaufrufen in der libc zu manipulieren, um so Dateien und Prozesse zu verstecken. Diese Verallgemeinerung ist damit eine Vorstufe zu den Kernel-Rootkits. Die Manipulation von Systembibliotheken wie der `glibc` ist dabei leichter auf verschiedene Betriebssysteme portierbar als ein an einen bestimmten Kernel gebundenes Rootkit. Eine Erkennung ist durch statisches Binden von Programmen möglich. Weicht die Ausgabe des auf dem System befindlichen Befehls `ps` von der Ausgabe einer extern statisch gebundenen Version ab, so ist dies ein deutlicher Hinweis auf die Installation eines Rootkits.

2.3 Kernel-Rootkits

Die Kontrolle von Checksummen ist eine wirkungsvolle Methode, um Rootkits zu entdecken. Im Phrack Magazin erscheint 1997 eine Anleitung zum Schreiben von Kernel-Rootkits für Linux, mit denen der von Checksummen ausgehende Schutz wirkungsvoll umgangen werden kann [Half1997]. Detailierte Anleitungen zur Portierung auf andere Systeme wie Solaris [PlT1999] und FreeBSD [PrT1999] folgten bald.

Ähnlich dem Vorgehen bei der Trojanisierung von Systembibliotheken findet die Manipulation auf einer tieferen Ebene als bei einzelnen Befehlen statt. Das Rootkit wird als Modul in den Kernel geladen und Einträge der Syscall Tabelle werden gegen eigene Routinen getauscht, die dann ggf. die Originale aufrufen. Anstatt z.B. das Programm `ls` zu manipulieren, um bestimmte Dateien aus dessen Ausgabe zu löschen, werden nun die Systemaufrufe der Familien `getdents()` und `stat()` manipuliert, um das Gleiche zu bewerkstelligen. Damit zeigt dann nicht nur `ls` sondern auch alle anderen Programme, die diese Systemaufrufe benutzen (z.B. `tar` oder `rm`) die betreffenden Dateien nicht mehr an. Für die Manipulation des Systems existieren dabei keine Grenzen. Durch existierende Kernel-Rootkits wird beispielsweise implementiert:

- Verstecken von Dateien, Prozessen und Verbindungen
- Verheimlichen des Promiscuous Mode des Netzwerkinterfaces
- Umleitung der Ausführung von Programmen (sog. *Executable Redirection*): Nur bei Ausführung wird ein anderes Programm verwendet, als beim Einlesen des Programms z.B. zur Bildung von Checksummen.
- Bereitstellung lokaler Backdoors, z.B. durch Aufruf eines bestimmten Syscalls mit einem bestimmten Parameter

- Bereitstellung von Backdoors über das Netzwerk, z.B. durch direkte Manipulation des TCP/IP Stacks.
- Manipulation beim Auslesen von Speicherseiten, um das Kernel-Rootkits unauffindbar zu machen.
- Zufälliges Einfügen von Fehlern bei Netzwerk- oder Dateisystem-Operationen.

Das Rootkit Adore in der Version 0.42 für Linux soll im Folgenden als Beispiel dienen. Die Installation läuft wie folgt ab:

1. Das Modul `adore.o` wird in den Kernel geladen und tauscht die folgenden Systemaufrufe aus: `write()`, `getdents()`, `kill()`, `fork()`, `clone()`, `close()`, `open()`, `stat()`, `lstat()`, `oldstat()`, `oldlstat()`, `stat64()`, `lstat64()`, `mkdir()`, `getdents64()`.
2. Durch ein zweite Modul wird das Kernelmodul `adore.o` aus der Liste der geladenen Module herausgetrennt und dadurch versteckt. Das Hilfsmodul wird wieder konventionell entladen.
3. Das Programm `ava` wird als Schnittstelle zum Rootkit im Kernel verwendet.

Das Rootkit Adore ermöglicht die Tarnung von Dateien, Prozessen und Verbindungen. Dazu werden 15 Systemaufrufe manipuliert, da von vielen Funktionen unterschiedliche Varianten existieren. Das erneute Laden des Rootkits bei Neustart des Systems und eine Backdoor über das Netzwerk wird nicht von Adore selber realisiert. Die Backdoor z.B. wird oft durch einen manipulierten `sshd` bewerkstelligt, der durch das Kernel-Rootkit verheimlicht wird.

Die Executable Redirection bewirkt das Laden eines anderen Befehls, sobald der Systemaufruf `execve()` zum Ausführen des Programms verwendet wird. Bei einer Überprüfung der Checksummen wird die ursprüngliche Version der Datei mit `open()` geladen. So kann z.B. ein Programm zum Laden des Rootkits nach einem Neustart des Systems vor Programmen getarnt werden, die Checksummen überprüfen. Da aber bei der Installation eines Kernel-Rootkits leicht vom Angreifer eine manipulierte Datei vergessen werden kann, ist der Einsatz von Programmen wie `aide` und `tripwire` genauso empfehlenswert wie die Anwendung von `chkrootkit`, das nach Anzeichen eines installierten Rootkits sucht. Zur Entdeckung von Kernel-Rootkits existieren noch weitere Möglichkeiten:

Suchen nach unbekannten Modulen: Tauchen bei der Abfrage der geladenen Kernel-Module unbekannte Namen auf, so sollte diesen nachgegangen werden. Unter Linux gibt der Befehl `cat /proc/modules` manche Kernel-Rootkits aus, die gegen die Anzeige durch das normale Interface geschützt sind. Das Rootkit Adore trägt sich aus der Liste der geladenen Module aus und taucht daher auch nicht in in `/proc/modules` auf. Unter Solaris ist das Unterdrücken der Anzeige eines Moduls durch das Setzen eines leeren Namens möglich. Es kann daher nicht davon ausgegangen werden, dass geladene Kernel-Rootkits angezeigt werden.

Deaktivieren der Kernelmodule: Es besteht die Möglichkeit die Unterstützung von Kernelmodulen auf einem System zu deaktivieren. Der administrative Aufwand für das so geschützte System steigt dadurch an, dass alle benötigten Treiber fest in den Kern eingebunden sein müssen. Herkömmliche Kernel-Rootkits wie Adore haben dadurch keine Möglichkeit sich zu installieren. Wie in Abschnitt 2.5 erläeutert wird, existieren noch andere Möglichkeiten für den Angreifer, Programmcode im Kernel zur Ausführung zu bringen. Als Grundsicherung ist die Deaktivierung von Kernelmodulen an Systemen, deren Hardware sich nur selten ändert, trotzdem empfehlenswert.

Überprüfung zentraler Strukturen im Kernel: Bei der Manipulation des Kernels werden i.d.R. wenige Strukturen gezielt verändert, um den Programmcode des Angreifers in Systemaufrufen zur Ausführung zu bringen. Es liegt nahe bei der Übersetzung des Kernels zentrale Strukturen wie die Interrupt Descriptor Tabelle und die Syscall Tabelle zu sichern, damit diese zu einem späteren Zeitpunkt kontrolliert werden können. Das Programm `kstat` [Fusy2002] kann eine derartige Sicherung und einen Vergleich mit Referenzwerten durchführen. In Abb. 7 wird durch `kstat` die Manipulation der Syscall Tabelle durch das Rootkit Adore entdeckt und daraufhin rückgängig gemacht.

```
linux:/home/tools/KSTAT24/2.4.16 # ./kstat -s 0
sys_fork                        0xf880c7a0 WARNING! should be at 0xc01058fc
sys_write                       0xf880ca30 WARNING! should be at 0xc013193c
sys_open                        0xf880dbd0 WARNING! should be at 0xc01312c8
sys_close                       0xf880cb80 WARNING! should be at 0xc0131450
sys_oldstat                     0xf880cff0 WARNING! should be at 0xc0137dd4
sys_kill                        0xf880c900 WARNING! should be at 0xc011e1c8
sys_mkdir                       0xf880ccb0 WARNING! should be at 0xc013bfc8
sys_oldlstat                    0xf880d1e0 WARNING! should be at 0xc0137eb4
sys_stat                        0xf880d3d0 WARNING! should be at 0xc0137e44
sys_lstat                       0xf880d5c0 WARNING! should be at 0xc0137f24
sys_clone                       0xf880c850 WARNING! should be at 0xc0105918
sys_getdents                    0xf880c3c0 WARNING! should be at 0xc013ea58
sys_stat64                      0xf880d7b0 WARNING! should be at 0xc0138274
sys_lstat64                     0xf880d9c0 WARNING! should be at 0xc01382e4
sys_ni_syscall                  0xf880c5b0 WARNING! should be at 0xc013ec5c
linux:/home/tools/KSTAT24/2.4.16 # ./kstat -s 1
Restoring system calls addresses...
```

Abbildung 7: Die Manipulation der Syscall Tabelle wird entdeckt.

Laufzeituntersuchng von Systemaufrufen: Werden bestimmte Strukturen auf Manipulation untersucht, besteht immer die Möglichkeit, dass ein Rootkit sich an einer anderen Stelle in den Ausführungsfluss des Kernels bringt. Ein allgemeinerer Ansatz ist daher die Messung der Anzahl der Instruktionen, die bei der Abarbeitung eines bestimmten Systemaufrufs vom Prozesser ausgeführt werden [Rutk2002]. Tatsächlich erzeugen die trojanisierten Systemaufrufe durch die Sonderbehandlung, z.B. zum Verstecken mancher Dateien, einen messbaren Mehraufwand. Es werden auch hier zuerst Referenzwerte bestimmt und bei Verdacht vergleichende Messungen durchgeführt.

Die im Phrack Magazin vorgestellte Implementierung benötigt dazu die Unterstützung eines Kernelmoduls, da die gängigen Debug Mechanismen nicht ohne weiteres im Kernelmode funktionieren. Welche Systemaufrufe mit welchen Parametern untersucht werden, kann leicht im Programmcode angepasst werden. Einzelne Messungen sind nicht reproduzierbar, da der Einfluss der momentanen Arbeitslast und der abzuarbeitenden Interrupts nicht vorhersehbar ist. Die Messwerte sind aber in erster Linie von der Version des Kernels und den verwendeten Treibern abhängig, so dass auch Referenzwerte herangezogen werden können, die von einem anderen System mit dem gleichen Kernel und nicht grundverschiedener Hardware stammen.

In Abb. 8 wird eine Laufzeitmessung an einem Linux System mit Kernel 2.4.16 durchgeführt, auf dem nach der Erstelllung der Referenzwerte das Rootkit Adore installiert wurde. Das Programm führt mehrere Messungen durch (hier 1000 Stück) und gibt die Ergebnisse gemittelt in Form einer Tabelle wieder. Die erste Spalte gibt den untersuchten Systemaufruf an, in der zweiten stehen die aktuellen Messwerte und in der dritten die Referenzwerte. Die Differenz und deren Bewertung sind in den Spalten vier und fünf zu sehen. Zur Abarbeitung des Systemaufrufs `readdir_proc()` wird nach Installation des Rootkits um einen Faktor fünf mehr Befehle ausgeführt. Diese Abweichung ist deutlich vom Schwanken der Messwerte aufgrund variierender Systemlast zu unterscheiden.

Obwohl das Rootkit Adore detektiert wird, können sehr einfache Kernel-Rootkits der Entdeckung entgehen. Werden nur wenige Anweisungen für die Sonderbehandlung gebraucht, z.B. der Test auf eine bestimmte UID als Parameter in einer trojanisierten Version von `setuid()`, so ist die Abweichung der Laufzeit nicht zuverlässig von den normalen Schwankungen der Messwerte zu unterscheiden. Die Laufzeituntersuchung ist daher ein sehr elegantes und allgemeines Mittel zur Detektion, aber gibt dennoch keine Erfolgsgarantie.

```
linux:/home/tools/rktest # ./patchfinder -c referenz_2.4.16
* FIFO scheduling policy has been set.
* each test will take 1000 iteration
* testing... done.
* dropping realtime schedulng policy.

    test name      | current | clear | diff  | status
------------------------------------------------------
open_file          |    7110|    1442|   5668| ALERT!
stat_file          |    7050|    1255|   5795| ALERT!
read_file          |     608|     608|      0| ok
open_kmem          |    7124|    1510|   5614| ALERT!
readdir_root       |    6497|    2750|   3747| ALERT!
readdir_proc       |   14422|    2401|  12021| ALERT!
read_proc_net_tcp  |   11750|   11750|      0| ok
lseek_kmem         |     220|     220|      0| ok
read_kmem          |     327|     327|      0| ok
```

Abbildung 8: Kontrolle der Laufzeiten von Systemaufrufen.

Suche nach speziellen Merkmalen: Auch ohne spezielle Programme können Kernel-Rootkits entdeckt werden. Eine Schwachstelle aus Sicht der Rootkits ist oft das Verstecken von Prozessen im Verzeichnis `/proc`. Für jeden Prozess existiert in `/proc` ein

Verzeichnis, dessen Name der ID des Prozesses entspricht. Die Einträge von versteckten Prozessen in `proc` sind i.d.R. mittels `chdir()` zu betreten, aber werden durch `ls /proc` nicht angezeigt. Das Programm `chkproc` aus dem Paket `chkrootkit` vergleicht eine Liste mit betretbaren Unterverzeichnissen in `/proc` mit einer Liste der sichtbaren. Dies kann auch in einem kurzen Shell-Skript implementiert werden.

Wie jedes Rootkit hat auch Adore noch weitere Merkmale, anhand derer es erkannt werden kann. In Abb. 9 ist zu sehen, wie sich die Ausgabe von `lsof` durch die Installation des Rootkits Adore verändert. Der `sshd` mit der ID 153 stellt dabei eine durch das Rootkit getarnte Backdoor dar. Der Befehl `netstat -an` zeigt den offenen Port auch nach der Aktivierung des Rootkits an. Der versteckte Prozess wird daraufhin mit `chkproc` erkannt.

```
[... Vor Installation des Rootkits Adore ...]

linux:/home/tools # lsof -i
COMMAND PID USER   FD   TYPE DEVICE SIZE NODE NAME
portmap 146 root    3u  IPv4    557       UDP *:sunrpc
portmap 146 root    4u  IPv4    558       TCP *:sunrpc (LISTEN)
sshd    153 root    3u  IPv4    627       TCP *:ssh (LISTEN)

[... Nach Installation des Rootkits Adore ...]

linux:/home/tools # lsof -i
COMMAND PID USER   FD   TYPE DEVICE SIZE NODE NAME
portmap 146 root    3u  IPv4    557       UDP *:sunrpc
portmap 146 root    4u  IPv4    558       TCP *:sunrpc (LISTEN)
linux:/home/tools # netstat -an
Active Internet connections (servers and established)
Proto Recv-Q Send-Q Local Address           Foreign Address         State
tcp        0      0 0.0.0.0:111             0.0.0.0:*               LISTEN
tcp        0      0 0.0.0.0:22              0.0.0.0:*               LISTEN
udp        0      0 0.0.0.0:111             0.0.0.0:*

linux:/home/tools/chkrootkit-0.37 # ./chkproc -v -v
CWD   153: /
EXE   153: /usr/sbin/sshd
linux:/home/tools/chkrootkit-0.37 # ls -al /proc | grep 153
linux:/home/tools/chkrootkit-0.37 # cd /proc/153
linux:/proc/153 # cat cmdline ; echo
/usr/sbin/sshd
```

Abbildung 9: Entdeckung des Rootkit aufgrund spezieller Eigenschaften.

Anti-Rootkit Kernelmodule: Eine spezielle präventive Maßnahme ist die Nutzung von Anti-Rootkit Kernelmodulen wie z.B. StMichael [Lalw2002], das die Installation eines Rootkits erheblich erschweren kann. Die Systemaufrufe zum Laden von Kernelmodulen werden dazu verändert und zusätzlich Funktionen in regelmäßigen Abständen aufgerufen, welche die Integrität des Anti-Rootkit Moduls überprüfen.

Die aufgezählten Techniken und die Methoden zur Detektion sind auf den meisten UNIX-artigen Betriebssystemen anwendbar, da die grundsätzlichen Mechanismen identisch sind. Das Rootkit Adore existiert in Versionen für Linux und FreeBSD.

2.4 Rootkits unter Windows

Erst mit Windows NT wurden Speicherschutz und Sicherheitsmodelle in Microsoft Windows implementiert. Windows Systeme wurden lange kaum als Server oder im Mehrbenutzerbetrieb verwendet. Die im Vergleich zu den meisten UNIX-artigen Systemen spärliche Dokumentation der Systeminterna erschwerten zusätzlich die Erstellung von Rootkits. Mit einem Grundlagen-Artikel 1999 im Phrack Magazin werden Rootkits aber auch unter Windows bekannt [Hogl1999]. Mittlerweile existiert eine Reihe von Rootkits für Windows NT, XP und 2000 und die Anpassung an den Entwicklungsstand der Kernel-Rootkits auf UNIX-artigen Betriebssystemen schreitet zügig voran.

Es existieren erhebliche Unterschiede zwischen UNIX und Microsoft Windows, aber einige grundlegenden Konzepte sind vergleichbar. Unter Windows NT existiert z.B. mit der *Native API* eine Schnittstelle zum Kern des Betriebssystems ähnlich der Systemaufrufe in UNIX [Russ1998]. Im Gegensatz zu UNIX wird diese Schnittstelle nicht direkt, sondern über verschiedene dazwischen liegende APIs (Application Programming Interfaces) genutzt - z.B. der Win32 API. Die Systemaufrufe unter Windows werden *System Services* genannt und über *System Service Decsriptor Tables* referenziert. Hier können Rootkits unter Windows ähnlich wie Kernel-basierte Rootkits unter UNIX zur Manipulation ansetzen. Die von Windows Rootkits implementierten Funktionen sehen daher auch denen unter UNIX sehr ähnlich.

Als Beispiel wird das NT Rootkit in Version 0.40 betrachtet, welches in übersetzter Form und als Quellcode kursiert. Zur Installation wird das Programm `deploy.exe` gestartet. Daraufhin kann das Rootkit mit dem Befehl `net start _root_` aktiviert werden. Die folgenden Funktionen sind implementiert:

- Verstecken von Dateien, Prozessen, Verbindungen und Registry Einträgen, die mit dem Schlüsselwort `_root_` beginnen
- Umleitung der Ausführung von Programmen (Executable Redirection)
- Abhören der Tastatur an der Console
- Bereitstellung einer Backdoor über das Netzwerk
- Gezielter Crash des Systems durch einen Befehl über das Netzwerk.

Das Schlüsselwort, das dem Rootkit zu erkennen gibt, was versteckt werden soll, ist fest im Quellcode gewählt. Die über das Netzwerk zur Verfügung gestellte Backdoor wird über einen im Rootkit integrierten, rudimentären TCP/IP Stack realisiert. Dieser benutzt die ebenfalls fest gewählte IP `10.0.0.166` und ist damit nur im lokalen Netzwerk nutzbar. Die Implementierung ist allerdings nicht sehr stabil, so dass ein Angreifer wahrscheinlich eine Backdoor im Userspace, z.B. mit dem Programm `netcat`, realisieren wird und diese wiederum durch das Rootkit schützen kann. Folgende Möglichkeiten zur Detektion des Rootkits bieten sich an:

Suche nach speziellen Merkmalen: Die mit Hilfe des Rootkits versteckten Dateien werden sichtbar, wenn das entsprechende Verzeichnis im Windows Netzwerk freigegeben und auf einem entfernten System betrachtet wird. Wird der im Rootkit enthaltene TCP/IP Stack benutzt, kann nach der fest kodierten IP im Netzwerk gesucht und z.B. anhand der MAC-Adresse das kompromittierte System gefunden werden. Wird eine Backdoor mit `netcat` realisiert, so kann der geöffnete Port mit den üblichen Werkzeugen wie `netstat` oder `fport` gefunden werden.

Antiviren-Software: Auf Windows Systemen ist die Benutzung von Antiviren-Software sehr verbreitet. Es liegt nahe, diese auch zur Erkennung von Rootkits zu verwenden. Die Schadprogramme unter Windows sind allerdings vermehrt dazu in der Lage, die Viren-Definitionen zu manipulieren oder die Antiviren-Software insgesamt abzuschalten.

Anti-Rootkit Treiber: Analog zu den Anti-Rootkit Kernelmodulen unter UNIX existieren Programme, die als Treiber in den Kern des Betriebssystems geladen werden, um das Laden eines Rootkits zu verhindern. Der *Integrity Protection Driver* geht z.B. so vor. Leider sind diese Mechanismen teilweise noch nicht ausgereift und leicht zu umgehen [Rutk2002b].

2.5 Im Kernel jenseits von Syscall Tabelle und Kernelmodulen

Einige Abwehrmaßnahmen gehen davon aus, dass Kernel-Rootkits unter UNIX die Syscall Tabelle manipulieren. Tatsächlich hat ein Angreifer noch andere Möglichkeiten zur Manipulation des Kernels. Beispielsweise können die Funktionen des Virtual Filesystems unter Linux direkt manipuliert werden [Palm2001]. Eine andere Möglichkeit ist die Manipulation des Interrupt Handlers für Systemaufrufe. Es kann eine veränderte Kopie der Syscall Tabelle benutzt werden während die ursprüngliche Tabelle unverändert an der alten Position verbleibt. Eine weiterführende Möglichkeit ist die Manipulation der Interrupt Descriptor Tabelle [Kad2001].

Rootkits müssen auch nicht als Modul in den Kernel geladen werden. Im Folgenden wird das Rootkit SucKIT in der Version 1.3b unter Linux als Beispiel vorgestellt [SD2001]. Zur Installation des Rootkits ist kein Modul-Support im Kernel notwendig, da schreibender Zugriff auf `/dev/kmem` ausreicht. Die Installation verläuft wie folgt:

1. Ein Schlüsselwort (im Folgenden `.sk12`) zum Verstecken von Dateien und ein Port für die Backdoor über das Netzwerk werden vom installierenden Angreifer erfragt.

2. Das Pogramm `/sbin/init` wird nach `/sbin/init.sk12` kopiert und durch das Programm zur Installation des Rootkits im Kernel ersetzt.

3. Im Verzeichnis `/usr/share/locale/sk` wird das Arbeitsverzeichnis `.sk12` angelegt und dort ein Kopie des Installationsprogramm und die Logdatei des Sniffers abgelegt.

4. Durch Untersuchung des Interrupt Handlers wird der Start der Syscall Tabelle bestimmt.

5. Die Adresse der Kernel Funktion `kmalloc()` wird durch heuristische Suche gefunden.

6. In der Syscall Tabelle wird der Eintrag eines Systemaufrufs durch die Adresse von `kmalloc()` ersetzt. Speicher wird durch Aufruf des ersetzten Systemaufrufs alloziert und die Syscall Tabelle wieder restauriert.
7. Der Programmcode wird in den allozierten Speicher geschrieben und die weitere Manipulation kann im Kernelmode erfolgen.
8. In einer Kopie der Syscall Tabelle werden die Adressen der Folgenden Systemaufrufe verändert: `clone()`, `fork()`, `vfork()`, `getdents()`, `getdents64()`, `kill()`, `open()`, `close()`, `read()`, `write()`, `execve()`, `utime()`, `oldstat()`, `oldlstat()`, `oldfstat()`, `stat()`, `lstat()`, `fstat()`, `stat64()`, `lstat64()`, `fstat64()`, `creat()`, `unlink()` und `readlink()`.
9. Der Interrupt Handler für Systemaufrufe wird derart manipuliert, dass die Kopie der Syscall Tabelle benutzt wird.
10. Die Backdoor wird gestartet.

Die Suche nach der Syscall Tabelle und der Funktion `kmalloc()` ist notwendig, da ein Linux-Kernel, in dem Kernelmodule deaktiviert sind, keine Symbol-Informationen enthält. Der Austausch eines Systemaufrufs in Schritt 6 ist notwendig, da Funktionen des Kernels nur über das Interface der Systemaufrufe benutzt werden können

Bei einem Neustart des Systems startet der Kernel als ersten Prozess das durch das Rootkit ausgetauschte `/sbin/init`. Dieses installiert erneut das Rootkit ab Schritt 4 und startet danach die nicht trojanisierte Version in `/sbin/init.sk12`. Das Rootkit enthält damit bereits einen Mechanismus, um über einen Neustart hinweg persistent zu bleiben sowie eine Backdoor. Die Datei `/sbin/init.sk12` und das Verzeichnis `/usr/share/locale/sk/.sk12` werden durch Befehle wie `ls` nicht angezeigt, da ihre Namen das Schlüsselwort `.sk12` enthalten. Gleichzeitig wird aufgrund der implementierten Executable Redirection, bei der Überprüfung der Checksumme von `/sbin/init`, die Checksumme des Originals in `/sbin/init.sk12` erzeugt. Das Rootkit ist in übersetzter Form relativ portabel und kann in Linux Kernel der Versionen 2.2.x und 2.4.x installiert werden.

Durch die Manipulation einer Kopie der Syscall Tabelle erkennt `kstat` das Rootkit nicht. Die Laufzeituntersuchung von Systemaufrufen scheitert in diesem Fall, da für die Messung ein unbenutzter Systemaufruf belegt wird. Dieser kann aber trotz scheinbar erfolgreicher Installation nicht verwendet werden, da der Interrupt Handler eine Kopie der Syscall Tabelle benutzt. Dies kann ebenso als Detektionsmethode verstanden werden. Könnte eine Messung durchgeführt werden, ist eine deutliche Veränderung der Laufzeiten nach Installation des Rootkits wahrscheinlich. Anti-Rootkit Module wie StMichael verhindern in erster Linie das Laden von unerwünschten Kernelmodulen und können daher die Manipulation nicht verhindern. Folgende Methoden sind aber anwendbar:

Deaktivieren des Schreibzugriffs auf /dev/kmem: Parallel zum Abschalten der Modulunterstützung kann der schreibende Zugriff auf `/dev/kmem` durch einen Patch des Kernels deaktiviert werden. Dies verhindert eine Installation von SucKIT und ähnlicher Rootkits. Es existieren allerdings systemnahe Programme, die schreibenden Zugriff auf `/dev/kmem` im Usermode verwenden. Der X-Server XFree86 kann beispielsweise nicht mehr eingesetzt werden.

Suche nach speziellen Merkmalen: Die in 2.3 vorgestellte Suche nach Verzeichnissen in `/proc`, die zwar zu betreten sind, aber nicht bei der Auflistung des Inhalts auftauchen, ist auch hier erfolgreich. Weiterhin wird das ursprüngliche `/sbin/init` nicht überschrieben sondern durch eine Kopie ersetzt. Programmen wie `aide` und `tripwire` fällt dabei die Änderung der Inode-Nummer auf. Dies ist ein deutlicher Hinweis auf die Installation eines Rootkits.

```
linux:/sbin # ls -il init*
  68269 -rwxr-xr-x    1 root     root       429356 Jan  3 18:32 init
linux:/sbin # md5sum init
225e82f77d74dc8326335381d47f87a9  init
linux:/sbin # mv init renamedinit
linux:/sbin # ls -il renamedinit
  69665 -rwxr-xr-x    1 root     root        28984 Jan  3 18:32 renamedinit
linux:/sbin # md5sum renamedinit
89e5bcb0ef33614bb8c3a45c59d5e471  renamedinit
```

Abbildung 10: Das Rootkit wird durch Umbenennung entdeckt.

Es werden insgesamt 24 Systemaufrufe manipuliert, um die Funktionen des Rootkits zu realisieren. Der Aufruf `rename()` ist allerdings nicht dabei. Wird die Checksumme von `/sbin/init` überprüft so erscheint diese korrekt aufgrund der Execution Redirection. Wie in Abb. 10 zu sehen kann durch einfaches Umbennen mit dem Befehl `mv`, der den Systemaufruf `rename()` benutzt, auf das trojanisierte Programm `/sbin/init` zugegriffen werden. Es ändern sich, scheinbar durch das Umbennenen, Inode-Nummer, Größe und Checksumme der Datei.

2.6 Aktuelle Entwicklungen

Statt simpler Manipulation der Syscall Tabelle geht der Trend dahin, Programmcode in tiefer liegenden Funktionen im Kernel einzubetten [Palm2001b]. Ein einfacher Vergleich nur dieser Tabelle mit einer vorher gespeicherten Referenz verliert damit an Sinn, aber bleibt ein einfacher Test für alte Kernel-Rootkits. Infektion des Kernels und von Bibliotheken [Anon2002] zur Laufzeit, zusammen mit der Manipulation des auf der Festplatte liegenden Abbild des Kernel [Jbtz2002] stellen weitere Optionen der Angreifer dar. Die Entdeckung der Teile des Rootkits, die sich im Userspace und im Dateisystem befinden, wird dadurch erheblich erschwert. Es werden dabei vermehrt Techniken aus dem Bereich der Computerviren in Rootkits übertragen.

Bei der Codeflow Analyse werden die möglichen Verzweigungen des Programmflusses mit graphentheoretischen Algorithmen untersucht. Eine solche Analyse kann benutzt werden, um automatisch zur Laufzeit Punkte im Programmcode eines Systemaufrufs zu finden, an denen effektiv trojanisierter Code eingefügt werden kann [Teso2003]. Da der Programmcode dadurch nicht am Anfang des Systemaufrufs angesprungen werden muss, ist eine Entdeckung der Manipulation deutlich erschwert. Die Codeflow Analyse wird weiterhin benutzt, um Anti-Rootkit Module wie StMichael im Kernel ausfindig zu machen und zu deaktivieren.

3 Abwehrtechniken

Die in den vorhergehenden Abschnitten erläuterten Techniken zur Abwehr und Entdeckung von Rootkits sollen im Folgenden zusammengefasst und bewertet werden:

Kontrolle der Logfiles: Werden die Logfiles vom Angreifer manipuliert, sind trotzdem oft noch Spuren zu finden. Allgemeine Unregelmäßigkeiten im Betrieb, wie spontan versagende Skripte oder ungewöhnliche Auslastung von System und Netzwerk, sind ebenso wichtige Hinweise auf Missbrauch. Voraussetzung für das Erkennen dieser Spuren ist eine genaue Kenntnis der regulär anfallenden Logdaten.

Sehr effektiv ist die Verwendung eines dedizierten Loghosts, an den die Logdaten aller anderen Systeme geschickt werden. Ein Angreifer kann nach erfolgreicher Übernahme eines Systems das Logging komplett deaktivieren. Die Logdaten, die im Laufe des Angriffs an den Loghost übertragen wurden, sind aber bereits seinem Zugriff entzogen. Organisatorisch ergibt sich ein zusätzlicher Vorteil, da auf dem Loghost die Daten verschiedener Systeme in Korrelation gebracht werden können. Umfangreiche Referenzen zur Analyse von Logfiles und zum Aufbau einer zentralen Log-Infrastruktur sind bei Counterpane zu finden [Bird2002].

Integritätstests durch Checksummen: Die Kontrolle der Checksummen durch Programme wie `aide` [Aide2002] oder `tripwire` ist aufwendig, da nach jeder Änderung der Systemkonfiguration die Datenbank mit den Checksummen auf den neuen Stand gebracht werden muss. Dieser Aufwand ist aber lohnend, da jede Änderung sehr genau verfolgt werden kann und damit nicht nur eine Detektion sondern auch eine Schadensabschätzung möglich ist. Kernel-Rootkits können zur Laufzeit einer Entdeckung durch die Kontrolle von Checksummen entgehen. Findet die Untersuchung aber in einer kontrollierten Umgebung statt, sind die Checksummen wiederum sehr hilfreich bei der Spurensuche (siehe auch *Offline-Analyse*).

Programme zur Detektion von Rootkits: Es existiert eine Reihe von Programmen zur Detektion von Rootkits, die im Falle eines Verdachts oder regelmäßig zur Prävention angewandt werden können. Diese Programme benutzen zur Detektion i.d.R. Signaturen in Form von bestimmten Merkmalen einzelner Rootkits. Nur wenige Programme suchen nach allgemeinen Unregelmäßigkeiten oder Inkonsistenzen im Verhalten des Systems. Beispiele für Programme, die zur Entdeckung von Rootkits eingesetzt werden können, sind:

Chkrootkit: Das Programm sucht mit Hilfe von Signaturen nach bestimmten Rootkits und allgemeinen Anzeichen zum Vorhandensein eines Rootkits. Ein allgemeiner Hinweis auf die Existenz eines Rootkits sind z.B. versteckte Prozesse in `/proc` [MSJ2002].

KSTAT: Zentrale Resourcen des Kernels wie die Syscall Tabelle werden mit vorher gespeicherten Referenzwerten verglichen. Weiterhin ist eine Suche nach nicht registrierten Kernelmodulen durchführbar. Leider ist die aktuelle Version nur mit Anpassungen im Quellcode auf aktuellen Linux Kerneln lauffähig [Fusy2002].

Patchfinder: Die Messung der Laufzeiten von Systemaufrufen ist eine sehr robuste Methode zur Detektion von Rootkits. Die im Phrack Magazin vorgestellte Implementierung ist noch experimentell, kann aber leicht ausgebaut werden [Rutk2002].

Präventive Patches und Kernelmodule: Auf Systemen, die unter Linux ohne X-Server betrieben werden und deren Konfiguration selten geändert wird, ist das Deaktivieren von Kernelmodulen und das Abschalten des schreibenden Zugriffs auf `/dev/kmem` empfehlenswert.

Neben `/dev/kmem` existiert noch `/dev/mem`, das sich dadurch unterscheidet, dass direkt auf die physikalische Anordnung des Speichers zugegriffen wird und noch keine Umsetzung auf den virtuellen Adressraum vorgenommen wird. Eine Anwendung der in Abschnitt 2.5 vorgestellten Techniken ist theoretisch über diesen Umweg möglich, wenn auch deutlich komplizierter. Ggf. reicht auch schon die Benutzung der Funktion `mmap()` aus, um Speicher des Kernels beschreiben zu können [Pela2002]. Die Deaktivierung des Schreibzugriffs stellt also kein unüberwindbares Hindernis dar, aber erschwert die Installation eines Kernel-Rootkits erheblich.

Alle oben beschriebenen Detektionsmethoden können durch absehbare Weiterentwicklungen der Rootkits umgangen werden. Ein Administrator hat allerdings den Vorteil, eine Analyse auch offline unter kontrollierten Bedingungen vornehmen zu können und das lokale Netzwerk zu beherrschen:

Offline-Analyse: Besteht der Verdacht auf Installation eines Rootkits, kann das System vom Netz getrennt werden, um die Festplatte auf einem anderen System unter kontrollierten Bedingungen zu untersuchen. Mit Hilfe von vorher erzeugten Checksummen ist es möglich, die Manipulation genau zu rekonstruieren. Der Vorteil bei der Benutzung eines Analyse-System liegt darin, dass dem System, den Befehlen und den Prüfprogrammen vertraut werden.

Wird das Rootkit nur im Hauptspeicher des Systems installiert, sind bei einer derartigen Offline-Analyse evtl. keine Spuren mehr zu finden. Der Wurm CodeRed und seine Varianten infizieren seit 2001 mit dem Internet verbundene Windows Systeme ohne den eigenen Code auf einen Datenträger zu schreiben. Die Angreifer sind aber i.Allg. daran interessiert, ein System auch nach einem Neustart kontrollieren zu können und installieren dazu Mechanismen, die eine Aktivierung des Rootkits beim Start des Systems erwirken. Diese Mechanismen können durch eine Offline-Analyse gefunden werden.

Der Einsatz von forensichen Werkzeugen wie des Coroner's Toolkit [Vene2002] eignet sich, um auch den momentanen Zustand des Systems durch ein Speicherabbild in die Analyse einzubeziehen.

Kontrolle des lokalen Netzwerks: Es ist schwer abzuschätzen, was ein Angreifer mit einem kompromittierten System zu tun gedenkt. Oft wird das System benutzt, um illegal kopierte Software oder Daten in Umlauf zu bringen, oder um weitere Angriffe zu starten. Beides verursacht speziellen Verkehr im Netzwerk, der schon bei der Erstellung von nach Protokollen sortierten Statistiken auffallen wird. Die Kontrolle des Netzwerkverkehrs ist damit ein guter Indikator, um kompromittierte Systeme zu entdecken. Der Einsatz eines Intrusion Detection Systems im Netzwerk ist der nächste logische Schritt, um schon den Angriff auf ein System zu entdecken und ggf. zu unterbinden. Das regelmäßige Scannen des eigenen Netzwerks nach installierten Backdoors ist eine weitere wichtige Informationsquelle.

Obwohl es viele verschiedene Werkzeuge und Programme zur Entdeckung von Rootkits gibt, ist die wichtigste präventive Maßnahme, sich *bevor* das Problem auftritt überlegt zu haben, was im Angriffsfall getan werden muss. Ein solcher Notfallplan sollte eine gute Backupstrategie umfassen und alle wichtigen Schritte und Maßnahmen aufführen. Auf diese Weise kann schnell auf einen Sicherheitsvorfall reagiert werden. Nur wenn ein aktuelles Backup existiert, kann im Notfall das betroffene System schnell ersetzt werden.

4 Diskussion und Ausblick

Die Techniken der Rootkits haben sich seit dem Ende der 80'er Jahre von der Filterung von Logfiles bis zur detailierten Manipulation des Kerns des Betriebssystems entwickelt. Im Gegenzug haben die Methoden zur Entdeckung der Angreifer sich darauf einstellen müssen, dem zu untersuchenden System immer weniger vertrauen zu können. In der Praxis tauchen sowohl aktuelle als auch alte Rootkits auf. Es ist unbedingt zu empfehlen, die eigenen Systeme gegen alle Varianten zu schützen. Die beschriebenen Abwehrmaßnahmen und Methoden zur Detektion stellen dabei einen guten Grundschutz dar, aber können keine Sicherheit garantieren.

Auffallend ist, dass die Entwicklung der Techniken der Angreifer und der Abwehrmaßnahmen hauptsächlich auf Betriebssystemen wie Linux und den freien BSD Varianten vorangetrieben wird. Der Transfer auf andere Systeme ohne freien Quellcode findet aber zunehmend schneller statt. Die Entwicklungsspirale von Angriffstechniken und lokalen Abwehrmaßnahmen muss allerdings nicht hingenommen werden. Offline-Analyse, die genaue Kontrolle des lokalen Netzwerkes und der Einsatz von IDS-Systemen bieten Administratoren zusätzliche Möglichkeiten, seine Systeme vor Angreifern zu schützen und Rootkits zu entdecken.

Kernel-Rootkits stellen auch in Zukunft die größte Bedrohung für die Integrität von mit dem Internet verbundenen Systemen dar. Es ist absehbar, dass die Programme zur Entdeckung von Rootkits eine bessere Prüfung der Integrität des Kernels vornehmen werden. Anstatt der momentanen Beschränkung auf einen Vergleich von zentralen Ressourcen mit gespeicherten Referenzwerten muss die Konsistenz des gesamten Ausführungspfads von Systemaufrufen abgesichert werden. Die beschriebene Laufzeitmessung ist ein Schritt in diese Richtung. Die Auswertung von Ausführungspfaden mit graphentheoretischen Mitteln bietet die Möglichkeit, abstrakte Beschreibungen von Systemaufrufen zu erstellen. Diese können dann zur Überprüfung der Integrität genutzt werden.

Literaturverzeichnis

[Aide2002] R. Lehti; P. Virolainen, *Homepage Aide*, http://www.cs.tut.fi/~rammer/aide.html, 2002.

[Anon2002] Anonymous, *Runtime Process Infection*, Phrack Magazin, Issue 59, Vol. 11, File 8. http://www.phrack.org/phrack/59/p59-0x08, 2002.

[BC2002] D. Bovet; M. Cesati, *Understanding the Linux Kernel, 2nd Edition.* O‘Reilly. ISBN-0596002130, 2002.

[BTA1989] “Black Tie Affair”, *Hiding Out Under Unix.* Phrack Magazin, Issue 25, Vol. 3, File 6. http://www.phrack.org/phrack/25/P25-06, 1989.

[Bach1986] M. Bach, *The Design of the UNIX Operating System.* Prentice-Hall. ISBN-0132017997, 1986.

[Bird2002] T. Bird, *Log Analysis Resources.* Homepage Counterpane Internet Security. http://www.counterpane.com/log-analysis.html, 2002.

[CERT2000] CERT Coordination Center, *CERT/CC Incident Note IN-2000-10: Widespread Exploitation of rpc.statd and wu-ftpd Vulnerabilities*, http://www.cert.org/incident_notes/IN-2000-10.html, 2000.

[Cesa2000] S. Cesare, *Shared library call redirection via ELF PLT infection.* Phrack Magazin, Issue 56, Vol. 10, File 7. http://www.phrack.org/phrack/56/p56-0x07, 2000.

[Ditt2002] D. Dittrich, *“Root Kits” and hiding files/directories/processes after a break-in.* http://staff.washington.edu/dittrich/misc/faqs/rootkits.faq, 2002.

[Fusy2002] “Fusys”, *Homepage kstat*, http://www.s0ftpj.org/en/tools.html, 2002.

[Half1997] “Halflife”, *Abuse of the Linux Kernel for Fun and Profit.* Phrack Magazin, Issue 50, Vol. 7, File 5. http://www.phrack.org/phrack/50/P50-05, 1997.

[Half1997b] “Halflife”, *Shared Library Redirection Techniques.* Phrack Magazin, Issue 51, Vol. 7, File 8. http://www.phrack.org/phrack/51/P51-08, 1997.

[Hogl1999] G. Hoglund, *A real NT Rootkit, patching the NT Kenerl.* Phrack Magazin, Issue 55, Vol. 9, File 5. http://www.phrack.org/phrack/55/P55-06, 1999.

[Jbtz2002] “jbtzhm”, *Static Kernel Patching.* Phrack Magazin, Issue 60, Vol. 11, File 8. http://www.phrack.org/phrack/60/p60-0x08, 2002.

[Kad2001] “kad”, *Handling Interrupt Descriptor Table for fun and profit.* Phrack Magazin, Issue 59, Vol. 10, File 4. http://www.phrack.org/phrack/59/p59-0x04.txt, 2001.

[Lalw2002] T. Lalwess, *Homepage des Anti-Rootkit Kernel Modul StMichael*, http://sourceforge.net/projects/stjude/, 2002.

[MSJ2002] N. Murila; K. Steding-Jessen, *Homepage chkrootkit.* http://www.chkrootkit.org, 2002.

[Palm2001] "Palmers", *Advances in Kernel Hacking*. Phrack Magazin, Issue 58, Vol. 11, File 6. http://www.phrack.org/phrack/58/p58-0x06, 2001.

[Palm2001b] "Palmers", *Advances in Kernel Hacking II*. Phrack Magazin, Issue 59, Vol. 11, File 5. http://www.phrack.org/phrack/59/p59-0x05, 2001.

[Pela2002] G. Pelat, Artikel auf Mailingliste BugTraq: *Grsecurity problem - modifying 'read-only' kernel*, http://securityfocus.com/archive/1/273002, 2002.

[PlT1999] "Plasmoid"; "THC", *Solaris Loadable Kernel Modules: "Attacking Solaris with loadable kernel modules"*. http://packetstormsecurity.nl/groups/thc/slkm-1.0.html, 1999.

[PrT1999] "Pragmatic"; "THC", *Attacking FreeBSD with Kernel Modules*, http://www.thehackerschoice.com/papers/bsdkern.html, 1999.

[Russ1998] M. Russinovich, *Inside the Native API*. Artikel auf Sysinternals Homepage. http://www.sysinternals.com/ntw2k/info/ntdll.shtml, 1998.

[Rutk2002] J. K. Rutkowski, *Execution Path Analysis: finding kernel based rootkits*. Phrack Magazin, Issue 59, Vol. 11, File 10. http://www.phrack.org/phrack/59/p59-0x0b.txt, 2002.

[Rutk2002b] J. K. Rutkowski, Artikel auf Mailingliste BugTraq: *Bypassing Pedestal Software Integrity Protection Driver*. http://online.securityfocus.com/archive/1/301866, 2002.

[SD2001] "SD"; "Devik", *Linux on-the-fly kernel patching without LKM*. Phrack Magazin, Issue 58, Vol. 10, File 7. http://www.phrack.org/phrack/58/p58-0x07, 2001.

[SR2000] D. Solomon; M. Russinovich, *Inside Microsoft Windows 2000, Third Edition*. Microsoft Press. ISBN-0735610215, 2000.

[SUN2002] SUN Microsystems, *Solaris Fingerprint Database*, http://http://sunsolve.sun.com/pub-cgi/fileFingerprints.pl, 2002.

[Teso2003] "team teso", *Codeflow Analyse*. Vortrag auf dem 19. Chaos Communications Congress, Berlin. http://www.team-teso.net/articles/19c3-speech/, 2003.

[Vene2002] W. Venema, *Homepage: The Coroner's Toolkit*, http://www.porcupine.org/forensics/, 2002.

Alle angegeben Referenzen auf Webpages wurden im Januar 2003 überprüft. Die Jahreszahlen stehen dabei für das Erstellungsdatum oder die letzte angegebene Änderung.

Praktikabler Datenschutz für Log-Daten *

Ulrich Flegel
Universität Dortmund
D-44221 Dortmund
ulrich.flegel@udo.edu

Zusammenfassung

Dieser Beitrag zeigt die Schwierigkeit auf, Log-Daten im Einklang mit den geltenden Datenschutz-Gesetzen zu verwenden. Es wird die Pseudonymisierung der Log-Daten vorgeschlagen, so daß durch die technische Zweckbindung bei der Pseudonym-Aufdeckung die Interessen Anonymität und Zurechenbarkeit zu einem fairen Ausgleich kommen. Gleichzeitig sind die Log-Daten durch die Pseudonymisierung dem Geltungsbereich der Datenschutz-Gesetze entzogen. Durch den Wegfall der damit verbundenen Anforderungen werden die Rahmenbedingungen für die Verarbeitung der pseudonymisierten Log-Daten stark vereinfacht. Das Konzept der technischen Zweckbindung und die dafür notwendigen Vertrauens- und Kontrollbeziehungen werden dargestellt.

Das zur praktischen Umsetzung der Konzepte geeignete Software-Paket *Pseudo/CoRe* wird vorgestellt. Es läßt sich unter Wahrung der für die technische Zweckbindung notwendigen Vertrauens- und Kontrollbeziehungen in existierende Unix-Systeme einbetten. Es wird gezeigt, wie *Pseudo/CoRe* Audit-Daten pseudonymisiert und welche Anwendungsmöglichkeiten bestehen. Die Analyse von *Pseudo/CoRe*s Laufzeitverhalten zeigt, daß Datenschutz für Log-Daten durch Pseudonymisierung praktikabel ist.

1 Datenschutz-Anforderungen

Nach deutschem Datenschutz-Recht unterliegt die Erhebung, Speicherung und Verarbeitung personenbezogener Daten einem Erlaubnisvorbehalt. Liegt ein gesetzlicher Erlaubnistatbestand oder die Einwilligung des Betroffenen vor, hat der Datenverwender weitreichende Pflichten gegenüber dem Betroffenen, u.a. die Zweckbindung, die Unterrichtungs-, Lösch- und Meldepflicht [7].

*Die beschriebenen Arbeiten werden derzeit zum Teil von der Deutschen Forschungsgemeinschaft gefördert unter Bi 311/10-2.

Je nach der Art eines Dienstes gelten bei der Verarbeitung personenbezogener Daten ein oder mehrere verschiedene Datenschutzgesetze, die im Detail verschiedene Forderungen und Sanktionen vorsehen [8]. Beispielsweise ist ein Email-Dienst ein Teledienst, während ein WWW-Dienst sowohl ein Tele- als auch ein Mediendienst ist.

Insbesondere die personenbezogenen Anfragen der Nutzer an einen Dienst gehören zu den *Nutzungsdaten.* Ihre Erhebung, Verarbeitung und Nutzung ist "[...] nur soweit dies zur Inanspruchnahme des Teledienstes notwendig ist und nur solange die Nutzung andauert [...]" gestattet. Der Personenbezug ist meist gegeben, z.B. wenn die Anfrage die IP-Adresse des Dienst-Nutzers oder seine Nutzerkonto-Kennung enthält [8, 9].

Insofern ist die von vielen Dienstanbietern angewandte Praxis der Speicherung von Nutzungsdaten in Form von Log- bzw. Audit-Daten problematisch. Im folgenden wird stets der Begriff *Audit-Daten* verwendet. Er bezeichnet die vom Dienst erhobenen Daten über Ereignisse im System, die häufig in ihrer Gesamtheit den Verlauf der Nutzung und des Dienstes dokumentieren, also auch das Verhalten der Nutzer. Audit-Daten werden vielerorts auf Vorrat erhoben und gespeichert. Das Ziel ist die Analyse der Audit-Daten für verschiedene Zwecke. Ein üblicher Zweck ist die Entdeckung von Mißbrauch, welcher dem Urheber zwecks Rechtsverfolgung zugerechnet werden soll, also Intrusion-Detection mit anschließender Incident-Response. Insbesondere außerhalb des Sicherheits-Management-Bereichs sind weitere Zwecke für die Erhebung und Speicherung personenbezogener Audit-Daten denkbar, sind aber hier nicht Gegenstand der Diskussion, z.B. Direktmarketing.

Organisationen stellen ihren Mitarbeitern häufig Dienste für betriebliche bzw. dienstliche Zwecke zur Verfügung. Insbesondere wenn dabei eine private Nutzung geduldet wird, kann durch Audit-Daten das Recht der Mitarbeiter auf informationelle Selbstbestimmung verletzt werden. Zusätzlich hat der Betriebsrat nach deutschem Recht ein Mitbestimmungsrecht bei der Einführung von Technologien, die zur Überwachung der Mitarbeiterleistung geeignet sind [9]. Die Erhebung und Speicherung von Audit-Daten bzw. Nutzungsdaten durch die den Mitarbeitern zur Verfügung gestellten Dienste ermöglicht vielfältige Analysen, auch im Hinblick auf die Arbeitsleistung.

Aufgrund der komplexen rechtlichen Situation und den datenschutz-gesetzlichen Einschränkungen bei der Erhebung, Speicherung und Verarbeitung personenbezogener Daten gestaltet sich der gesetzeskonforme Einsatz von Audit-Daten-gestützten Schutzmaßnahmen wie etwa Intrusion-Detection für viele Dienstanbieter äußerst schwierig.

1.1 Fairer Interessenausgleich

Es besteht ein Spannungsfeld zwischen dem Interesse einzelner Nutzer an Datenschutz und Anonymität einerseits und der Zurechenbarkeit andererseits, um im Mißbrauchsfall die Interessen anderer beteiligter Parteien schützen zu können. Wie etwa die Diskussion in [10, 11, 12] deutlich macht, kann eine für die beteiligten Parteien zufriedenstellende Lösung i.a. nicht darin bestehen, eine der beiden Anforderungen zugunsten der anderen vollständig aufzugeben. Vielmehr scheint ein fairer Ausgleich der Interessen aller beteiligter Parteien unter Berücksichtigung der jeweiligen Anwendungssituation erstrebenswert. Dieser Beitrag zeigt, wie ein fairer Interessenausgleich im Hinblick auf die personenbeziehbaren Audit-Daten eines Dienstes gestaltet werden kann.

"§3 Abs. 4 TDDSG und §12 Abs. 5 MDStV: fordern "Gestaltung und Auswahl technischer Einrichtungen für Tele(Medien)Dienste an dem Ziel auszurichten, keine oder so wenig personenbezogene Daten wie möglich zu erheben, zu verarbeiten und zu nutzen." Diese Anforderung wird durch die in §4 Abs. 1 TDDSG und §13 Abs. 1 MDStV enthaltene Verpflichtung der Diensteanbieter konkretisiert, die Inanspruchnahme von Telediensten und Mediendiensten sowie ihre Bezahlung anonym oder unter Pseudonym zu ermöglichen, soweit dies technisch möglich und zumutbar ist." [7]. Anonymität und Pseudonymität dienen als Mittel zur Umsetzung von System- und Selbstdatenschutz indem sie Datenvermeidung, Datensparsamkeit und informationelle Selbstbestimmung realisieren [7].

Der in diesem Zusammenhang zentrale Begriff des *Personenbezugs* ist relativ, da die Personenbeziehbarkeit einer Information vom jeweiligen Zusatzwissen abhängt. Dementsprechend gelten die Datenschutzgesetze nur für diejenigen Datenverwender, die durch Zusatzwissen den Bezug der Daten zum Betroffenen herstellen können [7]. Daher kann der oben beschriebene Zielkonflikt zwischen Zurechenbarkeit und Anonymität durch den Einsatz von Pseudonymen fair gelöst werden, indem über die Kontrolle von Zusatzwissen zwischen Regelfall (keine Zurechenbarkeit) und Ausnahmefall (Zurechenbarkeit möglich) unterschieden wird [7].

Mittels Pseudonymen werden personenbezogene Daten so verändert, daß sie ohne Kenntnis der zugehörigen Zuordnungsregel nur mit einem unverhältnismäßig großen Aufwand an Zeit, Kosten und Arbeitskraft einer bestimmten oder bestimmbaren natürlichen Person zuordenbar sind, für den Ausnahmefall aber mittels der Zuordnungsregel die Identifizierung der Person ermöglichen [7]. Für Kenner der Zuordnungsregel sind die pseudonymen Daten personenbeziehbar, für diejenigen, die die Zuordnungsregel nicht kennen, sind sie anonym [7].

Da für die Parteien, welche die Zuordnungsregel nicht kennen, die Daten praktisch anonym bzw. nicht personenbezogen sind, fallen die Daten für diese Parteien nicht unter die Datenschutzgesetze [7]. Für diese Parteien entfallen dementsprechend der generelle Erlaubnisvorbehalt, sowie die mit der Verarbeitung verbundenen weitreichenden Pflichten gegenüber den Betroffenen [7] (s. Abschnitt 1).

Im Normalfall sind die Daten für eine Partei nur solange anonym, bis die enthaltenen Pseudonyme ihr gegenüber mit Hilfe der Zuordnungsregel aufgedeckt wurden. Damit die wieder personenbeziehbaren Daten ab diesem Zeitpunkt nicht unter die Datenschutzgesetze fallen, ist der Aufdeckungszweck geeignet einzuschränken und der Aufdeckungszeitpunkt daran auszurichten.

"[...] wenn bereits während der Nutzung vorauszusehen ist, daß gerade diese Daten für die Strafverfolgung erforderlich sind käme die Ausnahme in §6(3) TDDSG zum Zuge [...]" [8], so daß Mißbrauchsverläufe mittels personenbezogener Daten zugerechnet werden können. Daneben führt "[...] das TDDSGÄndG [...] §6 Abs. 8 ein, der es dem Telediensteanbieter erlaubt, personenbezogene Daten desjenigen Nutzers zu speichern, der seinen Teledienst mißbraucht. Die Anhaltspunkte, die zu der Annahme eines solchen Mißbrauchs geführt haben, sind vor der Speicherung [der personenbezogenen Daten] genau zu dokumentieren. Zu Zwecken der Rechtsverfolgung darf der Diensteanbieter diese personenbezogenen Daten auch über die Speicherfristen hinaus verarbeiten und nutzen. Da das bisherige Gesetz dem Telediensteanbieter generell verbietet, [personenbezogene] Daten zu erheben und zu speichern, wenn nicht einer der wenigen Erlaubnistatbestände vorlag, wäre es dem Teledienstanbieter heute nicht möglich, den Verursacher des Mißbrauchs durch Recherche in seinen Log-Dateien festzustellen."[8]

Es sollte also erlaubt sein, anonyme Anhaltspunkte zu im voraus definierten Mißbräuchen während deren Verlauf zu speichern, da die anonymen Anhaltspunkte keine personenbezogenen Daten enthalten. In Anlehnung an die obigen Zitate kann man davon ausgehen, daß es erlaubt ist, die Anhaltspunkte eines Mißbrauchsverlaufs mittels Aufdeckung der enthaltenen Pseudonyme zurechenbar zu machen, sobald der anonyme Verlauf so weit voranschreitet, daß ein hinreichender Anfangsverdacht für einen Mißbrauch vorliegt. Wird die beschriebene Aufdeckungsbedingung technisch unumgehbar durchgesetzt, sprechen wir von *technischer Zweckbindung* [4]. Die Aussagen zur hier beschriebenen Vorgehensweise stellen allein die Meinung des Autors dar und können nicht eine Rechtsberatung ersetzen.

Die oben beschriebene Aufdeckung wird im folgenden als *geordnete Aufdeckung* bezeichnet, während die Aufdeckung durch das Ausnutzen von Pseudonym-Verkettbarkeit und externem Zusatzwissen als *ungeordnete Aufdeckung* bezeichnet wird. Sowohl für den oben beschrieben Fall der geordneten als auch für den Fall der ungeordneten Pseudonym-Aufdeckung sind geeignete Vorsorgeregelungen vorzusehen [7]. Dazu gehört die Herstellung von Transparenz gegenüber dem Nutzer, z.B. darüber, daß seine Anonymität beim Mißbrauch aufgehoben wird. Desweiteren sind Maßnahmen zur Sicherung der Pseudonymitätseigenschaft vorzusehen. In diesem Kontext sind die Ausführungen in Abschnitt 2 zum Vertrauensmodell zu sehen.

2 Vertrauens- und Kontrollbeziehungen

In [6] wurden Architekturen vorgestellt, analysiert und verglichen, die Nutzer-Anonymität gegenüber den *Sicherheits-Administrator*en eines Dienstes herstellen, welche Beobachtungen ausschließlich auf der Basis der vom Dienst gelieferten Audit-Daten machen können. Eine zentrale Anforderung bei der Analyse von Audit-Daten hinsichtlich Anhaltspunkten für Mißbrauch ist die zeitnahe Pseudonym-Aufdeckbarkeit zwecks Zurechenbarkeit. Dies ist mittels technischer Zweckbindung der geordneten Pseudonym-Aufdeckung erreichbar. Unter dem Gesichtspunkt der Praktikabilität sind die Unabhängigkeit der Lösung vom Nutzer und die Unabhängigkeit von aufwendigen Infrastrukturen entscheidend. Damit die Verarbeitung der Audit-Daten nicht den Datenschutzgesetzen unterliegt, besteht dienstseitig ein Interesse daran, daß die Audit-Daten bei den Sicherheits-Administratoren stets anonym vorliegen, also unabhängig von Maßnahmen, die der Nutzer im Hinblick auf Anonymität ergreifen kann. Der zum Aufbau einer für Anonymität benötigten Infrastruktur erforderliche Aufwand und deren Rahmenbedingungen haben einen beträchtlichen Einfluß darauf, in welchem Zeitrahmen die Infrastruktur auf breiter Basis zur Verfügung gestellt werden kann. Es ist dienstseitig also von Vorteil, wenn die Anonymisierung der Audit-Daten unabhängig von Nutzermaßnahmen und

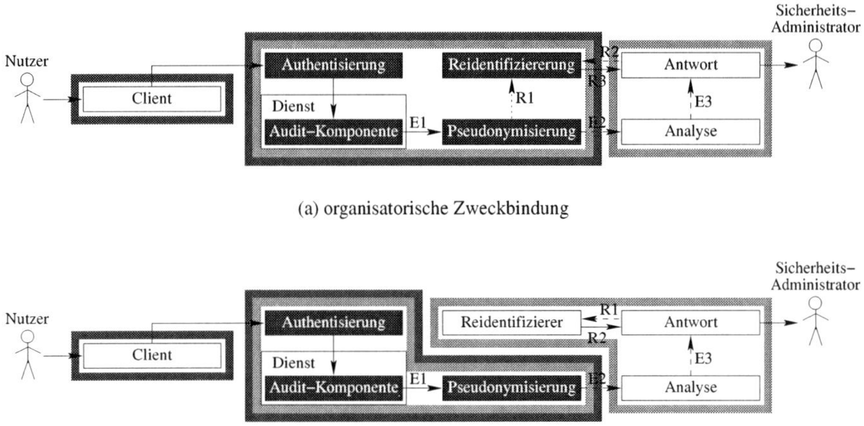

(a) organisatorische Zweckbindung

(b) technische Zweckbindung

Abbildung 1: Zweckbindung der geordneten Aufdeckbarkeit

Infrastrukturen implementierbar ist. Ein Vergleich verschiedener Architekturen zeigt, daß diese Anforderungen gemeinsam nur erfüllbar sind, wenn die Audit-Daten nach ihrer Erhebung pseudonymisiert werden [6]. Daher werden im folgenden nur ebensolche Systeme betrachtet.

Die Audit-Daten werden normalerweise von der *Audit-Komponente* des Dienstes erhoben und der *Audit-Analyse* der Sicherheits-Administratoren verfügbar gemacht. Diese erzeugt entsprechend des *Analyse-Zwecks Einzelberichte* und sendet sie an die *Antwort-Einheit*, welche wiederum geeignet auf Einzelberichte reagiert, z.B. indem sie den Sicherheits-Administrator unterrichtet. Ein Einzelbericht kann einen *Analyse-Kontext* enthalten, der eine Untermenge der Audit-Daten ist. Eine konkrete Instanz dieses Szenarios wäre ein Intrusion-Detection-System, dessen Analyse-Zweck das Entdecken bekannter und durch die Dienstnutzer verursachter Anfangsverdachte für *Schutzzielverletzungen* bzw. Mißbräuche ist. Ein Einzelbericht ist ein *Alarm*, der als Analyse-Kontext etwa die *Anhaltspunkte* für den Anfangsverdacht in der Form von *Audit-Datensätzen* enthält, die den Verlauf der Schutzzielverletzung dokumentieren (s. Abschnitt 1.1). Intrusion-Detection-Systeme befinden sich von Grund auf in dem in Abschnitt 1.1 beschriebenen Interessenkonflikt (s. auch [10]). Abb. 1 zeigt die Architekturen von Systemen, die personenbezogene Audit-Daten nach ihrer Erhebung anonymisieren.

In Abb. 1 zeigen die *soliden Pfeile* die Flußrichtung personenbezogener Merkmale an. Die *gestrichelten Pfeile* zeigen die Flußrichtung der durch Pseudonymisierung anonymen Merkmale an. Schließlich zeigen die *gepunkteten Pfeile* die Flußrichtung der für die Pseudonym-Aufdeckung notwendigen Information an, die als *Zuordnungsregel* bezeichnet wird. Jede fette graue Umrahmung schließt einen Bereich ein, in dem die Interessen einer Partei durchgesetzt werden. In einem solchen Bereich dürfen jene Parteien keine Kontrolle ausüben, deren Interessen mit den im Bereich durchgesetzten Interessen im Konflikt stehen. Dabei stehen die dunkelgrauen Umrahmungen für das Nutzerinteresse Anonymität und die hellgrauen Umrahmungen für das Interesse der Sicherheits-Administratoren an Zurechenbarkeit. Dunkel ausgefüllte Kästen realisieren gemeinsam den fairen Interessenausgleich. Sie befinden sich gerade in den doppelt umrahmten Bereichen, also dort, wo konfligierende Interessen durchgesetzt werden. Dementsprechend dürfen die ausgefüllten Kästen nicht vom Nutzer und auch nicht vom Sicherheits-Administrator kontrolliert werden, sondern müssen von einer Partei kontrolliert werden, der beide vertrauen können. Eine naheliegende Wahl für diese vertrauenswürdige Partei ist der Datenschutz-Beauftragte der Organisation, die den Dienst betreibt. Bestehen allerdings Zweifel daran, daß der Datenschutz-Beauftragte beide Interessen zu einem fairen Ausgleich bringt, muß eine andere, ggf. externe, Partei gewählt werden.

Abb. 1a zeigt im Vergleich mit Abb. 1b, wie durch technische Zweckbindung die notwendigen Kontrollverhältnisse vereinfacht werden. Bei der technischen Zweckbindung der Aufdeckbarkeit wird den Pseudonymen die zweckgebunden geschützte Zuordnungsregel beigefügt (s. $E2$ in Abb. 1b), so daß diese nicht mehr direkt dem Reidentifizierer übermittelt werden muß (s. $R1$ in Abb. 1b). Die Reidentifizierung ist so unumgehbar nur noch entsprechend dem Zweck der geordneten Aufdeckung möglich. Demgemäß muß der Nutzer der Partei, welche die Reidentifizierung kontrolliert, nicht mehr vertrauen. Da also die Sicherheits-Administratoren nicht mehr von der Kontrolle des Reidentifizierers ausgeschlossen sind, können sie die Reidentifizierung selbst kontrollieren und die Reidentifizierung unverzüglich durchführen, sobald der entsprechende Zweck vorliegt. Erfordert der Zweck der Audit-Daten-Analyse eine rasche geordnete Aufdeckbarkeit, läßt sich dies nur mittels technischer Zweckbindung erreichen. Die organisatorische Zweckbindung der geordneten Aufdeckbarkeit erfordert die Kooperation des Datenschutz-Beauftragten. In der Regel findet die Zweckprüfung manuell statt, so daß sich die Aufdeckung verzögert, wenn die verantwortliche Person nicht verfügbar ist.

Eine weitere Anforderung betrifft die Performanz der Pseudonym-Erzeugung. Je nach Sorte des Dienstes, der die Audit-Daten erzeugt, kann ein extrem hohes Aufkommen zu bewältigen sein, insbesondere beim Dienst Betriebssystem, wenn es für Intrusion-Detection Systemrufe als Audit-Datensätze speichert. Die Pseudonym-Erzeugung findet idealerweise on-the-fly statt und sollte daher einen dem Datenaufkommen angemessenen Durchsatz erreichen. Im Idealfall findet die Anonymisierung von Audit-Daten dort statt, wo die Audit-Daten erhoben werden, nämlich auf dem Gerät, das die Nutzeranfragen zur Diensterbringung verarbeitet. Damit der Dienst nicht ausgebremst wird ist es wichtig, daß die Pseudonym-Erzeugung nicht den überwiegenden Teil der Prozessor-Ressourcen bindet. Aufwendige kryptographische Verfahren für die Pseudonym-Erzeugung entfallen daher für die on-the-fly-Pseudonymisierung.

2.1 Verwandte Ansätze

Folgende Ansätze wurden verglichen [6]: *Anonymouse Log File Anonymizer* [13], *Jaeger-Anonymisierer* [8], *Lundin Firewall Audit Anonymisierer* [14], *WebWasher* [15], *Intrusion Detection and Avoidance* (*IDA*) [16], *Adaptive Intrusion Detection* (*AID*) [9, 17], sowie *Pseudonymization with Conditional Reidentification* (*Pseudo/CoRe*). Einen detaillierteren Überblick zu den Systemen *Lundin Firewall Audit Anonymizer*, *IDA* und *AID* bieten [1, 2]. Es stellt sich heraus, daß die Ansätze entweder keine Zurechenbarkeit durch geordnete Pseudonym-Aufdeckung unterstützen, oder die notwendigen Vertrauens- und Kontrollbeziehungen wurden beim Entwurf nicht vollständig berücksichtigt, so daß der Sicherheits-Administrator unter Umgehung der Zweckbindung direkten Zugriff auf die Zuordnungsregel erlangen kann. Bei einigen Ansätzen wurde ein ungeeignetes Verfahren zur Implementierung des 4-Augen-Prinzips gewählt, so daß der aufgeteilte Dechiffrier-Schlüssel nach der ersten Aufdeckung zumindest einer der beiden Entitäten bekannt ist [6].

Der Vergleich [6] ergibt, daß nur der *Pseudo/CoRe*-Ansatz in der Lage ist, Audit-Daten im Sinne eines fairen Interessenausgleichs durch technische Zweckbindung zu anonymisieren. Dazu tragen die klar definierten und umsetzbaren notwendigen Vertrauens- und Kontrollverhältnisse beim Einsatz von *Pseudo/CoRe* bei (s. Abschnitt 3.1). *Pseudo/CoRe* ist auch der einzige Ansatz, der die technische Zweckbindung konsequent durchsetzt. Dies gilt nicht nur für die geordnete Pseudonym-Aufdeckung, sondern auch für die automatischen Pseudonym-Wechsel. Erstens definiert der Aufdeckungszweck verschiedene Mißbrauchs-Szenarien. In jedem besitzt ein Nutzer ein anderes Pseudonym [3]. Zweitens werden Pseudonyme automatisch unaufdeckbar, wenn die mit ihnen verbundenen Verdachtsmomente sich nicht bestätigen. Optional wird ebenfalls eine organisatorische Zweckbindung bei der geordneten Pseudonym-Aufdeckung unterstützt.

3 *Pseudo/CoRe*

Die Implementierung von *Pseudo/CoRe* ist für Unix-Systeme ausgelegt und wurde erfolgreich unter folgenden Betriebssystemen getestet: Solaris, OpenBSD und Linux. Der Pseudonymisierer kann benutzt werden, um Audit-Daten im ASCII-Format zu pseudonymisieren, z.B. *Syslog*-Audit-Daten und Web-Server-Audit-Daten. Insbesondere die Integration mit *Syslog* wird speziell unterstützt, da *Syslog* auf allen wichtigen modernen Unix-Systemen verfügbar ist. Auch Windows-Systeme und sehr viele Netzwerk-Komponenten können in eine Syslog-Infrastruktur eingebunden werden. Dementsprechend hoch ist die erreichbare Abdeckung anfallender Audit-Daten durch *Pseudo/CoRe* [2].

Pseudo/CoRe besteht aus mehreren Komponenten, die entweder der Pseudonymisierung von Audit-Daten dienen (`pseudonymizer` und `shared`) oder der Reidentifizierung von Audit-Daten dienen (`reidentifier` und `combined`). Weitere Werkzeuge dienen der Einbettung des `pseudonymizers` in den Audit-Datenstrom (`wrapper`, `redirector` und `rlogger`).

3.1 Vertrauens- und Kontrollbeziehungen bei *Pseudo/CoRe*

Der *Pseudo/CoRe*-Ansatz bietet technische Zweckbindung bei der geordneten Pseudonym-Aufdeckung (vgl. Abschnitt 2). Dementsprechend liegt das Vertrauen der Nutzer bzw.

Sicherheits-Administratoren hinsichtlich eines fairen Ausgleichs ihrer Interessen Anonymität bzw. Zurechenbarkeit beim Datenschutz-Beauftragten. In diesem Sinne kontrolliert der Datenschutz-Beauftragte die Audit-Komponenten und Pseudonymisierung, während der Sicherheits-Administrator die Reidentifizierung kontrolliert (vgl. Abb. 1b und Abb.3). Der Datenschutz-Beauftragte modelliert im Sinne der Nutzerinteressen und möglicherweise in Zusammenarbeit mit dem Betriebsrat im voraus das Wissen des Pseudonymisierers hinsichtlich zu pseudonymisierender personenbezogener Merkmale. In Zusammenarbeit mit den Sicherheits-Administratoren modelliert der Datenschutz-Beauftragte a priori die Anfangsverdachte, die eine Pseudonym-Aufdeckung rechtfertigen. Dieses Wissen stellt der Datenschutz-Beauftragte den von ihm kontrollierten Audit-Komponenten und den von ihm kontrollierten Pseudonymisierern in Form von Konfigurationsdaten zur Verfügung.

Diese Vorgehensweise ist geeignet, um die widerstreitenden Interessen im Vorfeld detailliert zu erfassen und dann zu implementieren, wenn eine Einigung erzielt wurde. Die Durchsetzung der so im vorhinein genau spezifizierten Interessen soll im laufenden Betrieb automatisch und sicher durch den Pseudonymisierer erfolgen, sofern die oben spezifizierten Kontrollverhältnisse wirksam sind. Entsprechend der technischen Zweckbindung sind die Pseudonyme ausschließlich dann geordnet aufdeckbar, wenn sie zu den Anhaltspunkten eines erfüllten vorher definierten Anfangsverdachts gehören. So ist die Zurechenbarkeits-Anforderung der Sicherheits-Administratoren erfüllt, wenn ein Anfangsverdacht erfüllt ist. Im Normalfall, also ohne erfüllten Anfangsverdacht, sind die Pseudonyme nicht geordnet aufdeckbar, wodurch die Anonymitäts-Anforderung der Nutzer gewahrt bleibt.

Generell sind Audit-Daten integer, solange kein Angreifer hinreichende Privilegien auf der erhebenden Maschine erlangt hat, welche es ihm erlauben, Audit-Daten zu löschen oder zu korrumpieren. Entsprechendes gilt für die auf derselben Maschine erzeugten Pseudonyme. Audit-Datensätze sind daher unmittelbar nach ihrer Erzeugung zu pseudonymisieren und zwecks Analyse aus dem Zugriffsbereich des Angreifers abzutransportieren. Demgemäß muß dieser Vorgang on-the-fly durchführbar sein und darf nicht zu einem Flaschenhals werden (s. Abschnitt 5). Unter der Annahme, daß Anfangsverdachte entdeckt werden, bevor der Angreifer hinreichende Privilegien erlangen kann, sind bei einem Angriff die Pseudonyme integer und aufdeckbar.

Die Audit-Daten sollten lokal auf der erzeugenden Maschine pseudonymisiert werden. Ist dies nicht möglich, muß der Datenschutz-Beauftragte einen sicheren Kanal zwischen der Audit-Komponente und dem `pseudonymizer` etablieren.

3.2 Alternativen bei der Einbettung von *Pseudo/CoRe*

Abb. 2 bildet abstrakt die möglichen Audit-Komponenten eines Solaris-Systems ab. Audit-Datensätze können auf ihrem Pfad von der Audit-Komponente bis zur Daten-Sinke, hier Audit-Dateien, anonymisiert werden. Die entsprechenden möglichen Platzierungen für Pseudonymisierer sind in Abb. 2 dargestellt, wobei die bisher mittels *Pseudo/CoRe* implementierbaren Platzierungen dunkel markiert sind.

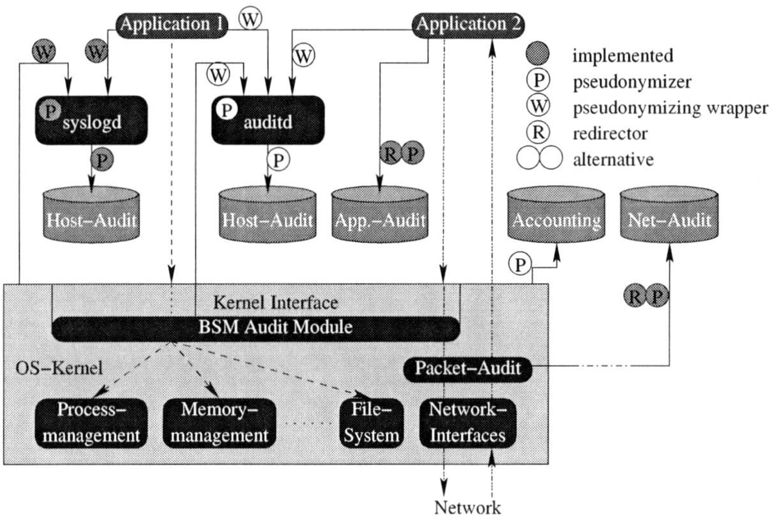

Abbildung 2: Pseudonymisierung von Solaris-Audit-Daten

Die einfachste Möglichkeit zur Einbettung des `pseudonymizers` besteht darin, eine Audit-Komponente in eine Pipe schreiben zu lassen, die der `pseudonymizer` liest (s. *P* nahe den Audit-Dateien *Host-Audit*, *App.-Audit* und *Net-Audit* in Abb. 2). Diese Vorgehensweise bietet sich bei Applikationen an, die ihre Audit-Daten direkt in eine Datei schreiben, z.B. Web-Server (s. *P* nahe der Audit-Datei *App.-Audit* in Abb. 2). Selbstverständlich können auch bereits archivierte Audit-Daten nachträglich pseudonymisiert werden. Sollen alle Audit-Daten über *Syslog* konsolidiert werden, läßt man den `redirector` aus der Pipe lesen, in welche die Audit-Komponente schreibt (s. *R* nahe den Audit-Dateien *App.-Audit* und *Net-Audit* in Abb. 2). Der `redirector` deponiert die Audit-Daten mittels des *Syslog*-API.

Für die Integration von *Pseudo/CoRe* mit *Syslog* werden drei Möglichkeiten unterstützt. Erstens ist es möglich, den `syslogd` in eine Pipe schreiben zu lassen, die der `pseudonymizer` liest (s. *P* nahe der Audit-Datei *Host-Audit* in Abb. 2). Die pseudonymisierten Audit-Daten können anschließend mittels `rlogger` an einen `syslogd` auf einem anderen Rechner geleitet werden (s. Abb. 3c, der `rlogger` ist aus Platzgründen nicht explizit dargestellt). Da der `pseudonymizer` bei dieser Architektur nicht die Priorität der *Syslog*-Datensätze ermitteln kann, wird vom `rlogger` bei der Weiterleitung eine konfigurierbare Priorität festgelegt. Um die Audit-Datensätze vom empfangenden `syslogd` nach Prioritäten zu differenzieren, würden entsprechend viele Instanzen von Pipes, `pseudonymizer` und `rlogger` benötigt. Ein weiterer Nachteil dieser Einbettung ist, daß der `syslogd` ggf. identische aufeinander folgende Audit-Datensätze zusammenfaßt und der `pseudonymizer` darauf nicht adäquat reagieren kann. Es ist daher sinnvoll, den `pseudonymizer` so im Audit-Datenstrom einzubinden, daß er Zugriff auf die Priorität jedes Audit-Datensatzes hat.

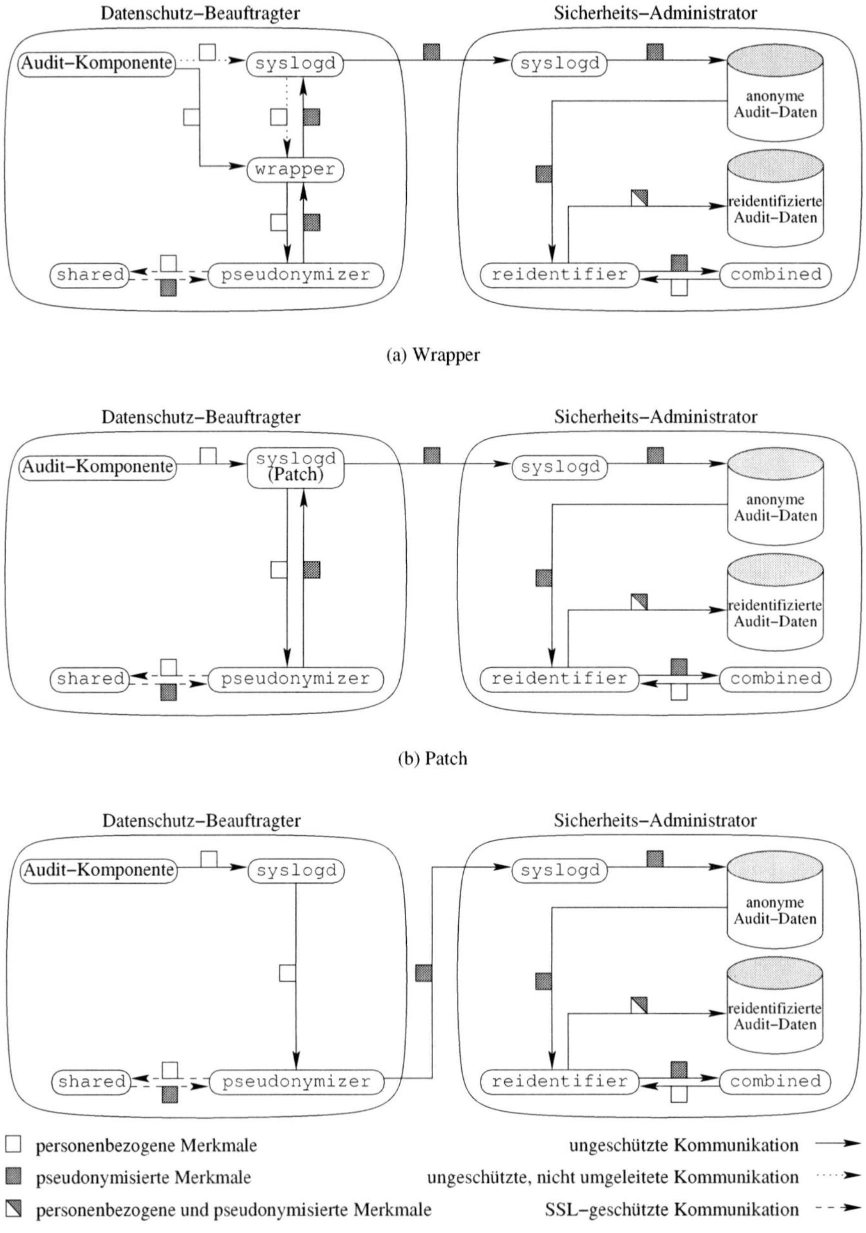

(a) Wrapper

(b) Patch

(c) Pipes

Abbildung 3: *Pseudo/CoRe*-Architekturen für die Integration mit *Syslog*

Zweitens kann der `pseudonymizer` direkt vom `syslogd` genutzt werden, wie in Abb. 3b dargestellt (vgl. *P* im `syslogd` in Abb. 2). Der vorhandene `syslogd` kann mittels eines Patches entsprechend angepaßt werden. Liegt der Source-Code nicht vor, kann `syslogd` durch eine angepaßte Version ersetzt werden. Nachteile dieses Ansatzes sind die Verfügbarkeit des Source-Codes bzw. einer angepaßten Version, welche dieselben Features hat, wie der vorhandene `syslogd` (z.B. bei Solaris).

Drittens und letztens kann der `wrapper` genutzt werden, um Audit-Datensätze dem `pseudonymizer` zuzuführen, bevor sie den `syslogd` erreichen (s. *W* oberhalb vom `syslogd` in Abb. 2). Lokal erzeugte Audit-Daten liest der `wrapper` von `/dev/log`. Audit-Daten von den `syslogds` anderer Rechner werden lokal per UDP-Port-Forwarding von UDP-Port 514 so umgeleitet, daß sie vom `wrapper` empfangen werden. Audit-Daten, die der `wrapper` nicht abfangen kann, werden ihm vom entsprechend konfigurierten `syslogd` über eine Pipe zu Verfügung gestellt (s. gestrichelte Pfeile in Abb. 3a), z.B. OpenBSD-Kernel-Audit-Daten, die der OpenBSD-`syslogd` immer von `/dev/klog` liest. Der `wrapper` läßt die personenbeziehbaren Audit-Daten vom `pseudonymizer` pseudonymisieren und leitet die anonymen Audit-Daten an den `syslogd` weiter.

Die drei *Pseudo/CoRe*-Architekturen für *Syslog* in Abb. 3 sind so entworfen, daß sie die notwendigen Kontrollbeziehungen ermöglichen (vgl. Abschnitt 3.1) und personenbeziehbare Audit-Daten lokal vom `pseudonymizer` anonymisiert werden, bevor sie in einer Audit-Datei gespeichert werden. Die anonymen Audit-Daten werden zwecks Analyse aus dem Kontrollbereich des Datenschutz-Beauftragten heraus an eine zentrale Sammelstelle weitergeleitet, die sich im Kontrollbereich der Sicherheits-Administratoren befindet. Dort können die anonymen Audit-Daten außerhalb des Geltungsbereichs der Datenschutzgesetze analysiert werden. Dafür können die bisher verwendeten (Legacy-)Tools zum Einsatz kommen, da sich der `pseudonymizer` so konfigurieren läßt, daß er das Format und die Verkettbarkeit der Audit-Daten beibehält (s. Abschnitt 4). Enthält der von der Analyse gelieferte Alarm die Anhaltspunkte bzw. Audit-Datensätze auf denen er basiert, können diese mittels des `reidentifiers` aufgedeckt werden. Voraussetzung dafür ist, daß der Datenschutz-Beauftragte Aufdeckbarkeit vorgesehen hat und die entsprechenden Kontexte für diese Anhaltspunkte definiert hat. Der `reidentifier` könnte z.B. bei einem Alarm automatisch aufgerufen werden.

3.3 Funktionsweise von *Pseudo/CoRe*

Ein gemäß Abschnitt 3.2 in den Audit-Datenstrom eingebetteter `pseudonymizer` erhält sequentiell Audit-Datensätze. Jeden empfangenen Audit-Datensatz untersucht er daraufhin auf Merkmale, die er gemäß Konfiguration anonymisieren soll. Das hierfür notwendige Parsing verwendet reguläre Suchausdrücke. Wurde ein zu anonymisierendes Merkmal gefunden, ersetzt der `pseudonymizer` es durch ein Pseudonym. Gemäß Konfiguration wird dabei das Format und die Verkettbarkeit des Pseudonyms berücksichtigt. Außerdem entscheidet der `pseudonymizer` gemäß Konfiguration, ob das Pseudonym des Merkmals aufdeckbar sein soll. Ist dies der Fall, bestimmt der `pseudonymizer` die Anfangsverdachts-Kontexte, in denen das

Pseudonym aufdeckbar sein soll und kontaktiert den `shared` mit der Anfrage, entsprechendes kryptographisches Material zu liefern.

Ein hinreichender Anfangsverdacht ist dabei definiert als ein Schwellenwert über gewichteten Anhaltspunkten für potentiell angriffsbezogene Aktivitäten. Überschreiten die Anhaltspunkte den Schwellenwert, so sollen die enthaltenen Pseudonyme aufdeckbar sein, sonst aber nicht. Grundlage für die technische Realisierung ist in unserem Ansatz das Shamir'sche Schwellenwert-Schema zur informationstheoretisch sicheren Geheimnisteilung [18]. Ein in einen Anhaltspunkt eingebettetes und zu pseudonymisierendes personenbeziehbares Merkmal wird zunächst verschlüsselt, um es zu verbergen. Dann wird das Shamir'sche Schema leicht modifiziert eingesetzt, um den kryptographischen Dechiffrier-Schlüssel des verschlüsselten personenbeziehbaren Anhaltspunkts-Merkmals kryptographisch in Anteile aufzuteilen. Jedes Vorkommnis des verschlüsselten personenbeziehbaren Merkmals, das einem bestimmten Anfangsverdacht-Kontext zugeordnet ist, erhält einen eigenen Anteil des Dechiffrier-Schlüssels. Die Verkettbarkeit der Schlüssel-Anteile besteht über ihr verschlüsseltes personenbeziehbares Merkmal. Überschreitet die Anzahl der vorliegenden Anteile den Schwellenwert des Anfangsverdachts, so kann der Dechiffrier-Schlüssel per Lagrange-Interpolation zurückgewonnen und das personenbezogene Merkmal entschlüsselt werden [3].

Der `shared` kapselt die kryptographischen Primitiven, die für die geordnete Aufdeckbarkeit der Pseudonyme notwendig sind. Dabei kommt für die symmetrische Chiffrierung mit Blowfish und für das Hashen mit SHA1 die OpenSSL Crypto Library [19] zum Einsatz. Die Geheimnisteilung ist mit Hilfe der GNU Multiple Precision Arithmetic library (GMP) [20] und der Number Theory Library (NTL) implementiert [21]. Da personenbeziehbare Daten zwischen `pseudonymizer` und `shared` ausgetauscht werden, wird die Kommunikation mittels der OpenSSL SSL/TLS library [22] geschützt, wenn der `shared` nicht lokal angesprochen wird. Das vom `shared` gelieferte kryptographische Material fügt der `pseudonymizer` als separate und entsprechend gekennzeichnete Datensätze den Audit-Daten hinzu. Soll die geordnete Aufdeckbarkeit anonymer Audit-Daten nachträglich vollständig unterbunden werden, können die Datensätze mit dem kryptographischen Material durch Filtern entfernt werden.

Der `reidentifier` dient der Reidentifizierung der anonymen Audit-Datensätze, die er als Eingabe erhält. Er deckt alle Pseudonyme auf, die einen vor der Pseudonymisierung definierten hinreichenden Anfangsverdacht erfüllen. Er kann also entweder eine komplette Audit-Datei soweit möglich aufdecken, oder auch nur die mit einem Alarm gelieferten Datensätze bzw. Anhaltspunkte. Dafür lokalisiert der `reidentifier` das zu jedem aufzudeckenden Pseudonym gehörige kryptographische Material und ordnet es gemäß Konfiguration den entsprechenden Anfangsverdachts-Kontexten zu. Ist ein Anfangsverdacht eines Pseudonyms erfüllt, d.h. der zugehörige im voraus definierte Schwellenwert ist überschritten, kann das Pseudonym aufgedeckt werden. Zu diesem Zweck kontaktiert der `reidentifier` den `combined` und übermittelt ihm das in diesem Anfangsverdachts-Kontext zum Pseudonym gehörige kryptographische Material.

Der `combined` kapselt die kryptographischen Primitiven, die für die geordnete Aufdeckung der Pseudonyme notwendig sind. Für die symmetrische Dechiffrierung mit Blowfish und das Hashen mit SHA1 wird die OpenSSL Crypto Library [19] verwendet und die Lagrange-

Interpolation ist mit Hilfe der GMP [20] implementiert. Personenbeziehbare Daten werden zwischen `reidentifier` und `combined` ungeschützt ausgetauscht, da der Sicherheits-Administrator sie gemäß der vereinbarten Anfangsverdachte kennen darf.

4 Anwendung von *Pseudo/CoRe*

Nachdem *Pseudo/CoRe* gemäß Abschnitt 3.2 und unter Wahrung der in Abschnitt 3.1 definierten Kontrollbeziehungen in das System eingebettet wurde, kann dem `pseudonymizer` und dem `reidentifier` das Wissen über zu pseudonymisierende Merkmale und deren Aufdeckbarkeit als Konfiguration zur Verfügung gestellt werden.

Damit der `pseudonymizer` personenbeziehbare Merkmale durch Pseudonyme ersetzen kann, müssen die zu pseudonymisierenden Merkmale spezifiziert werden. Jede Audit-Komponente kann für jeden zu dokumentierenden Ereignis-Typ ein eigenes Format verwenden. Darum werden zunächst für jede Audit-Komponente (s. `FACILITY` in Abb. 4) die verschiedenen von ihr erzeugten Ereignis-Typen mittels regulärer Suchausdrücke definiert (s. `EVENT` in Abb. 4). Jeder Ereignis-Typ kann mehrere zu pseudonymisierende Merkmale enthalten, wobei jedes Merkmal von einem linken und einem rechten Merkmals-Kontext umgeben ist. Die Merkmals-Kontexte werden ebenfalls mittels regulärer Suchausdrücke spezifiziert (s. `LEFT` und `RIGHT` in Abb. 4).

Zur Laufzeit identifiziert der `pseudonymizer` für einen gegebenen Audit-Datensatz zunächst die erzeugende Audit-Komponente sowie den Ereignistyp und erhält so die im Datensatz zu suchenden Merkmals-Kontexte. Nachdem der `pseudonymizer` mittels eines Merkmals-Kontext-Paares ein zu pseudonymisierendes Merkmal lokalisiert hat, kann er es durch ein Pseudonym ersetzen. Die analoge Vorgehensweise wendet der `reidentifier` an, um die aufzudeckenden Pseudonyme zu lokalisieren.

Für jedes zu ersetzende Merkmal kann das Pseudonym-Format festgelegt werden. Der Typ eines zu ersetzenden Merkmals bestimmt die Syntax des zugehörigen Pseudonyms (s. `TYPE` in Abb. 4). Unterschieden wird zwischen positiven ganzen Zahlen (`INT`), IP-Adressen (`IP`), (mehrstufigen) DNS-Namen (`DNS`) und einfachen Zeichenketten (s. `STRING` in Abb. 4). Für Adressentypen ist einstellbar, wieviele Stufen der Adresse pseudonymisiert werden sollen (`IP BITS`, `DNS LEVELS`). Werden Adressen nur partiell pseudonymisiert, können weiterhin grobe Informationen über ihren Ursprung gewonnen werden. Die Pseudonyme für ganze Zahlen oder Zeichenketten können entweder die Länge des ersetzten Merkmals beibehalten (s. `KEEPLEN` in Abb. 4) oder eine spezifizierte Länge erhalten (s. `LEN` in Abb. 4), um die Pseudonym-Verkettbarkeit aufgrund der Pseudonym-Länge zu unterbinden.

Des weiteren können die Pseudonyme verkettbar oder unverkettbar erzeugt werden (s. `LINK` und `UNLINK` in Abb. 4). Diese Verkettbarkeit bezieht sich lediglich auf die Pseudonyme, welche die personenbeziehbaren Merkmale in den Audit-Datensätzen ersetzen. Verkettbarkeit ist notwendig, wenn die Analyse der pseudonymisierten Audit-Datensätze es erfordert. Die faktische Verkettbarkeit dieser Pseudonyme hängt jedoch zusätzlich vom ggf. dazugehörigen kryptographischen Material ab (s. Abschnitt 4.1).

Schließlich kann spezifiziert werden, ob die Pseudonyme die Möglichkeit zur geordneten Aufdeckung besitzen (s. `RECOVER` und `NORECOVER` in Abb. 4) und welche Sorten(n) der Zweckbindung dabei gelten. Bei normalem Einsatz sind Pseudonyme ausschließlich unter technischer Zweckbindung aufdeckbar, also wenn sie im Kontext eines erfüllten Anfangsverdachts auftreten. Ein Anfangsverdacht wird definiert durch seinen Schwellenwert (s. `THRESHOLD` in Abb. 4) sowie die im selben Kontext auftretenden Anhaltspunkts-Merkmale (s. `CONTEXT` in Abb. 4). Mithin kann ein Merkmal verschiedenen Anfangsverdachts-Kontexten zugeordnet werden.

Der Einfluß, den das Auftreten eines gegebenen Anhaltspunkts-Merkmals in einem gegebenen Kontext hat, wird weiter danach spezifiziert, ob mehrmaliges Auftreten signifikant ist (s. `GROW` in Abb. 4), und mit welchem Gewicht das Auftreten den Anfangsverdacht verstärkt (s. `ADD` in Abb. 4). Ist jedes Auftreten eines spezifischen Anhaltspunkts-Merkmals in dem Anfangsverdachts-Kontext signifikant, sollte der Anfangsverdacht bei jedem Auftreten verstärkt werden (`GROW`). Ist lediglich relevant, ob das Merkmal mindestens einmal auftritt, sollte der Anfangsverdacht nur beim ersten Auftreten verstärkt werden (`ONCE`). Durch eine verschiedene Gewichtung kann der Einfluß verschiedener Anhaltspunkte eines Anfangsverdachts-Kontextes differenziert werden. Aktivitäten, die einen aufgetretenen Anhaltspunkt im Sinne eines Anfangsverdachts entkräften, werden entsprechend negativ gewichtet (`DEL`) (s. Abschnitt 4.1).

Stellt sich im nachhinein heraus, daß die anonymen Audit-Daten Anhaltspunkte für einen nicht im voraus spezifizierten Anfangsverdacht enthalten, sind die Pseudonyme aufgrund der technischen Zweckbindung dennoch nicht aufdeckbar. Da die Audit-Daten bereits den `pseudonymizer` und damit den Kontrollbereich des Datenschutz-Beauftragten verlassen haben, ist es nicht praktikabel, nach dem Hinzufügen des neuen Anfangsverdachts zur Konfiguration, die Pseudonyme entsprechend anzupassen. Einen Ausweg bietet in dieser Situation die von *Pseudo/CoRe* optional zusätzlich unterstützte organisatorische Zweckbindung (`ESCROW`). Die Anhaltspunkts-Merkmale können dann nur vom Datenschutz-Beauftragten gemeinsam mit dem Sicherheits-Administrator aufgedeckt werden. Da der Datenschutz-Beauftragte vor der Aufdeckung manuell prüft, ob tatsächlich ein Anfangsverdacht vorliegt, führt dieses Verfahren zu Verzögerungen und ist deswegen nur für den Ausnahmefall vorzusehen.

4.1 Anwendungsbeispiel

Die Wirkungsweise der in Abschnitt 4 vorgestellten Möglichkeiten werden im folgenden an einem einfachen Beispiel gezeigt. Die Darstellung orientiert sich an den in Abb. 5 dargestellten Audit-Daten, die Anhaltspunkte für das Raten des Paßwortes für das Nutzerkonto `sven` enthalten (s. Abb. 5 Zeilen 4-6).

Die Namen der Nutzerkonten, und je nach Infrastruktur auch die Terminalbezeichner, stellen personenbezogene bzw. personenbeziehbare Merkmale dar und sollen im Interesse der Nutzer-Anonymität durch Pseudonyme ersetzt werden. In Abb. 4 spezifizieren die Zeilen 2 und 6 die zu anonymisierenden Anhaltspunkte (`FACILITY` und `EVENT`). Die Merkmals-Kontexte zum Auffinden der Namen der Nutzerkonten sind in den Zeilen 4 und 7, die Merkmals-Kontexte zum Auffinden der Terminalbezeichner in Zeile 3 definiert (`LEFT` und `RIGHT`).

Die Sicherheits-Administratoren möchten allerdings erfahren, welche Nutzerkonten das Ziel von Paßwort-Rate-Angriffen sind. Die Terminalbezeichner möchten die Sicherheits-Administratoren generell nicht erfahren; es reicht ihnen zu wissen, ob Paßwort-Rate-Versuche vom selben Terminal stammen.

```
CONTEXT pwlogin THRESHOLD 3

FACILITY login EVENT 'FAILED LOGIN on'
  LEFT 'on .', RIGHT '' '  TYPE STRING KEEPLEN LINK NORECOVER
  LEFT 'FOR .', RIGHT '., ' TYPE STRING LEN 8 UNLINK RECOVER
    CONTEXT pwlogin GROW DEL 0 ADD 1

FACILITY PAM_unix EVENT 'login. session opened for user'
  LEFT 'opened for user ', RIGHT ' by LOGIN' TYPE STRING LEN 8 UNLINK RECOVER
    CONTEXT pwlogin GROW DEL 2 ADD 0
```

Abbildung 4: Beispiel – Konfiguration zum Pseudonymisieren der Audit-Daten in Abb. 5

```
1: Jan 13 17:59:46 oin login[341]: FAILED LOGIN on 'tty1' FOR 'sven', Authentication failure
2: Jan 13 17:59:56 oin login[341]: FAILED LOGIN on 'tty1' FOR 'sven', Authentication failure
3: Jan 13 18:00:23 oin PAM_unix[3453]: (login) session opened for user sven by LOGIN(uid=0)
4: Jan 13 19:29:26 oin login[341]: FAILED LOGIN on 'tty2' FOR 'sven', Authentication failure
5: Jan 13 19:29:41 oin login[341]: FAILED LOGIN on 'tty2' FOR 'sven', Authentication failure
6: Jan 13 19:29:58 oin login[341]: FAILED LOGIN on 'tty2' FOR 'sven', Authentication failure
```

Abbildung 5: Beispiel – Login-Audit-Daten, die Paßwort-Rateversuche enthalten

```
1 : Jan  6 12:04:33 oin login[341]: FAILED LOGIN on 'ucSj' FOR 'xVXZrQPu', Authentication failure
2 : Jan 10 16:47:21 oin login[341]: FAILED LOGIN on 'ucSj' FOR 'jFFPmkew', Authentication failure
3 : Jan 12 10:18:42 oin PAM_unix[3453]: (login) session opened for user QWhheUZx by LOGIN(uid=0)
4 : Jan 13 17:59:46 oin login[341]: FAILED LOGIN on 'PIHq' FOR 'JfhuOOEl', Authentication failure
5 : Jan 13 17:59:46 oin login[341]: FAILED LOGIN on 'PIHq' FOR 'OuGwq8VI', Authentication failure
6 : Jan 13 17:59:46 oin login[341]: FAILED LOGIN on 'PIHq' FOR '5IkXjc2N', Authentication failure
```

Abbildung 6: Beispiel – Audit-Daten aus Abb. 5 nach der Pseudonymisierung, ohne kryptographisches Material

```
1: Jan  6 12:04:33 oin login[341]: FAILED LOGIN on 'ucSj' FOR 'xVXZrQPu', Authentication failure
2: Jan 10 16:47:21 oin login[341]: FAILED LOGIN on 'ucSj' FOR 'jFFPmkew', Authentication failure
3: Jan 12 10:18:42 oin PAM_unix[3453]: (login) session opened for user QWhheUZx by LOGIN(uid=0)
4: Jan 13 17:59:46 oin login[341]: FAILED LOGIN on 'PIHq' FOR 'sven', Authentication failure
5: Jan 13 17:59:46 oin login[341]: FAILED LOGIN on 'PIHq' FOR 'sven', Authentication failure
6: Jan 13 17:59:46 oin login[341]: FAILED LOGIN on 'PIHq' FOR 'sven', Authentication failure
```

Abbildung 7: Beispiel – pseudonymisierte Login-Audit-Daten aus Abb. 6 mit aufgedeckten Merkmalen, ohne kryptographisches Material

```
1a: Jan  6 12:04:33 oin pseudonymizer: ref=1042626924 nym=xVXZrQPu context=pwlogin label=y6kvQDk recovery=!Hs56MmEPUDProZvZU4RwQ:1:LjLe!d!o_WFGuHNo!dhtv1rgZ6E:PHgJMw
1b: Jan  6 12:04:33 oin pseudonymizer: ref=1042626924 nymevent=D5gs5E84JCc8bjwfeplyLLLAqY8 origevent=VLQR1Psr7UQDbqg!tJycSuZ6sWY
1 : Jan  6 12:04:33 oin login[341]: FAILED LOGIN on 'ucSj' FOR 'xVXZrQPu', Authentication failure
2a: Jan 10 16:47:21 oin pseudonymizer: ref=1042626925 nym=jFFPmkew context=pwlogin label=y6kvQDk recovery=hrRf0rezyR1sWWsaD6tR0Q:2:k6P3jV1UFrR!PLDedGx3LM3FpxY:QMwJnQ
2b: Jan 10 16:47:21 oin pseudonymizer: ref=1042626925 nymevent=h0HmHpJXbRdKFi4aGkFXknccUA8 origevent=R8YTusxf4COQTcKJvzmrFvhvlIE
2 : Jan 10 16:47:21 oin login[341]: FAILED LOGIN on 'ucSj' FOR 'jFFPmkew', Authentication failure
3a: Jan 12 10:18:42 oin pseudonymizer: ref=1042626926 nym=QWhheUZx context=pwlogin label=520eQ8w
3b: Jan 12 10:18:42 oin pseudonymizer: ref=1042626926 nymevent=bHtEPRU4py4Y48mgzbZW9jiQA6o origevent=ztglyDxKU7he8INQ24T9ecYHLYY
3 : Jan 12 10:18:42 oin PAM_unix[3453]: (login) session opened for user QWhheUZx by LOGIN(uid=0)
4a: Jan 13 17:59:46 oin pseudonymizer: ref=1042626927 nym=JfhuOOEl context=pwlogin label=hYfrwpY recovery=asiCqeHX!H5W6zACSiLprA:1:xAzRgyLtXQ0MrLy9HoWOMB4phIo:IqBbhw
4b: Jan 13 17:59:46 oin pseudonymizer: ref=1042626927 nymevent=UUf5WRnr51fJJwaIymbVEYidchY origevent=MaWvln21zDAZFgUj0_OijL3si4Y
4 : Jan 13 17:59:46 oin login[341]: FAILED LOGIN on 'PIHq' FOR 'JfhuOOEl', Authentication failure
5a: Jan 13 17:59:46 oin pseudonymizer: ref=1042626928 nym=OuGwq8VI context=pwlogin label=hYfrwpY recovery=7pTaXNS!2RJCLSdrVsHp7g:2:VVJ0_i5750l_LM2tH9njB773jy8:0_PlYA
5b: Jan 13 17:59:46 oin pseudonymizer: ref=1042626928 nymevent=jl1Qi4fF8yX0qDJTOv7yJz!pNTE origevent=MaWvln21zDAZFgUj0_OijL3si4Y
5 : Jan 13 17:59:46 oin login[341]: FAILED LOGIN on 'PIHq' FOR 'OuGwq8VI', Authentication failure
6a: Jan 13 17:59:46 oin pseudonymizer: ref=1042626929 nym=5IkXjc2N context=pwlogin label=hYfrwpY recovery=!GXVBLMKuZ1Gjzv!zHNpRw:3:pZjE6UaLxrolJYq5KwrYB!OZRXg:_wOGTA
6b: Jan 13 17:59:46 oin pseudonymizer: ref=1042626929 nymevent=9BOb8mtLUCL9bM1fI9SmGR1kdGg origevent=MaWvln21zDAZFgUj0_OijL3si4Y
6 : Jan 13 17:59:46 oin login[341]: FAILED LOGIN on 'PIHq' FOR '5IkXjc2N', Authentication failure
```

Abbildung 8: Beispiel – pseudonymisierte Audit-Daten aus Abb. 6, mit kryptographischem Material

```
1a: Jan  6 12:04:33 oin pseudonymizer: ref=1042626924 nym=xVXZrQPu context=pwlogin label=y6kvQDk recovery=!Hs56MmEPUDProZvZU4RwQ:1:LjLe!d!o_WFGuHNo!dhtv1rgZ6E:PHgJMw
1b: Jan  6 12:04:33 oin pseudonymizer: ref=1042626924 nymevent=D5gs5E84JCc8bjwfeplyLLLAqY8 origevent=VLQR1Psr7UQDbqg!tJycSuZ6sWY
1 : Jan  6 12:04:33 oin login[341]: FAILED LOGIN on 'ucSj' FOR 'xVXZrQPu', Authentication failure
2a: Jan 10 16:47:21 oin pseudonymizer: ref=1042626925 nym=jFFPmkew context=pwlogin label=y6kvQDk recovery=hrRf0rezyR1sWWsaD6tR0Q:2:k6P3jV1UFrR!PLDedGx3LM3FpxY:QMwJnQ
2b: Jan 10 16:47:21 oin pseudonymizer: ref=1042626925 nymevent=h0HmHpJXbRdKFi4aGkFXknccUA8 origevent=R8YTusxf4COQTcKJvzmrFvhvlIE
2 : Jan 10 16:47:21 oin login[341]: FAILED LOGIN on 'ucSj' FOR 'jFFPmkew', Authentication failure
3a: Jan 12 10:18:42 oin pseudonymizer: ref=1042626926 nym=QWhheUZx context=pwlogin label=520eQ8w
3b: Jan 12 10:18:42 oin pseudonymizer: ref=1042626926 nymevent=bHtEPRU4py4Y48mgzbZW9jiQA6o origevent=ztglyDxKU7he8INQ24T9ecYHLYY
3 : Jan 12 10:18:42 oin PAM_unix[3453]: (login) session opened for user QWhheUZx by LOGIN(uid=0)
4b: Jan 13 17:59:46 oin pseudonymizer: ref=1042626927 nymevent=UUf5WRnr51fJJwaIymbVEYidchY origevent=MaWvln21zDAZFgUj0_OijL3si4Y
4 : Jan 13 17:59:46 oin login[341]: FAILED LOGIN on 'PIHq' FOR 'sven', Authentication failure
5b: Jan 13 17:59:46 oin pseudonymizer: ref=1042626928 nymevent=jl1Qi4fF8yX0qDJTOv7yJz!pNTE origevent=MaWvln21zDAZFgUj0_OijL3si4Y
5 : Jan 13 17:59:46 oin login[341]: FAILED LOGIN on 'PIHq' FOR 'sven', Authentication failure
6b: Jan 13 17:59:46 oin pseudonymizer: ref=1042626929 nymevent=9BOb8mtLUCL9bM1fI9SmGR1kdGg origevent=MaWvln21zDAZFgUj0_OijL3si4Y
6 : Jan 13 17:59:46 oin login[341]: FAILED LOGIN on 'PIHq' FOR 'sven', Authentication failure
```

Abbildung 9: Beispiel – reidentifizierte Audit-Daten aus Abb. 7, mit kryptographischem Material

Der Anfangsverdacht für einen Paßwort-Rate-Angriff `pwbrute` sei hier als das dreimalige Auftreten des Anhaltspunkts "Anmeldeversuch fehlgeschlagen". Der Anhaltspunkt "Anmeldeversuch erfolgreich" soll den Anfangsverdacht `pwbrute` entkräften, sofern weniger als drei fehlgeschlagene Anmeldeversuche vorangingen.

Dementsprechend sollen die Terminalbezeichner (s. Abb. 4, Zeile 3) durch ebenso lange (`STRING KEEPLEN`) und verkettbare (`LINK`) Pseudonyme ersetzt werden, die sich nicht geordnet aufdecken lassen (`NORECOVER`). Da die Pseudonyme nicht aufdeckbar sein sollen, haben sie keinen Einfluß auf den Anfangsverdacht.

Die Namen der Nutzerkonten (s. Abb. 4, Zeile 4) in den Anhaltspunkten "Anmeldeversuch fehlgeschlagen" sollen immer durch aufdeckbare (`RECOVER`) Pseudonyme der Länge 8 (`STRING LEN 8`) ersetzt werden, damit die Pseudonymlänge nicht bereits Rückschlüsse auf den Namen des Nutzerkontos zuläßt. Die Pseudonyme seien unverkettbar (`UNLINK`), damit aufgedeckte Pseudonyme keine Rückschlüsse auf Anmeldevorgänge zulassen, die nicht im Zusammenhang mit einem Paßwort-Rate-Angriff stehen. Das Anhaltspunkts-Merkmal wird dem Anfangsverdachts-Kontext `pwbrute` zugeordnet (s. `CONTEXT` in Abb. 4, Zeile 5). Dabei ist jedes Auftreten des Anhaltspunkts-Merkmals signifikant (`GROW`) und verstärkt den Anfangsverdacht mit dem Gewicht eins (`ADD`). Der Schwellenwert, der zum Anfangsverdachts-Kontext `pwbrute` gehört, sei drei (s. `THRESHOLD` in Abb. 4, Zeile 1). Dementsprechend wird der Anfangsverdacht erfüllt und die Pseudonyme der Anhaltspunkts-Merkmale sind aufdeckbar, wenn der Anhaltspunkt "Anmeldeversuch fehlgeschlagen" dreimal in Folge auftritt. Analog ist der Einfluß des Merkmals Nutzerkonto-Name beim Anhaltspunkt "Anmeldeversuch erfolgreich" entgegengesetzt. Jedes Auftreten dieses Anhaltspunkts-Merkmals soll den Anfangsverdacht mit dem Gewicht zwei abschwächen (s. `DEL` in Abb. 4, Zeile 8).

Das Resultat der Pseudonymisierung der Beispiel-Audit-Daten in Abb. 5 ist in Abb. 6 dargestellt. Während Abb. 6 nur die pseudonymisierten Audit-Daten zeigt, ist das zugehörige vom `pseudonymizer` erzeugte kryptographische Material in Abb. 8 zu sehen. Mit Hilfe des kryptographischen Materials ist der `reidentifier` in der Lage, die Pseudonyme der Anhaltspunkte aufzudecken, die den Anfangsverdacht `pwbrute` erfüllen (s. Abb. 7, Zeilen 4-6). Das kryptographische Material aufgedeckter Pseudonyme entfernt der `reidentifier` automatisch (vgl. Abb. 8 und Abb. 9, Zeilen 4a, 5a und 6a).

Anhand des kryptographischen Materials wird deutlich, daß die Pseudonyme der Nutzerkonten-Namen faktisch nicht unverkettbar sind, wie es zunächst bei alleiniger Betrachtung der pseudonymisierten Audit-Daten in Abb. 6 scheint. Vielmehr sind jene Pseudonyme vermöge des `label`-Werts `hYfrwpY` im kryptographischen Material verkettbar, welche zum erfüllten Anfangsverdacht gehören (s. Abb. 8, Zeilen 4a, 5a und 6a). Sie sind allerdings nicht mit den unaufgedeckten Pseudonymen verkettbar (s. Abb. 8, Zeilen 1a, 2a und 3a).

Tabelle 1: Maximales Audit-Datenvolumen

	Anzahl Audit-Datensätze pro Stunde	pro Sekunde
Web-Server	33506	9.31
Syslog	4956	1.38
$\sum$	38462	10.68

Tabelle 2: Performanz der Geheimnisteilung

Schwellen-wert	Initialisie-rungen/s	Anteile/s	Interpola-tionen/s
≤ 10	> 1080	> 33280	> 7460
≤ 100	> 140	> 1620	> 620
≤ 1000	> 15	> 90	> 60

5 Laufzeitverhalten

Der Pseudonymisierer läuft ununterbrochen im System mit und verarbeitet die Audit-Daten sofort nach ihrer Erhebung. Dabei ist es wichtig, daß er hinreichend schnell arbeitet und ein Daten-Rückstau lediglich temporärer Natur ist. Der Reidentifizierer hingegen muß keine so strengen Laufzeitanforderungen erfüllen, da er nur vereinzelt und gezielt zum Einsatz kommt.

Um ein realistisches Maß für übliche Audit-Datenvolumina zu erhalten, wurden die *Syslog*- und Web-Server-Audit-Daten eines zentralen Servers am Zentrum für Kommunikation und Informationsverarbeitung der Universität Dortmund ausgewertet. Die betrachtete Solaris SUN Ultra Enterprise 4000 Maschine verfügt über sechs Ultra SPARC 168MHz CPUs, 3GB RAM und drei Platten-Arrays mit insgesamt 396GB sowie eine 100Mbps Netzwerkkarte. Während der Arbeitszeit sind von den 1050 registrierten Nutzern durchschnittlich 25 Nutzer simultan auf der Maschine tätig. Die Maschine trägt 37 weltweit erreichbare Web-Server, einen FTP-Server mit monatlich 112000 Transfers und einem Transfervolumen von 12GB, sowie Email-Dienste im Umfang von monatlich 45000 Emails. Die beobachteten maximalen stündlichen Audit-Datenaufkommen sind in Tabelle 1 dargestellt [5].

Laufzeitmessungen des Pseudonymisierers wurden bei einer Schlüssel- und Zahlenlänge von 128 Bit auf einem OpenBSD-Rechner mit einer Pentium III 650MHz CPU mit 256MB RAM und einer 100Mbps Netzwerkkarte durchgeführt. Die Mikrobenchmarks der Kryptoprimitive zeigen, daß diese mehr als hinreichend schnell sind. Die Meßergebnisse sind in Tabelle 2 zu finden. Umfangreiche Makrobenchmarks des Pseudonymisierers zeigen eine Verarbeitungsgeschwindigkeit zwischen 1060 und 70 Audit-Datensätzen pro Sekunde. Die Verarbeitungsgeschwindigkeit ist von verschiedenen Parametern abhängig, z.B. der Anzahl der zu pseudonymisierenden Personenbezüge je Datensatz. Es wird jedoch deutlich, daß selbst für ungünstige Parameterwerte der Durchsatz des Pseudonymisierers deutlich über den maximalen anfallenden Audit-Datenvolumina liegt [5].

6 Danksagung

Besonderer Dank gebührt Sven Bursch, Kai Grundmann und Dennis Real für ihr Engagement bei der Implementierung von *Pseudo/CoRe*.

Literaturverzeichnis

[1] Joachim Biskup and Ulrich Flegel. On pseudonymization of audit data for intrusion detection. In Hannes Federrath, editor, *Proceedings of the international Workshop on Design Issues in Anonymity and Unobservability*, number 2009 in LNCS, pages 161–180, Berkeley, California, July 2000. ICSI, Springer.

[2] Joachim Biskup and Ulrich Flegel. Transaction-based pseudonyms in audit data for privacy respecting intrusion detection. In Hervé Debar, Ludovic Mé, and S. Felix Wu, editors, *Proceedings of the Third International Symposium on Recent Advances in Intrusion Detection (RAID 2000)*, number 1907 in LNCS, pages 28–48, Toulouse, France, October 2000. Springer.

[3] Joachim Biskup and Ulrich Flegel. Threshold-based identity recovery for privacy enhanced applications. In Sushil Jajodia and Pierangela Samarati, editors, *Proceedings of the 7th ACM Conference on Computer and Communications Security*, pages 71–79, Athens, Greece, November 2000. ACM SIGSAC, ACM Press.

[4] Joachim Biskup and Ulrich Flegel. Ausgleich von Datenschutz und Überwachung mit technischer Zweckbindung am Beispiel eines Pseudonymisierers (in German). In Sigrid Schubert, Bernd Reusch, and Norbert Jesse, editors, *Informatik bewegt, Proceedings of the 32nd Annual GI Conference on Informatik (Informatik 2002) (in German)*, number P-19 in Lecture Notes in Informatics, pages 488–494, Dortmund, Germany, October 2002. Gesellschaft für Informatik e.V.(GI), Köllen Verlag.

[5] Ulrich Flegel. Pseudonymizing Unix log files. Technical report, Dept. of Computer Science, Chair VI Information Systems and Security, University of Dortmund, D-44221 Dortmund, May 2002. `http://ls6-www.cs.uni-dortmund.de/issi/archive/literature/2002/Flegel:2002a.ps.gz`.

[6] Ulrich Flegel. Anonyme Audit-Daten im Überblick (in German). *Datenschutz und Datensicherheit*, 27(3), 2003. to appear.

[7] Alexander Roßnagel and Philip Scholz. Datenschutz durch Anonymität und Pseudonymität (in German). *Zeitschrift für Informations-, Telekommunikations- und Medienrecht (MMR)*, 2000(12):721–732, 2000.

[8] Stefan Jaeger. Verbotene Protokolle (in German). *Zeitschrift für Kommunikations- und EDV-Sicherheit (KES)*, 2000(5):6–12, 2000.

[9] Michael Sobirey. *Datenschutzorientiertes Intrusion Detection (in German)*. DuD-Fachbeiträge. Vieweg, 1999.

[10] Herbert Fiedler. Der Staat im Cyberspace (in German). *Informatik Spektrum*, 24(5):309–314, 2001.

[11] Alexander Roßnagel. Freiheit im Cyberspace (in German). *Informatik Spektrum*, 25(1):33–38, 2002.

[12] Herbert Fiedler. Cyber-libertär (in German). *Informatik Spektrum*, 25(3):215–219, 2002.

[13] Claudia Eckert and Alexander Pircher. Internet anonymity: Problems and solutions. In Michel Dupuy and Pierre Paradinas, editors, *Proceedings of the IFIP TC11 16th International Conference on Information Security (IFIP/Sec'01)*, pages 35–50, Paris, France, June 2001. IFIP, Kluwer Academic Publishers.

[14] Emilie Lundin and Erland Jonsson. Anomaly-based intrusion detection: privacy concerns and other problems. *Computer Networks*, 34(4):623–640, October 2000.

[15] webwasher.com AG. Den Überblick behalten, Reporting mit WebWasherEE. `http://www.webwasher.com/product_pdf/deutsch/Produktblatt_Reporting.pdf`, January 2003.

[16] Simone Fischer-Hübner. *IDA (Intrusion Detection and Avoidance System): Ein einbruchsentdeckendes und einbruchsvermeidendes System (in German).* Reihe Informatik. Shaker, 1993.

[17] Michael Meier and Thomas Holz. Sicheres Schlüsselmanagement für verteilte Intrusion-Detection-Systeme (in German). In Patrick Horster, editor, *Systemsicherheit*, DuD-Fachbeiträge, pages 275–286, Bremen, Germany, March 2000. GI-2.5.3, ITG-6.2, ÖCG/ACS, TeleTrusT, Vieweg.

[18] A. Shamir. How to share a secret. *Communications of the ACM*, 22:612–613, 1979.

[19] *OpenSSL cryptographic library*, December 2001. `http://www.openssl.org/docs/crypto/crypto.html`.

[20] Torbjörn Granlund. *The GNU Multiple Precision Arithmetic Library*. GNU, 3.1.1 edition, September 2000. `http://www.gnu.org/manual/gmp/index.html`.

[21] Victor Shoup. NTL: A library for doing number theory. `http://www.shoup.net/ntl/`, 2003.

[22] *OpenSSL SSL/TLS library*, December 2001. `http://www.openssl.org/docs/ssl/ssl.html`.

VPN: auch ohne IPsec!

Tim Fickert, Gerd Richter und Rainer W. Gerling
Max-Planck-Gesellschaft
Hofgartenstraße 8
80539 München
gerling@mpg-gv.mpg.de

1 Einleitung

In diesem Beitrag geben wir einen Erfahrungsbericht für den Aufbau einer VPN-Infrastruktur für die Verwaltung der Max-Planck-Gesellschaft (MPG). Dabei spielten technische, organisatorische aber auch wirtschaftliche Faktoren eine Rolle. Beschrieben werden die zentralen Fragestellungen von den grundlegenden Sicherheitszielen über die Konzeptions- und Produktauswahlphase bis zur Umsetzung. Es werden einige der aufgetretenen Probleme sowie entsprechende Lösungsansätze aufgezeigt.

1.1 Vorgaben

Die MPG hat ca. 80 Institute und Einrichtungen, die alle mehr oder weniger direkt am Deutschen Forschungsnetz angeschlossen sind. Im Zusammenhang mit der Einführung von Standard-Anwendungen im Verwaltungsbereich (SAP R/3) ergab sich die Notwendigkeit des Aufbaus eines verschlüsselten VPNs um die sensiblen Daten vor unberechtigter Kenntnisnahme bei der Übertragung im öffentlichen Netz zu schützen.
Eine besondere Herausforderung dabei war die extreme Heterogenität der Netz-Infrastruktur. In den Instituten waren nicht nur Router unterschiedlicher Hersteller, sondern auch sehr unterschiedliche Firewalls (Cisco PIX, Firewall 1, IP-Tables usw.) installiert. Da etliche Max-Planck-Institute an den Netzwerk-Infrastrukturen des Campus, auf dem sie sich befinden, partizipieren, ist nicht einmal sichergestellt, dass ein Zugriff auf die Router- bzw. Firewall-Konfiguration besteht. Hinzu kommt, dass je nach örtlichen und wissenschaftlichen Anforderungen sehr unterschiedlich Konfigurationen in den unterschiedlichen Einrichtungen vorhanden sind. Hierdurch ergab sich von vorne herein, dass es unmöglich war, die konkrete Umgebung im Zusammenspiel mit dem VPN vorab auszutesten. Abbildung 1 zeigt eine idealisierte Darstellung der Netzstruktur eines Max-Planck-Institutes mit getrenntem Wissenschafts- und Verwaltungsnetz.
Zum Jahresbeginn 2003 wurde ein Personalverwaltungssystem auf Basis SAP R/3 HR in Betrieb genommen. Produktionsvorbereitende Tätigkeiten mit Personaldaten liefen bereits seit dem Sommer 2002. Dementsprechend war die Funktionsfähigkeit des VPN zum 1.7. herzustellen.
Um Performance-, Konfigurations- und Kompatibilitätsprobleme auszuschließen fiel die Entscheidung früh auf separate Verschlüsselungsboxen, die jeweils vor den zu schützenden Netzwerksegmenten eingebaut werden sollten. Auf die Installation von Verschlüsselungsklienten auf den Arbeitsplatzrechnern (derzeit Microsoft Windows NT 4) wurde verzichtet, da

bereits auf allen Arbeitsplatzrechnern das Echtzeit-Dateiverschlüsslungssystem Utimaco LanCrypt und ein On Access Virenscanner (Sophos) eingesetzt wird.
Da das VPN für alle Institute zentral gemanagt und überwacht werden sollte, wurde eine einfache zentrale Konfigurations- und Administrationsfunktion gefordert.
Nachdem eine erste Vorentscheidung aus Preis-/Leitungsgründen für die CryptoGuard VPN 3000 Boxen gefallen war, wurde eine Testinstallation in drei Einrichtungen im Raum München vorgenommen. Installation und Testbetrieb verliefen unproblematisch und ohne Ausfälle.

2 Die Lösung

2.1 Hardware Verschlüsselungboxen

Die Entscheidung fiel unter diesen Gesichtspunkten auf die CryptoGuard VPN 3000 Boxen der Fa. Compumatica secure networks GmbH [1]. (Ursprünglich von der KryptoKom GmbH entwickelt; zum Entscheidungszeitpunkt im Vertrieb der Utimaco Safeware AG). Abbildung 2 zeigt die Box im eingebauten Zustand.
Da diese Boxen auch im Informationsverbund Bonn-Berlin eingesetzt werden, sind sie vom Bundesamt für Sicherheit in der Informationstechnik sehr sorgfältig evaluiert worden (In der Version 2.2.20 E3/hoch zertifiziert [2]; die zertifizierte Version ist jedoch noch DOS-basiert.).
Die Kryptoboxen verwenden in der aktuellen Version als Betriebssystem ein gehärtetes FreeBSD mit dem Paketfilter Drawbridge [3]. Für den auch möglichen IPsec Betrieb wird der SSH IPSEC Express Toolkit [4] der Fa. SSH Communications Security eingesetzt.
Die verwendeten Schlüssel werden in einem Hardware-Sicherheitsmodul unauslesbar gespeichert. Dieses Modul wird auch zur Verschlüsselung verwendet. Im proprietären CGlan Modus wird ADES mit 112-Bit Schlüssellänge [5, 6] verwendet.
Ursprünglich wurde das Kryptoboard mit zwei CE Infosys SuperCrypt Chip [7, 8] realisiert. Dieser Chip erreicht seinen Verschlüsselungsdurchsatz von 20 MBytes/sec durch eine Teilparallelisierung. Die gerade und ungeraden Runden werden separat gerechnet. Die S-Boxen müssen vor Benutzung des Chips in den Chip geladen werden. Da die S-Boxen und die Teilschlüssel für die geraden und ungeraden Runden unabhängig sind, ist der Chip sehr flexibel. Darüber hinaus kann der Chip intern sechzehn 56-Bit oder acht 112-Bit DES-Schlüssel speichern. Da die S-Boxen per Software in den Chip geladen werden, können auch andere als die offiziellen DES S-Boxen [9] benutzt werden. Die für den Verschlusssachenbereich benutzten Kryptoboxen unterscheiden sich dann auch nur durch die S-Boxen von der zivilen Version. Jede Regierung setzt da scheinbar auf eigene S-Boxen. Ob diese S-Boxen kryptographisch stärker sind als die offiziellen, ist nicht bekannt, da diese S-Boxen geheim gehalten werden.
Mittlerweile wird zur Hardwarebeschleunigung das Compumatica CryptOn1 Board eingesetzt. Bezüglich Laden der S-Boxen und Handling der Schlüssel ist es identisch.
Die Schlüsselgenerierung geschieht auf der zentralen CryptoGuard Security Management (CGCM)[1]. Die Personalisierung der Boxen und das Laden der preshared Keys ist ausschließlich über ein serielles Kabel möglich. Hierzu muss die Box zur zentralen CGCM gebracht werden. Nach der Personalisierung kann die Box über das Netz administriert werden.
Beim Betriebsmodus fiel die Entscheidung gegen IPsec und für den CGlan Modus. Der Verschlüsselungsmodus wurde so konfiguriert, dass nur die Payload eines Datagramms ver-

1 Der alte Name Security Management Station (SMS) ist auch noch gebräuchlich.

schlüsselt wird. IP und TCP/UDP Header bleiben im Klartext. Damit war es nicht erforderlich Firewalls im Regelwerk anzupassen, da die Header nach wie vor sichtbar sind.

Die Kryptoboxen benötigen zwar eine IP-Adresse zur Administration; im Netzverkehr verhalten sie sich jedoch wie eine Bridge, so dass keine Umkonfiguration existierender Netzwerkkomponenten erforderlich war. IPsec Gateways dagegen benötigen eine eigene IP-Adresse und verlangen eine Umkonfiguration des Netzes. Die IPsec-Funktionalität wird allerdings zur Anbindung von kleinen Außenstellen mittels Software-Klienten benutzt.

Auch die Geschwindigkeit der Boxen spielt eine Rolle. Der proprietäre CGlan Modus ist deutlich schneller als der IPsec Modus. Der Hersteller gibt folgende Durchsatzraten an:

CG VPN	Unverschlüsselt:	31 Mbit/s bis 94 Mbit/s
	Verschlüsselt:	25 Mbit/s bis 99 Mbit/s
IPsec/IKE	Bypass:	12 Mbit/s bis 99 Mbit/s
	ESP (ohne Verschlüsselung):	8 Mbit/s bis 99 Mbit/s
	ESP (DES):	8 Mbit/s bis 50 Mbit/s
	ESP (3DES):	8 Mbit/s bis 26 Mbit/s
	ESP (IDEA):	8 Mbit/s bis 28 Mbit/s
	ESP (Blowfish 128):	8 Mbit/s bis 56 Mbit/s
	ESP (CAST 128):	8 Mbit/s bis 47 Mbit/s

2.2 Software Klienten

Für rund eine Handvoll kleinster Institute mit einem Verwaltungsarbeitsplatz soll keine Kryptobox, sondern eine Klientensoftware eingesetzt werden. Aus Gründen der Verfügbarkeit wird hier IPsec eingesetzt. Der SSH Sentinel Klient ist kompatibel zu den Boxen und wird von der CGCM unterstützt.

Vor dem zentralen Personalverwaltungssystem steht ein redundantes System aus zwei Box um eine automatische Failover-Lösung zu realisieren. Mit der aktuellen Firmware kann hier kein IPsec eingesetzt werden, da die Mechanismen zur Synchronisation der IPsec Security Associations noch nicht implementiert sind. Deshalb verwenden wir die Konfiguration in Abbildung 3. In einer Einrichtung wird Kryptobox so konfiguriert, dass sie einlaufende IPsec-Verbindungen akzeptiert und entschlüsselt. Der Rechner mit dem Software Klient baut seine SAP-Verbindungen nicht direkt auf, sondern über einen SAP-Router [10] (eine unglückliche Namensgebung für einen SAP-Proxy). Die Kryptobox entschlüsselt den eingehenden IPsec-Datenstrom zum SAP-Router und dieser baut die Verbindung zum eigentlichen Personalverwaltungssystem (SAP HR) auf. Dabei verschlüsselt die Kryptobox den auslaufenden Datenstrom neu mit dem CGLAN Modus. Im Grunde wird die Kombination aus Kryptobox und SAP-Router zum Umschlüsseln des Datenverkehrs benutzt.

2.3 Paketfilter

Da die Kryptoboxen auch als statische Paketfilter (ohne Statefull Inspection) benutzt werden können, wird diese Funktionalität benutzt, um das Verwaltungsnetz zusätzlich zu schützen. Ein Verbindungsaufbau in das Verwaltungsnetz wird nur für Berechtigte verschlüsselt zugelassen. Von außen zugängliche Server werden dort nicht betrieben. Damit können alle einlaufenden Verbindungen gesperrt werden.

Auslaufende Verbindungen werden im Rahmen der Erforderlichkeit freigeschaltet. Wichtiges Prinzip hierbei ist das alle Protokolle (pop3, imap, telnet, r-Befehle) gesperrt werden. Der zentrale Verwaltungsmailserver ist nur über pop3s (pop3 über SSL), imaps und https erreichbar.
Soweit E-Mail-Provider gesicherte Zugänge über pop3s anbieten, ist ein Zugriff realisierbar. Ziel der Einschränkungen ist nicht die Nutzung eines E-Mail Provider zu unterbinden, sondern die Übertragung von Klartextpassworten zu verhindern.

2.4 Das Konfigurationskonzept

Die Authentisierung der Boxen gegenüber der CGCM-Workstation [11] basiert auf preshared Keys. Diese Schlüssel werden auf der CGCM generiert und über eine serielle Verbindung auf die Kryptobox übertragen. Nach dieser Personalisierung ist ein Remote-Management über das Netz möglich.
Die Verwaltung des Netzes basiert auf Netzwerkobjekten die über definierte Verbindungen miteinander kommunizieren.
Zuerst werden die Netzwerkobjekte definiert. Dies können sowohl einzelne Rechner als auch Subnetze sein.
Danach werden Verbindungen definiert. Eine Verbindung ist ähnlich einem Satz von Paketfilterregeln. Hier wird im Detail definiert welche Kommunikation erlaubt ist. Hier bietet es sich zuerst einmal an, eine verschlüsselte Verbindung festzulegen. Für den Anfang kann hier festgelegt werden, dass verschlüsselt alle Protokolle erlaubt sind. Es wäre aber auch denkbar eine verschlüsseltes SAP-Kommunikations-Profile anzulegen. Dann wäre über diese Verbindung nur eine SAP-Sitzung möglich.
Auch für die unverschlüsselte Kommunikation wird festgelegt, welche Protokolle und Dienste über eine Verbindung laufen. Gibt es sehr viele unterschiedliche Kommunikationsarten müssen entsprechend viele Verbindungen definiert werden. Hierbei ist zu berücksichtigen, dass zwischen zwei Objekten nur jeweils eine Verbindung möglich ist (Abbildung 4).
Der letzte Konfigurationsschritt ist der Aufbau der Netzwerktopologie mit dem Topologie Editor (Abbildung 5). Hierbei wird in einem leicht zu bedienenden grafischen Editor festgelegt wie die Kryptoboxen und die Netzwerkobjekte angeordnet sind.
Ist dieser Schritt vollzogen können die Konfigurationsregeln für die Boxen generiert und verteilt werden. Dieser Schritt wird manuell angestoßen, funktioniert aber automatisch. Ist eine erste Konfiguration erfolgt wird bei Änderungen nur das Regelwerk der betroffenen Boxen geändert.

3 Der Rollout

Die Boxen sind im frisch personalisierten Modus so geschaltet, dass sie allen Datenverkehr unverschlüsselt durchlassen. Obwohl die Boxen mit einer IP-Adresse personalisiert werden, ist die IP-Adresse nur für das Management von der CGCM erforderlich. Die CGCM-Workstation baut eine Verbindung über Port 57/UDP zur Box auf und die Box baut Verbindungen zu Port 87/UDP der CGCM-Workstation auf.

Ansonsten verhalten sich die Boxen wie eine Bridge. Der Einbau geschieht durch einschleifen in das Netzwerkkabel vor dem Gateway des entsprechenden Netzwerksegmentes. Hierzu ist keine Änderung der Konfiguration der Rechner notwendig. Erst wenn ale Boxen eingebaut sind, werden zentral von der CGCM die Verschlüsselungs- und Paketfilterregeln eingeschaltet. Dadurch ist es möglich in aller Ruhe die Boxen zu installieren, ohne dass es zu Netzunterbrechungen (außer der Zeit für das Umstecken der Kabel) kommt.

Beim Rollout kam es zu diversen kleineren Problemen. Hierzu zählen neben vertauschten Kabeln (die beiden Netzwerkanschlüsse der Boxen, mit Plain und Cypher bezeichnet, sind nicht equivalent) auch fehlende Freischaltungen in den Firewalls für die Management-Verbindungen. Da die Firewalls der Max-Planck-Institute vor Ort verwaltet werden, war eine entsprechende Abstimmung erforderlich.

Aktuelle kleine HUBs/Switches für den SOHO-Bereich mit Autosensing für gekreuzte RJ-45-Kabel (Auto MDI/MDI-X) machten Probleme im Zusammenspiel mit dem Autosensing für 10/100 MBit der Boxen. Sie wurden in einigen Instituten eingesetzt als Konverter von der noch teilweise vorhandenen BNC-Verkabelung auf die RJ-45 Buchsen der Kryptoboxen. Ein Wechsel auf weniger „intelligente" HUBs/Switches löste das Problem.

4 Betriebsprobleme

Im Betrieb sind zwei Probleme hervorzuheben. Um die Header der Datagramme nicht ändern zu müssen, wird kein Padding vor dem Verschlüsseln durchgeführt. Wenn der letzte Datenblock weniger als acht Bytes beinhaltet, erfährt er eine Sonderbehandlung unter Verwendung des verschlüsselten vorhergehenden Blocks.

Hierzu wird der bereits verschlüsselte vorletzte Block ein weiteres Mal verschlüsselt, und diese Ergebnis mit dem Klartext des „unvollständigen" letzten Blocks geXORed. Besteht das gesamte Datagramm insgesamt nur aus maximal sieben Bytes Payload (d.h. es gibt keinen vorhergehenden Block) wird ersatzweise Information aus dem Header (insb. die Sequence-Nummer) verschlüsselt, um den Schlüssel für die XOR-Operation zu erhalten.

Im sog. NAT-Modus ändern Cisco PIX Firewalls als Sicherheitsfeature diese Sequence-Nummer, so dass so ein kleines Paket nicht mehr entschlüsselt werden kann. Im Mittel dauert es etwa zehn bis zwanzig Minuten bis eine Verbindung (z.B. eine SAP Sitzung) durch das Auftreten solcher kleiner Pakete abbricht.

Um nicht von der Konfiguration der Firewalls abhängig zu sein, wurde die Firmware (d.h. das Verschlüsselungsverfahren) geändert. Hierbei zeigte es sich das es im Alltagsbetrieb problemlos möglich ist, über das zentrale Management eine neue Firmware auch auf eine größere Anzahl von Boxen einzuspielen.

Ein weiteres (bis jetzt unverstandenes Problem) ist das Verschwinden von verschlüsselten DNS Paketen bei einigen Verbindungen. Es scheint sich dabei um ein Feature (oder Bug??) eines Routers zu handeln. Die Problemanalyse dauerte Mitte Januar 2003 noch an. Das Problem trat erstmalig nach dem Firmware-Update auf.

Als Fazit lässt sich festhalten, dass der Rollout der 80 Boxen erstaunlich unkompliziert war. Die Heterogenität der Netzstrukturen erschwerte allerdings ein vorbereitendes Testen. Die Boxen laufen ohne Störungen und performant.

5 Ausblick

Eine gewisse Einschränkung stellt das 10/100 MBit RJ45 Netzwerk Interface da. Bei Gigabit-Ethernet muss mit Protokollkonvertern eine Anpassung vorgenommen werden.

Im Falle einer lediglich logischen Trennung von Wissenschafts- und Verwaltungsnetz mittels VLANs ist es schwierig einen geeigneten Aufstellungspunkt „vor dem Verwaltungsnetzsegment" zu finden.

Außerdem bleibt zu hoffen, dass nach der wechselhaften Geschichte der Boxen die Zukunft in etwas ruhigerem Fahrwasser verläuft.

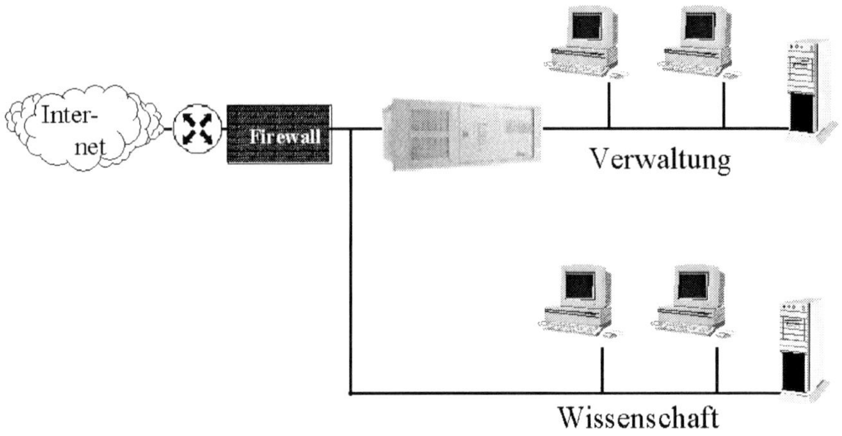

Abbildung 1: Schematische idealisierte Darstellung der Netzstruktur eines Max-Planck-Institutes. Das wissenschaftliche Netz und das Verwaltungsnetz sind physikalisch getrennt und durch eine Firewall geschützt. Vor dem Verwaltungsnetz befindet sich zusätzlich die Verschlüsselungsbox.

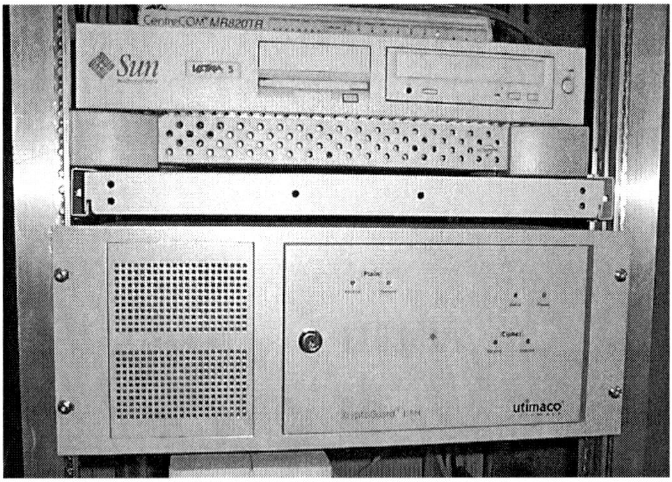

Abbildung 2: CryptoGuard VPN 3000 im 19"-Schrank.

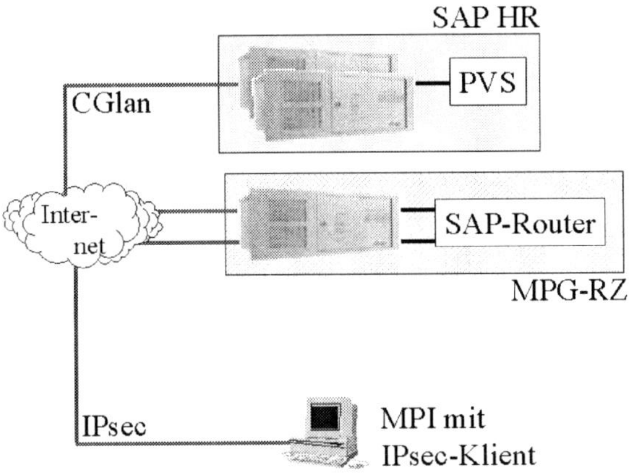

Abbildung 3: Schematische Darstellung des Verfahrens zur Umverschlüsselung von IPsec auf das proprietäre CGlan Verfahren unter Verwendung eines SAP-Routers.

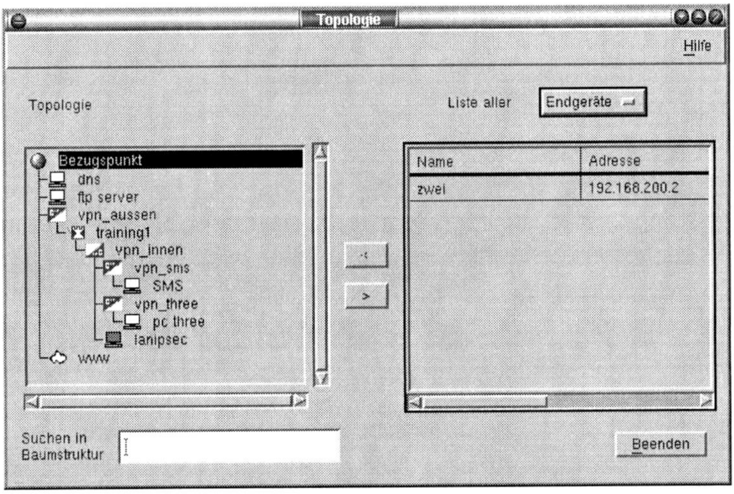

Abbildung 4: Der Toplogie Editor der CGCM-Workstation.

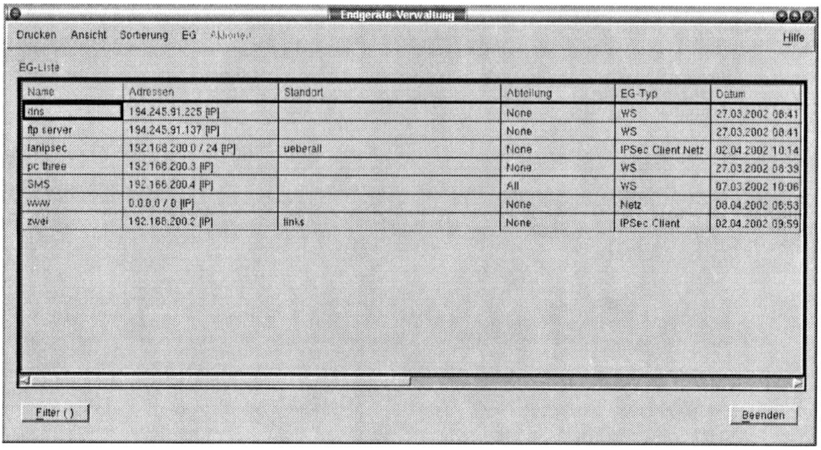

Abbildung 5: Die definierten Netzwerkobjekte (Rechner und Subnetze). Zusätzlich können Verwaltungsinformationen über Standort und Organisation eingegeben werden.

Literaturverzeichnis

[1] http://www.compumatica.de

[2] BSI-DSZ-ITSEC-0106-2002 vom 12.6.2002
http://www.bsi.de/zertifiz/zert/reporte/0106.pdf

[3] http://www.net.tamu.edu/drawbridge/

[4] http://www.ssh.com/products/developer/ipsec_express/

[5] Proceedings Cryptography and Coding - 5th IMA Conference, Cirencester, UK, Dec 1995, Lecture Notes in Computer Science, Vol. 1025, Colin Boyd eds., Springer-Verlag, Vol. 1025, 1995

[6] Carter,G., Clark, A., Dawson, E., Nielsen, L., "Analysis of DES Double Key Mode" Information Security - the Next Decade, Conference Proceedings of IFIP/Sec'95, Chapman & Hall, 1995, pp.113-127

[7] CE Infosys: SuperCrypt 99C003 Preliminary Data Sheet Vers. 1.01, Bodenheim 1991

[8] http://www.ce-infosys.com.sg/technologies/SuperCrypt1.htm

[9] FIPS 46-3 Data Encryption Standard;
http://csrc.nist.gov/publications/fips/fips46-3/fips46-3.pdf

[10] Tim Sattler, Gesicherte SAP-Anbindung über einen SAProuter-Proxy unter Verwendung von IPsec und X.509v3-Zertifikaten. 8. Workshop "Sicherheit in vernetzten Systemen", DFN-Bericht Nr. 92, 2001.

[11] Compumatica Aachen, Whitepaper "Security Management Station", April 2002
http://www.compumatica.de/products/WP_SMS_02_03.pdf

Einführung einer multifunktionalen Chipkarte an der Universität Gießen

Falko Fock
Hochschulrechenzentrum
Justus-Liebig Universität Gießen
Falko.Fock@hrz.uni-giessen.de

Zusammenfassung

Bis Ende 2002 wurden an alle 20.000 Studierenden der Justus-Liebig-Universität Gießen (JLU) Studienausweise in Form von Chipkarten ausgegeben. Die Chipkarten sind mit zwei Mikroprozessoren ausgestattet, um sie bei möglichst vielen Anwendungen einsetzen zu können. Für die Initiatoren des Projektes war die elektronische Signatur im Rahmen einer Public Key Infrastruktur (PKI) die wesentliche Komponente.

Der Beitrag beschreibt daher auch nur diesen Aspekt ausführlicher. Es wird die Planungsphase des Projekts behandelt sowie die organisatorische und technische Einbindung der Chipkarte in die vorhandene Hochschulumgebung. Ausführlich wird auf die den Nutzer betreffenden Funktionen eingegangen. Angaben zur Technik der PKI oder der mit ihr erzielbaren Sicherheiten im DV-Umfeld werden nicht dargestellt.

Die Projektplanung begann konkret im März 2000, im Dezember 2000 erfolgte die Entscheidung für die Realisierung, die Mitfinanzierung durch eine HBFG-Maßnahme führte im Dezember 2001 zur Auftragserteilung an InterCard (VS-Villingen) als Generalunternehmer. Die Herstellung der Chipkarten für die Studierenden erfolgte in der Universität von August bis Mitte Dezember 2002. Obwohl erste Anwendungen schon Ende 2002 verfügbar waren, werden die meisten erst ab 2003 angeboten werden können.

1 Rahmenbedingungen bei der Einführung

Erste Überlegungen zur Einführung einer X.509-basierten Sicherheitstechnik gehen auf das Jahr 1998 zurück. Das Hochschulrechenzentrum betreibt seinen X.500-Verzeichnisdienst bereits seit 1994 und erhoffte sich, diesen geeignet mitnutzen zu können. Leider wurden zuerst noch keine bezahlbaren PKI-Produkte gefunden. Dies änderte sich, als die jetzt eingesetzte CA-Software FlexiTrust angeboten wurde.

Ein weiteres Problem für den PKI-Einsatz an den Hochschulen ist die bis heute geübte Praxis der großen CA-Software-Anbieter, die Kosten über die Zertifikatsanzahlen anzusetzen. Im Gegensatz zu Firmen benötigen die Hochschulen Zertifikate mit nur halbjährlicher Laufzeit (ein Semester). Der Vorschlag der Verkäufer, Studierende mit Langzeitzertifikaten auszustatten und Abgänger in die Widerrufsliste aufzunehmen, konnte nicht akzeptiert werden, die technischen Folgeprobleme waren nicht abzuschätzen. Ein Zertifikatspreis von 50%, aber immer noch 25 bis 50 € pro Jahr, war und ist allein schon ein KO-Kriterium.

Die Hochschulen haben neben den hohen PKI-Kosten noch ein weiteres Problem zu lösen, dass im kommerziellen Umfeld nicht existiert. Die Chipkarte soll als normaler, fälschungssicherer Ausweis genutzt werden, der optional auch als Fahrkarte im öffentlichen Nahverkehr dient und eine halbjährliche, optische Gültigkeitsangabe benötigt. Auch für diese Forderung musste eine Lösung gefunden werden.

Die Kosten der Chipkarte mit kontaktbehafteten Kryptochip und berührungslos arbeitendem Mifare-Chip belaufen auf ca. 15 € bei Abnahmemengen von 5.000 Stück aufwärts. Dieser Betrag wird bei der Einschreibung von den Studierenden als Pfand erhoben. Erfahrungen über die Nutzungsdauer liegen noch nicht vor. Der Betrag wird bei der Exmatrikulation zurückgezahlt, vorausgesetzt, die Chipkarte wird zurückgegeben. Höhere als diese Einmalkosten von 15 € wären weder in der Hochschule noch bei den Studierenden durchzusetzen gewesen, zumal der Vorteil bzw. Gewinn mit den Chipkarten in nächster Zeit „nur" in den Bereichen DV-Sicherheit und Komfort bzw. Service für die Studierenden gesehen wird.

Eine weitere Besonderheit beim Chipkarten-Projekt der JLU darf nicht unerwähnt bleiben. Im Gegensatz zu den bisherigen Projekten gibt es bei der JLU auf dem Campus keine aufwendigen Selbstbedienungsstationen. Vielmehr wird jeder öffentliche PC mit einem Chipkartenleser ausgestattet; an nur drei Stellen auf dem Campus können Studierende mit einem Spezialdrucker ihre Chipkarte halbjährlich optisch aktualisieren und erhalten Studienbescheinungen in Selbstbedienung. Beitragszahlungen erfolgen nach wie vor durch Banküberweisung (vielleicht bald häufiger mit dem Chipkartenleser mittels Homebanking oder durch elektronisch signierten Auftrag zum Bankeinzug).

Als generelle Rahmenbedingung wurde immer gesehen, die Chipkarte muss täglich eingesetzt werden, um eine hohe Akzeptanz zu bekommen. Aus dem selben Grund sollte eine Firma/Hochschule ihren Angehörigen auch nicht mehr als eine Chipkarte in die Hand geben.

Die Gesamtkosten den Chipkarten-Einführung betrugen ca. 200.000 € für Hard- und Software sowie 300.000 € für die Chipkarten-Erstausstattung. Die Hard- und Software wurde durch eine HBFG-Maßnahme mitfinanziert (Pilotcharakter wegen der elektronischen Signatur).

2 Chipkarte

Bei der JLU-Card gelang es, alle bisherigen und noch vorgesehenen Anwendungen bei der Planung mit einzubeziehen und der Karte so eine optische und elektronische Multifunktionalität zu geben.

2.1 Das Layout der JLU-Card

Eine Besonderheit ist die in den Kartenkörper laminierte 15mm breite sogenannte Thermo-Re-Write (TRW-) Folie, die wiederbeschreibbar ist. Dort wird die aktuelle Semestergültigkeit und das Semesterticket aufgebracht. Dies ist notwendig, da externe Dienstleister wie ÖPNV, Theater etc. keine Chipkartenleser für die JLU-Card besitzen. Ohne TRW-Folie müsste wegen des Gültigkeitsaufdrucks jedes Semester eine neue Karte ausgegeben werden.

Abbildung 1: JLU-Card, Vorderseite

Der Barcode auf der Rückseite der Chipkarte wird zur Identifikation des Studierenden in der Bibliothek benutzt und kann für eine schnelle Personenerfassung auch offline bei Klausuren oder für vergleichbare Anwendungen (z.B. persönliches Vorsprechen am Schalter) genutzt werden.

Abbildung 2: JLU-Card, Rückseite

2.2 Die JLU-Card-Mikroprozessoren und Anwendungen

Die Chipkarte besitzt zwei Chips:

- Kryptoprozessor-Chip: SLE66CX320P mit 32 K Byte EEPROM, initialisiert als TCOS 2.0 MIN, kontaktbehaftet

  mit PIN und PUK wie beim Mobilfunktelefon
- Mifare-Chip: 1 KB Speicherkapazität (in 16 Sektoren für getrennte Anwendungen), kontaktlos, bis zu 10 cm Arbeitsentfernung von der Antenne

Der **Kryptoprozessor-Chip** („Internet-Chip“) wird für folgende Anwendungen benutzt:

- Sichere Authentisierung
- Elektronische Signatur
- Verschlüsselung.

  Derzeit ist ein Schlüsselpaar und ein X.509 v3-Zertifikat auf der Karte gespeichert, zwei weitere können ohne Anpassung hinzugefügt werden. Zum Einsatz des Prozessors ist die Eingabe der PIN erforderlich.

Der **Mifare-Chip** („lokaler Chip“) wird (immer ohne PIN) u.a. benutzt für:

- Aktualisieren der TRW-Folie und Bescheinigungsdruck
- Zugang zu Gebäuden und Räumen, ggf. Gleitzeiterfassung für Mitarbeiter (in diesen Fällen erfolgt die Authentifizierung durch die Chipseriennumer oder Matrikel- bzw. Personalnummer, Zugriff darauf nur mit Sektorschlüssel)
- Eine elektronische Geldbörse im Bereich der Hochschule zur bargeldlosen Bezahlung von Kleinbeträgen in Mensen und Cafeterien, bei der Universitätsbibliothek, dem HRZ und später auch Fotokopierdiensten (das Studentenwerk Gießen betreibt die Evidenzzentrale)

3 Public-Key-Infrastruktur

Wie bereits erwähnt werden im kommerziellen Umfeld CA-Dienste i. allg. auf der Basis der Zertifikatsanzahl abgerechnet. Diese nicht geringen laufenden Kosten erzwingen den CA-Betrieb in eigener Regie. Es wurde angestrebt, die CA-Software zu einem Festpreis mit unbegrenzter Zertifikatsanzahl zu erwerben. Die Verzeichnisdienst-Software „Global Directory Server/Meta-Directory“ von Syntegra sollte weiter genutzt werden.

3.1 CA-Software

Es wurde eine PKI mit der CA-Software FlexiTrust der Firma FlexSecure GmbH, einem Spin-off der TU Darmstadt, Fachbereich Informatik (Prof. Johannes Buchmann), aufgebaut.

Die zum Paket gehörende CA- und RA-Software erledigt alle Aufgaben einer Public Key Infrastuktur. CA und RA wurden unter Linux installiert. Einige Software-Komponenten, die die Chipkarte direkt ansteuern, werden in das Chipkarten-Personalisierungsprogramm „BadgeMaker“ der Firma ScreenCheck BV eingebunden. BadgeMaker war nur für Windows NT/2000 verfügbar.

Im Gegensatz zur ersten Planung wird die CA offline betrieben und die PKI-Schlüssel auf der Chipkarte erzeugt. Bei der in Gießen eingesetzten Version 2.5 werden die Zertifikate nach dem Einbringen auf die Chipkarten nicht direkt dem Verzeichnisdienst übergeben, sondern dies wegen der komplexeren X.500-Nutzung von HRZ-Prozeduren erledigt. Es wird dazu neben dem Zertifikat ein Zuordnungssatz erstellt:

datum cryptoSN sperrcode kartennummer certSN e-mail-adresse

Zusammen mit dem Dateinamen des Zertifikats in der Form

cryptoSN_vornamen_nachname.certSN.cer

stehen für den Verzeichnisdienst alle benötigten Daten zur Verfügung. Bei der unter Sperrcode aufgeführten Zahl handelt es sich um die Mifare-Chip-Seriennummer, die um 4 Zufallsziffern erweitert wurde.
Die von der Software erzeugte (zur Zeit 6-stellige) Start-PIN, die 8-stellige PUK sowie der Sperrcode werden auf den PIN-Brief geschrieben, der dem Studierenden beim Abholen der Chipkarte mit übergeben wird. Studentensekretariat und HRZ besitzen eine Liste aller Sperrcodes. Das Studentenwerk bekommt zur Führung des Schattenkontos der elektronischen Geldbörse die reinen Mifare-Seriennummern der ausgegebenen Chipkarten, ohne jeden Personenbezug.

3.2 Zertifikate

Die Zertifikate sind gemäß dem X.509v3-Standard ausgelegt.

Derzeit wird nur ein Zertifikat verwendet, das sowohl für die Authentisierung als auch zum Signieren und Verschlüsseln von Dokumenten eingesetzt wird. Auf ein zweites oder drittes Zertifikat wurde bewusst noch verzichtet, um die Komplexität beim Verfahren und beim Nutzer zu begrenzen.
Die CA der Universität Gießen ist zertifiziert durch die DFN-PCA. Damit sind die Richtlinien der DFN-PCA bindend für die Gießener CA. Die maßgebliche Policy für die Gießener CA (UNIGI-CCA) ist die World Wide Web Policy in der Version 1.2 der DFN-PCA.
Eine Zertifizierung durch die DFN-PCA zieht keinerlei rechtliche Bedeutung nach sich. Insbesondere ist die allgemeine rechtliche Relevanz elektronischer Signaturen derzeit unklar. Die zugrundeliegenden Anforderungen an technische Komponenten und Verfahren genügen derzeit nicht den höheren Anforderungen des Signaturgesetzes. Neben der Chipkarten-CA, wird für die Server-Zertifizierung an der Universität eine weitere CA eingesetzt (UNIGI-SCA). Da beide das gleiche Root-Zertifikat benötigen, erspart es dem Nutzer Aufwand und hat bei der Kommunikation im Hochschulbereich ähnliche Vorteile.
Auch wenn die rechtliche Relevanz der verwendeten Signaturen nicht gegeben ist, legt die Universitätssatzung fest, dass sie innerhalb der Hochschule verbindlich anerkannt werden, insbesondere im Bereich der Verwaltung und Studierenden. Technisch können die verwendeten Signaturen weltweit eingesetzt werden.

3.2.1 Zertifikatsparameter

Die nachfolgenden Tabelle zeigt die Form der verwendeten Zertifikatsparameter.

Parameter	Inhalte
Version	X.509v3
Seriennummer	Eindeutige laufende Nummer der CCA
Algorithmusidentifikation	SHA1 with RSA
Ausstellende Stelle	C=DE, O=Universitaet Giessen, OU= Hochschulrechenzentrum, CN= UNIGI-CCA
Gültigkeitsdauer	Start- und Enddatum, innerhalb derer das Zertifikat gültig ist (1 Semester)
Teilnehmer	C=DE, O=Universitaet Giessen, OU=CIDs, OU=n, CN=cryptoProcessorSN- personal name
Public-Key des Benutzers	Public-Key-Informationen des Teilnehmers
Signatur der ausstellenden Stelle	Signatur der UNIGI-CCA
Parameter	Inhalte
Erweiterungen	1. subject alternative name (= E-Mail-Adresse) 2. key usage 3. cert type 4. CRL distribution pointscertificate policies

Abbildung 3: Zertifikatsparameter

Zu beachten ist, dass bei den Personennamen nur ASCII-Zeichen verwendet werden dürfen. Die Zertifikate oder deren Links werden in einem besonderen Bereich des X.500-Directory abgelegt (OU=CIDS) und aus technischen Gründen über den Personennamen unterteilt (OU=n).

Als E-Mail-Adresse wird die zugeteilte JLU-Adresse in der Form vorname.i.nachname@bereich.uni-giessen.de verwendet, die bei Namensgleichheiten oder Fachwechsel sich auch ändern kann. Bei der vom Chipkarteninhaber veranlassten Aktivierung im Verzeichnisdienst wird sie mit dem HRZ-Account oder mit der externen Mailadresse verknüpft.

3.3 Sicherheitsbedingungen

Der Rechner für die UNIGI-CCA ist in einem geschlossenen Serverraum des Hochschulrechenzentrums (HRZ) platziert und hat keinen Anschluss an das Datennetz. Der bisher einzige RA-Rechner steht ebenfalls im HRZ. Die Zertifikatsrequests werden digital signiert.

4 Chipkarten-Personalisierung

Die Chipkartenpersonalisierung erfolgt mehrstufig (siehe Abbildungen 3 und 4). Es werden der Reihe nach folgende Arbeiten durchgeführt:

1. Erfassen der Daten der Studierenden im Studentensekretariat einschließlich Scannen des Lichtbildes im Rahmen der Immatrikulation (Bei der Einführung der Chipkarte in 2002 wurden auch digitale Bildzusendungen verwendet).
2. Erzeugen des Schlüsselpaares, Beschreiben der beiden Chips und Bedrucken der Karte mit Bild und persönlichen Daten
3. Erstellen und Signieren der Zertifikatsrequests auf den RA-Rechner.
4. Zertifikatsrequests werden auf Datenträger gesammelt und zur CA transportiert.
5. Auf dem CA-Rechner werden die Zertifikate erstellt und über Datenträger dem RA-Rechner zur Verfügung gestellt.
6. Die Personalisierungs-PCs rufen die Zertifikate vom RA-Rechner ab. Über die Seriennummer des Mikroprozessors werden sie der richtigen Karte zugeführt.
7. Es werden PIN, PUK und ein Sperrcode für die Karte generiert und auf den PIN-Brief gedruckt.
8. Der Studierende muss die JLU-Card persönlich unter Vorlage seines Personalausweises im Studentensekretariat abholen, es wird eine Empfangsquittung unterzeichnet und die Chipkarte und der PIN-Brief im Umschlag ausgehändigt.
9. Die Zertifikate werden in den Verzeichnisdienst eingestellt.

Die Karten werden erst nach der Immatrikulation produziert und können i. allg. nach ca. 4 Tagen abgeholt werden. Für die Zwischenzeit gibt es einen vorläufigen Papierausweis Über den Status seiner Chipkarte kann sich der Studierende auf einer Webseite der Hochschule informieren lassen (Matrikelnummer wird benötigt).
Nach der Chipkartenausgabe lässt der Studierende in Selbstbedienung die TRW-Folie an einem speziellen TRW-Drucker mit den Gültigkeitsdaten bedrucken.

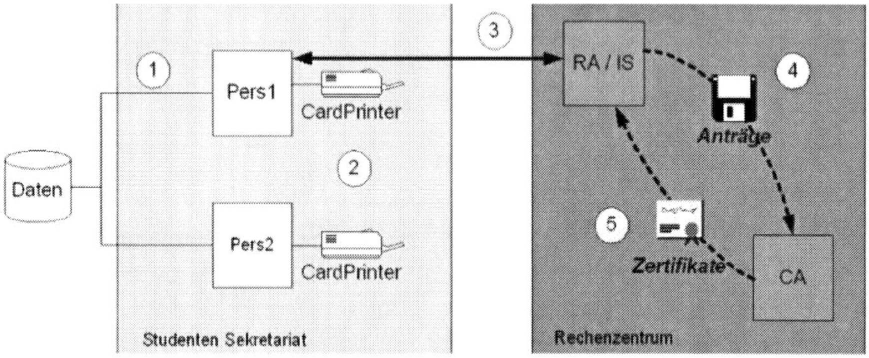

Abbildung 4: Ablauf Personalisierung 1

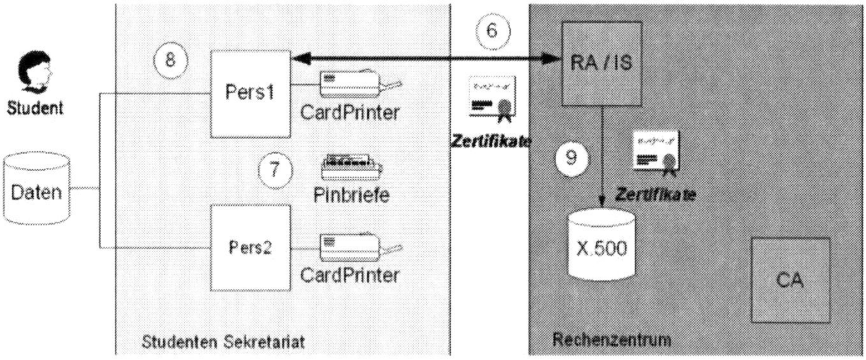

Abbildung 5: Ablauf Personalisierung 2

5 Zertifikats-Austausch

Zu Beginn jeden Semesters müssen die Zertifikate erneuert werden. Nach dem Zahlungseingang der Semesterbeiträge werden die neuen Zertifikate ausgestellt und im Verzeichnisdienst unter c=DE, ..., cn=CryptoSN.**new**_name bereitgestellt.

Erst dann kann die elektronische Rückmeldung über den „Authentisierungsserver“ durchgeführt werden, im Anschluss wird das neue Zertifikat auf die Chipkarte kopiert und das alte Zertifikat im Verzeichnisdienst durch das neue ersetzt. Dieser Austausch wird auch nach Ablauf des bisher benutzten Zertifikats durchgeführt und kann unabhängig von der Rückmeldung vorgenommen werden. Über die Statusanzeige im Internet wird der Studierende auf den noch vorzunehmenden Zertifikatsaustausch hingewiesen, sollte er beispielsweise die persönliche Rückmeldung am Sekretariatsschalter vorgenommen haben.

Der halbjährliche Zertifikats-Austausch erlaubt es, die X.509v3-Erweiterungen abzuändern, insbesondere die E-Mail-Adresse. Im Einzelfall ist der Austausch auf diesem Weg auch umgehend möglich.

6 Chipkartensperre

Sollte eine Chipkarte verloren gehen oder ein anderer Grund für eine Sperre der Karte vorliegen, kann die Karte über ein Webformular gesperrt werden. Voraussetzung ist die Angabe des auf dem PIN-Brief angegebenen Sperrcodes. Andernfalls besteht nur die Möglichkeit, die den Chipkartenausweis durch Fax oder Postbrief und geeigneten sonstigen Angaben mit persönlicher Unterschrift sperren zu lassen.

Da die Ausstellung eines Ersatzausweises mit Kosten von z. Zt. 22,50 € (Pfandbetrag + Gebühr) verbunden ist, wurde neben der „endgültigen“ eine „temporäre“ Sperre eingeführt. Eine temporäre Sperre kann innerhalb von 14 Tagen durch den Einsatz der Karte einschließlich Angabe der PIN (oder auch über den Sperrcode) wieder aufgehoben werden. In vielen Fällen werden Ausweise nur verlegt und sind nicht verloren gegangen. Die temporäre Sperre erspart beiden Seiten größeren Aufwand, Verzögerungen und Kosten, sichert aber die Dienste der Hochschule weitestgehend vor unbefugter Nutzung.

Die temporäre Sperre wirkt auf alle lokalen Dienste (HRZ, Universitätsbibliothek, Gebäudezugänge u.dgl.) nicht aber im Bereich der elektronischen Signatur, genauer, es wird kein CRL-Eintrag erzeugt. Der Authentisierungsserver erkennt die temporäre Sperre am modifizierten Eintrag im Verzeichnisdienst.

7 Spezielle Hardware für den Chipkartenbenutzer

Die folgende spezielle Hardware wird für den Einsatz der JLU-Card benötigt:

- Druckstationen: TRW-Drucker mit integriertem Mifare-Leser zum Beschreiben und aktualisieren der TRW-Folie. Zusätzlich Laserdrucker zum Ausdruck von Bescheinigungen.
- Kobil-Chipkartenleser in den PC-Pools der Hochschule.
- Kobil-Chipkartenleser für den häuslichen Bereich: Die Studierenden können den Leser an ihren privaten PC oder ihr Notebook anschließen und sich über jeden Netzzugang mit der Chipkarte in der Hochschule authentifizieren.

Das HRZ verkauft die Kobil-Leser an Studierende und Mitarbeiter der JLU zu Sonderkonditionen. Es können alle Leser von Kobil eingesetzt werden (HBCI-Klasse 1 bis 3), die Geräte werden nur mit der benötigten PKI-Software ausgeliefert.

Die Hochschule hat für die öffentlichen PCs nur Leser der Klasse 2 mit sicherer PIN-Eingabe über den Nummernpad des Kartenlesers beschafft.

8 Erfahrungen während der Projektdurchführung

Wie bei allen Projekten, die sich sowohl beim Lieferanten als auch beim Abnehmer auf Neuland begeben, ergaben sich Verzögerungen bei der Einführung. Es konnten aus Zeit- und Personalgründen nur wenige Vortests von Hard- und Software durchgeführt werden.

Da im ersten Jahr statt der sonst üblichen 5000 Karten sofort 20.000 Karten produziert werden müssen, gab es bei der Einführung der Chipkarte ganz besondere Belastungen und erhebliche Mehrarbeit als angedacht war. Fast alle organisatorischen Abläufe müssen umgestellt und viele Serviceprogramme angepasst und noch mehr neu erstellt werden.

Auch wenn für die Herstellung einer Chipkarte rechnerisch nur 6 Minuten benötigt werden (Bildscannen 2, erster Kartendurchlauf 2, zweiter Durchlauf 1 und Eintüten 1 weitere Minute), so ist der Ansatz von ca. 15 Personen-Minuten pro Karte beim Einschluss von Nebenarbeiten und Störungen realistisch. Wie auch ein deutschen Automobilwerk in seiner Pressenotiz angab, ist die Kartenpersonalisierung noch ein Feld mit vielen Verbesserungsmöglichkeiten. Dort sollten 50.000 Karten in 4 Monaten hergestellt werden, an der JLU waren es 20.000. Dies entspricht im Mittel 250 Stück pro Arbeitstag. Dennoch waren zeitweise Nacht- oder Wochenendarbeiten erforderlich.
Die Vorbereitung der Personalisierungsdaten und der technische Ablauf mit der speziellen Hardware und deren Störungen wird voraussichtlich auch weiterhin eine Person mit DV-Ausbildung bei der Kartenpersonalisierung erfordern. Die Ausfälle beim Krypto- und Mifare-Chip werden erst beim Personalisieren der Karten festgestellt und stören den Ablauf ganz erheblich, auch wenn sie bei nur ca. 3% der Karten festgestellt werden. Der optische Kartendruck gibt bei ca. 1% der Karten Anlass für die Erstellung einer neuen Karte.
Weiterhin wurden erst bei der Inbetriebnahme gewisse Software-Fehler entdeckt. Sie konnten von den Herstellern kurzfristig behoben werden, haben aber doch erhebliche Mühe im Vorfeld gemacht.
Wie weit Verbesserungen Eingang finden, hängt wohl stark vom weiteren Auftragseingang bei den Firmen ab. Sowohl die benötigte Hardware als auch die Software wird bisher nur von wenigen Firmen angeboten. In allen Fällen ist bei diesem komplexen Umfeld eine permanente Kooperation von zwischen Systemlieferant und Nutzer erforderlich.
Neben den vielen technischen Problemen waren im Einführungsjahr eine Reihe von zusätzlichen organisatorischen Arbeiten zu bewältigen: Eine Satzung zur Chipkarte verabschieden, die benötigten Aussagen zum Datenschutz erstellen, die Infrastruktur für die Geräte schaffen, die Diskussionen mit der Studierendenvertretung führen, Funktionen mit den beteiligten Hochschulinstitutionen absprechen.
Insgesamt muss gesagt werden, das dieses Entwicklungsprojekt nur durch kooperative, flexible und unbürokratische Zusammenarbeit aller Beteiligten in der Hochschule und bei den Firmen im Jahr 2002 zu einem Teilabschluss geführt werden konnte. Für wenige Hochschulmitarbeiter gab es viel Mehrarbeit und Stress.
Das Jahr 2002 war geprägt durch die Erstausgabe der benötigten 20.000 Chipkarten.

9 Weitere Planungen

Erst im Frühjahr 2003 werden Teile der beschriebenen Infrastruktur wie Rückmeldung und Zertifikatsaustausch in Produktion gehen.
Danach sollen weitere Voraussetzungen zur Nutzung der Chipkarte geschaffen werden.
Ohne besonderen Aufwand kann die Chipkarte unter Outlook, Outlook Express, Netscape und Mozilla zum elektronischen Signieren und Verschlüsseln von E-Mail benutzt werden. Die Kobil-Software ermöglicht Dateiverschlüsselung unter Windows und das Aufbringen eines weiteren Zertifikats zum Login beim Windows-2000-Server.
Seit Dezember 2002 können Studierende, die bisher keinen HRZ-Account angemeldet haben, mit der Chipkarte eine E-Mail-Weiterleitung zu ihrer externen Mailbox beantragen. Wir erwarten, dass im Laufe des nächsten Jahres neben den 40% HRZ-Account-Inhabern weitere 40% der Studierenden per E-Mail über diese direkte Mail-Weiterleitung erreichbar sein werden. Zur Weiterleitungsanmeldung muss der Studierende lediglich eine Webseite aufrufen, die PIN eingeben und nach seiner Begrüßung (der Name wird aus der Chipkarte gelesen) die Zielmailbox angeben. Die Authentisierung erfolgt mittels Apache-Modul Modssl.

Der an der Universität für 2003 geplante VPN-Dienst soll grundsätzlich die Authentisierung mit X.509-Zertifikaten und Chipkarte zulassen.

Bereitstellung der Authentisierung auf PCs auch unter Linux (Kobil liefert für seine Chipkartenleser Treiber für Linux und Solaris mit aus).

Einführung der Chipkarte auch für Hochschulbedienstete. Technisch kein Problem, anstelle der Ausweisnummer mit xxxx-1<matrikelnummer> wird xxxx-2<personalnummer> verwendet. Auf diese Weise können auch für weitere Gruppen Karten ausgestellt werden.

Zugang zu einem aufzubauenden zentralen Prüfungsorganisationssystem mittels Chipkarte.

Windows-Login mit Chipkarte.

Gebäude- und Raumzugang mit Chipkarte (mit Mifare-Chip).

Möglicherweise Einbeziehung der FH Fulda und FH Gießen-Friedberg in eine gemeinsame CA-/PKI-Umgebung.

Umstellung administrativer Prozesse auf Chipkarten-Einsatz bzw. Möglichkeit der Chipkartennutzung, auf lange Sicht Abschaffung der Passwörter.

Möglicherweise Einführung des SecOVID-Einmalpasswort-Systems von Kobil (es verwendet die Chipkarte offline) für Interessierte, insbesondere Hochschulmitarbeiter.

Literaturverzeichnis

[1] Internetseite der Uni Gießen zur Chipkarte www.uni-giessen.de/chipkarte/, 2003.

[2] Ruppert, Markus: FlexiTrust und Tunnelbox, FlexSecure GmbH, Darmstadt, 2002.

[3] DFN-CERT: DFN-PCA: World Wide Web Policy: www.dfn-pca.de/certification/policies/, 2003.

Syslog: Praxis und kommende Standards

Klaus Möller
DFN-CERT GmbH
Heidenkampsweg 41
20097 Hamburg
moeller@dfn-cert.de

1 Einleitung

Eine wichtige Aufgabe der System-Administration ist die laufende Überwachung von Systemen und Anwendungen. Ziel beim Logging ist nicht die Datensammlung zur Abrechnung (Accounting) oder zur Aufzeichnung einer detailierten Beweisspur (Audit). Die Idee besteht darin, dass eine Anwendung oder ein System Meldungen über erwähnenswerte Ereignisse aufzeichnet, ähnlich dem Kapitän eines Schiffes in einem Logbuch. Um eine zentrale Auswertung von Nachrichten zu ermöglichen, wird die Weiterleitung von Nachrichten an andere Systeme vorgesehen.

Das zu diesem Zweck verwendete Protokoll *Syslog* weist etliche Schwächen auf, die einen Einsatz in sicherheitssensitiven Umgebungen erschweren. Zwei Protokolle befinden sich derzeit in der Endphase der Entwicklung, die hier Abhilfe schaffen sollen. Sie sollen, zusammen mit dem "alten" Syslog Protokoll, vorgestellt und verglichen werden.

2 Syslog

Mit *Syslog* oder *BSD-Syslog* wird das Protokoll zur Übermittlung von Log-Meldungen bezeichnet. Es wurde erst vor kurzem als [RFC 3164] formell standardisiert, obwohl Implementierungen schon sehr lange existieren. Daher stellt der RFC nicht den Standard dar, nach dem implementiert wurde, sondern beschreibt den gegenwärtigen Stand der Entwicklung.

Das BSD-Syslog Protokoll ist nachrichtenbasiert. Als Transport-Protokoll kommt UDP zum Einsatz. Jede Nachricht wird als ein UDP-Paket übertragen. Als *Well Known Port* für den Empfang von Syslog-Nachrichten ist Port Nummer 514 reserviert, dieser ist auch für den Absenderport empfohlen, jedoch nicht vorgeschrieben.

Gemäß den Definitionen von [RFC 3164] wird ein System welches Syslog Nachrichten erzeugt bzw. versendet als *(Syslog) Device* bezeichnet, und ein Empfänger von Syslog Nachrichten, der diese speichert, als *(Syslog) Collector.* Systeme, die Syslog Nachrichten empfangen und an andere Systeme weiterleiten, werden als *(Syslog) Relay* bezeichnet. Eine Nachricht darf beliebig viele Relays durchlaufen. Abbildung 1 zeigt einige mögliche Konfigurationen.

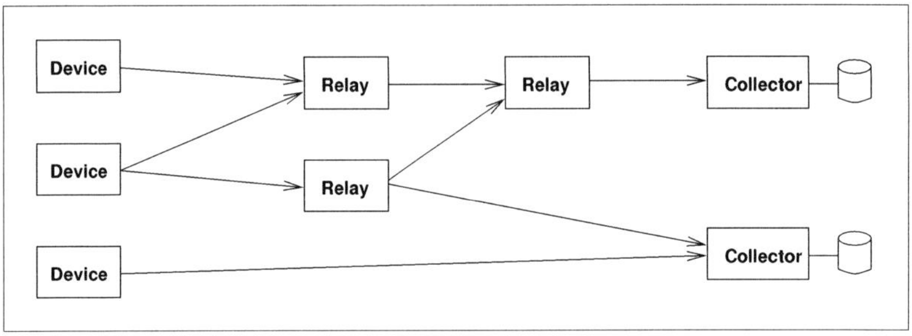

Abbildung 1: Syslog Konfigurationen

Das Protokoll definiert einen sehr einfachen Nachrichtentyp, bestehend aus einem Prioritätsfeld *(PRI)* und einem ASCII-String, der die eigentliche Meldung enthält. In das PRI-Feld wird die Dringlichkeit *(Priority)* der Nachricht (von Emergency bis Debug) und eine grobe Unterteilung der Art der erzeugenden Anwendung (Kernel, Mail, Lp, usw.) *(Facility)* kodiert. Damit ist eine grobe Vorsortierung der Meldungen bei der Auswertung bzw. eine Filterung bei der Weiterleitung der Meldungen möglich. Für die Kodierung wird der Dringlichkeit *(Priority)* eine Zahl von $0 - 7$ vergeben, ebenso eine Zahl für jede Facility $(0 - 23)$. Der Wert $Facility \times 8 + Priority$ wird als ASCII-String, eingeschlossen von "$<$" und "$>$", im UDP-Paket der Nachricht vorangestellt (siehe Abb. 2).

Obwohl Nachrichten in dieser einfachen Form versendet werden können, wären solche Nachrichten nicht sehr nützlich, da sie außer dem Ereignis selbst keine Informationen zur Korrelation der Ereignisse enthalten würden, weder zeitlich noch örtlich. Denn die IP-Adresse des empfangenen UDP-Pakets kann nicht zur Bestimmung des Devices, welches die Nachricht auf anderem Wege ursprünglich erzeugt hat verwendet werden, denn die Nachricht kann u. U. mehrere Relays durchlaufen haben.

Aus diesem Grund wird in [RFC 3164] empfohlen [1], den Nachrichtenteil in einen einen Kopf *(HEADER)* und die eigentliche Ereignismeldung *(MSG)* zu unterteilen. Der HEADER besteht aus einem Zeitstempel *(TIMESTAMP)* zur zeitlichen Korrelation und dem *HOSTNAME* Feld, welches den Hostnamen oder die IP-Adresse enthalten kann. Der Hostname kann ohne den Domain-Teil aus dem DNS angegeben werden.

Das MSG Feld wird wiederum ein optionales *TAG* am Anfang und ein *CONTENT* Feld unterteilt. Das TAG Feld gibt weiteren Aufschluß über den Ursprung der Nachricht, indem hier die Teilkomponente des Systems angegeben werden kann, auf dem die Nachricht erzeugt wurde. Unter UNIX wird meistens der Prozeßname (`argv[0]`) und die Prozeßnummer als TAG

[1] Eigentlich waren diese Angaben als verbindlich vorgesehen. Hier nimmt RFC3164 Rücksicht auf die "fehlerhaften" Implementierungen, indem diese Felder nur *RECOMMENDED* sind.

verwendet. Die eigentliche Nachricht im CONTENT Feld darf nur aus druckbaren ASCII Zeichen (0x32 — 0x126, keine Umlaute, o. ä.) bestehen und gibt die Information über das eigentliche Ereignis. Abbildung 2 zeigt ein Beispiel einer vollen Syslog Nachricht.

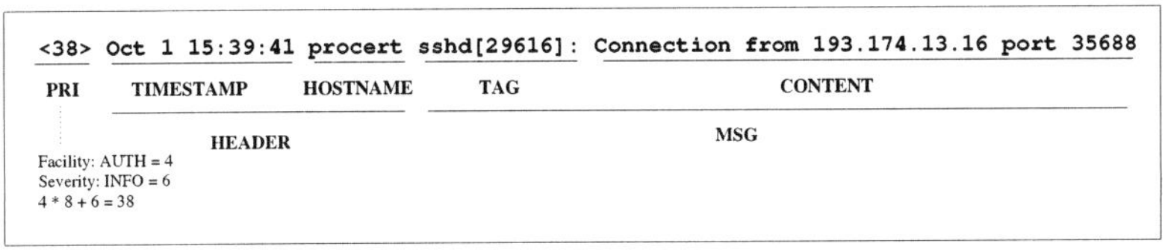

Abbildung 2: Syslog Nachricht nach RFC 3164

Für ein Device ist das Format zwar empfohlen, letztlich jedoch optional. Relays dagegen müssen überprüfen, ob die empfangene Nachricht zumindest ein PRI Feld enthält, da aufgrund dieses Felds die Entscheidungen über die Weiterleitung getroffen wird. Aus diesem Grund sind in Abschnitt 4.3 von [RFC 3164] folgende Regeln zum Umgang mit fehlenden oder fehlerhaften Feldern definiert:

- Bei einer fehlenden PRI-Angabe, wird als PRI Angabe der String "<13>" (`USER/NOTICE`) eingefügt.
- Der Timestamp ist der Zeitpunkt des Empfangs der Nachricht beim Relay oder Collector.
- Als Hostname wird ein dem System bekannter Hostname des Absenders oder dessen IP-Adresse eingefügt.

Alle Angaben werden der Originalnachricht vorangestellt. Ist das Ergebnis länger als 1024 Bytes, wird die neue Nachricht entsprechend am Ende abgeschnitten.

Neben den Sicherheitsproblemen, auf die im nächsten Abschnitt eingegangen wird, bestehen noch weitere Probleme:

- Das TIMESTAMP Feld enthält keine Angaben über die Zeitzone oder das Jahr. Ersteres ist ein besonderes Problem in Netzwerken, die räumlich mehrere Zeitzonen umfassen. [RFC 3164] sieht optional die Erweiterung um ein Jahresfeld vor, nicht aber die Angabe einer Zeitzone.
- Die maximale Nachrichtenlänge von 1024 Zeichen, inklusive PRI, HEADER und TAG Felder, ist für einige Anwendungen zu klein, z. B. für aus dem Windows Eventlog erzeugte Syslog Nachrichten.
- Die Beschränkung auf 7-Bit ASCII als Zeichensatz für Nachrichten, bereitet Probleme, wenn z. B. Nutzereingaben geloggt werden, da diese typischerweise in der Landessprache erfolgen.
- Die Nachricht (CONTENT) selbst ist unstrukturiert, was die Auswertung der Meldungen erschwert.

- Die Verwendung von UDP als Transportprotokoll garantiert keine zuverlässige Auslieferung von Nachrichten und auf Seiten des Syslog Protokolls sind keinerlei Maßnahmen getroffen worden, den Verlust von Nachrichten auf dem Transportweg zu entdecken oder zu verhindern. Auch der Absender hat keinerlei Informationen darüber, ob eine abgesandte Nachricht ihr Ziel erreicht hat. Die Nachricht kann sogar versendet werden, ohne das sichergestellt ist, ob der Empfänger überhaupt existiert oder empfangsbereit ist. In der Praxis ist dies derzeit das wohl größte Problem (siehe [Ran02]).

Jedoch ist Syslog derzeit das einzige Protokoll, das für alle gängigen Betriebssysteme (UNIX, Windows) und Netzwerkgeräte (Router, Switches, Drucker, usw.) zur Verfügung steht. Zur Auswertung der Nachrichten existiert eine Fülle von Werkzeugen (Swatch, logsurfer, etc.), so daß sich Syslog mittlerweile als de-facto Standard etabliert hat.

3 Sicherheitsprobleme

Die Einfachheit des Syslog-Protokolls ist letztlich auch mit dem Verzicht auf sämtliche Sicherheitsmechanismen erkauft worden. Die wichtigsten sind im Folgenden aufgeführt:

Authentizität Die Identität des Absenders ist nicht sichergestellt. Es wird entweder der IP-Adresse des Syslog Paketes vertraut, oder den Informationen im HOSTNAME Feld. Beide lassen sich von Angreifern leicht fälschen.

Vertraulichkeit Die Daten werden im Klartext (ASCII) übermittelt. Angreifer können durch Mitlesen des Netzwerkverkehrs leicht feststellen, ob ihre Aktionen protokolliert werden, welchen Zustand Systeme und Anwendungen haben oder andere Informationen gewinnen, die im weiteren Verlauf eines Angriffs von Nutzen sein können.

Integrität Das CONTENT Feld selbst oder die ganze Nachricht können verfälscht oder vollständig gefälscht werden. Angreifer können dies nutzen, um beispielsweise falsche Fährten zu legen, falsche Informationen über den Systemzustand zu geben oder den Syslog-Empfänger mit unnützen Nachrichten zu überfluten.

Als Folge der obigen Schwachstellen besteht auch kein Schutz gegen das Wiedereinspielen aufgezeichneter Syslog-Nachrichten (Replay Angriff) mit dem obigen Ziel.

3.1 Sicherheitsprobleme bei der Speicherung

Speziell der "`syslogd`" unter UNIX speichert die empfangenen Nachrichten im Klartext in einfachen Dateien. Ein Angreifer, der die Kontrolle über ein System erlangt hat (d. h. unter UNIX Root-Rechte besitzt), kann diese Dateien nach Belieben verändern, also Nachrichten löschen, verändern oder eigene Nachrichten einfügen. Dies ist zwar keine Schwachstelle des Syslog-Protokolls, da aber in UNIX praktisch alle Ereignismeldungen den `syslogd` durchlaufen, ist dieses Problem durch die Implementierung mit Syslog verknüpft.

4 Abhilfen

Die Probleme des Syslog-Systems sind seit langem bekannt und so existieren bereits heute einige Maßnahmen, mit denen die Zuverlässigkeit des Nachrichtentransfers und die Sicherheit gesteigert werden können.

4.1 Syslog über TCP

Einige Implementierungen des syslogd bieten an, als Transportprotokoll TCP anstatt UDP zu verwenden. TCP bietet eine höhere Zuverlässigkeit bei der Auslieferung von Daten, wie die Sicherstellung der Reihenfolge der Auslieferung und gegen Verlust von Nachrichten.

Da die Nachrichten hintereinander in derselben TCP-Verbindung gesendet werden, gibt es jedoch ein Problem, wie die einzelnen Nachrichten voneinander zu trennen sind. Da der MSG-Teil einer Nachricht selbst wiederum "<" oder ">" Zeichen enthalten kann, ist keine klare Trennung vom PRI-Feld der nächsten Nachricht möglich. Eine Lösung ist das Einfügen von CR-LF (Carriage Return, Line Feed) ASCII Zeichen am Ende jeder Nachricht. Soll allerdings das Syslog-Nachrichtenformat zur Aufnahme beliebiger Zeichen erweitert werden, sind andere Lösungen erforderlich.

4.2 IPSec

Zur Sicherstellung der Vertraulichkeit der Nachrichten kann die Kommunikation zwischen den Endpunkten einer Syslog Kommunikationsbeziehung mittels IPSEC abgesichert werden. IPSEC bietet den Vorteil standardisiert und von vielen Betriebsystemen unterstützt zu sein.

Nachteilig hierbei sind Probleme beim Transfer über Router mit *Network Address Translation (NAT)* an, da in einem IPSec Tunnel die eingekapselten IP-Pakete nicht verändert werden können. Bei der Auswertung der Logmeldungen kann dies zu Problemen führen. Außerdem wird so der *gesamte* Datenverkehr zwischen den beiden System verschlüsselt, was u. U. nicht erwünscht ist, etwa aus Performance-Gründen oder weil eine Inhaltskontrolle (durch eine Firewall oder ein Intrusion Detection System) der IP-Pakete durchgeführt werden soll.

4.3 Lokale Absicherung des Logs

In [Kar96] und [Schn98] wird ein Ansatz vorgestellt, mit dem nachträgliche Manipulationen an sequentiell geschriebenen Einträgen in Dateien entdeckt werden können. Diese Ansatz geht über den von Werkzeugen zur Integritätssicherung in Dateisystemen wie [Tripwire] hinaus, da die Manipulation an einzelnen Einträgen in der Datei erkannt werden kann, nicht nur der Datei als Ganzes. Da UNIX Syslog Implementierungen die Log-Daten sequentiell in Klartext-Dateien schreiben, ist der Ansatz auf den UNIX-Syslog anwendbar und wurde z. B. in [MSyslog] mit den PEO-1 Modulen umgesetzt.

Bis auf IPSec sind alle diese Ansätze implementierungsabängig und untereinander evtl. nicht kompatibel. Ferner werden nur einige der Probleme angegangen. Aus diesem Grund wurde eine IETF Arbeitsgruppe gegründet, welche das Syslog Protokoll standardisieren und neue, sicherere Standards zum Logging erarbeiten soll. Der Schwerpunkt liegt auf den Aspekten Authentizität, Integrität und Vertraulichkeit des Transfers über das Netzwerk, nicht primär in der Speicherung. Derzeit stehen zwei Protokolle zur Verfügung, die in den beiden nächsten Abschnitten vorgestellt werden.

5 Reliable Syslog

Reliable Syslog ist ein vollständig neues Protokoll, welches Syslog ersetzen oder zumindest ergänzen soll. Es wurde als [RFC 3195] spezifiziert. Das Protokoll ist ebenfalls nachrichtenbasiert, wie das ursprüngliche Syslog-Protokoll. Im Gegensatz dazu setzt es aber nicht direkt auf UDP auf, sondern benutzt das BEEP Protokoll als Transportmechanismus.

5.1 BEEP

BEEP steht als Abkürzung für *Blocks Extensible Exchange Protocol* und wurde als allgemeines Rahmenwerk für verbindungsorientierte, asynchrone Interaktionen entwickelt. BEEP besteht aus dem Kern *(BEEP Core)*, der auf ein Transportprotokoll abgebildet wird *(Transport Mapping)* und zusätzlich muß oberhalb des BEEP Kerns das eigentliche Anwendungsprotokoll in Form eines Profils *(BEEP Profile)* definiert werden. BEEP Core ist in [RFC 3080] spezifiziert.

Eine BEEP-Session besteht aus dem Austausch von Daten in Form von *Messages* über einen oder mehrere *Channels*. Für jeden Channel kann das konkrete Protokoll und damit das Format der Messages durch Angabe eines *BEEP-Profiles* in Form einer XML-DTD vereinbart werden, wie in Abb. 3 gezeigt. Für Reliable Syslog sind zwei Profile definiert: *RAW* und *COOKED*. Eine Kommunikationsbeziehung zwischen zwei Endpunkten des Syslog-Protokolls kann sich jeweils in einem der beiden Modi befinden.

Da derzeit TCP das einzige Protokoll ist, auf dem BEEP aufsetzt (siehe [RFC 3081]), benutzt Syslog-Reliable TCP, als Portnummer ist 601 reserviert. Zusätzlich ist jede BEEP-Nachricht fortlaufend numeriert, so daß auch ohne Verwendung von TCP fehlende Nachrichten oder Replays erkannt werden können.

Zur Absicherung der Übertragung definiert BEEP zwei Spezialprofile. Das eine definiert die Verwendung von TLS (siehe [RFC 2246]) in BEEP, das andere die Verwendung von SASL (siehe [RFC 2222]).

5.1.1 BEEP Interaktionstypen

BEEP unterscheidet drei Interaktionen, deren Detailformat jeweils durch das vereinbarte Profil für den Channel bestimmt wird. Jede Interaktion wird durch den Austausch von Messages bewirkt, deren Grundtyp vom BEEP Core Standard vorgegeben ist. Jede Nachricht kann in einem oder mehreren *Frames* übertragen werden, und damit praktisch beliebig groß sein. Die Interaktionen sind:

D = Syslog Device R: Syslog Relay oder Collector

D baut TCP Verbindung auf, R antwortet mit Angebot der verfügbaren Profile

```
R: RPY 0 0 . 0 201
R: <greeting>
R:    <profile uri='http://xml.resource.org/profiles/syslog/COOKED' />
R:    <profile uri='http://xml.resource.org/profiles/syslog/RAW' />
R: </greeting>
R: END
```

D bestätigt Empfang der ersten Nachricht (Message/Reply)

```
D: RPY 0 0 . 0 52
D: Content-type: applcation/beep+xml
D: <greeting />
D: END
```

D wählt Profil für diese Session aus

```
D: MSG 0 1 . 52 133
D: Content-type: application/beep+xml
D: <start number='1'>
D:    <profile uri='http://xml.resource.org/profiles/syslog/RAW' />
D: </start>
D: END
```

R bestätigt und akzeptiert Profil

```
R: RPY 0 1 . 200 100
R: Content-type: application/beep+xml
R:
R: <profile uri='http://xml.resource.org/profiles/syslog/RAW' />
R: END
```

Abbildung 3: Erste Nachrichten und Profilvereinbarung in BEEP

Message/Reply Auf eine Nachricht (Message) eines Clienten antwortet der Server mit einer Reply Nachricht.

Message/Error Auf eine Nachricht eines Clienten antwortet der Server mit einer Error Fehlernachricht.

Message/Answer Auf eine Nachricht eines Clienten antwortet der Server mit keiner, einer oder mehreren Answer Nachrichten.

Die Rolle von Client und Server ist dabei nicht durch die Richtung des Verbindungsaufbaus festgelegt. Client ist derjenige, der die erste Message absendet, Server ist derjenige, der auf die Message antwortet.

5.2 RAW Mode

Das RAW Profile ist primär zur Einbindung von Nachrichten gedacht, die von BSD Syslog-Implementierungen erzeugt werden. Das RAW Profile benutzt im Wesentlichen das gleiche Nachrichtenformat wie das BSD Syslog Protokoll. Die vorher optionalen Elemente sind jetzt allerdings verpflichtend vorgeschrieben.

Der Austausch von Nachrichten wird jetzt allerdings vom Syslog Relay oder Collector initiiert, indem eine Message ohne Inhalt an das Device oder Relay gesendet wird. Dieses sendet die eigentlichen Syslog-Nachrichten als Answer-Frames. Dabei können beliebig viele Nachrichten versendet werden. Es besteht keine Beschränkung in Zeit oder Volumen. Ein Beispiel zeigt Abbildung 4.

D = Syslog Device R: Syslog Relay oder Collector

R signalisiert Empfangsbereitsschaft mit leerer Nachricht

```
R: MSG 1 0 . 0 50
R:
R: Syslog Relay. Leg los.
R: END
```

D sendet Nachrichten als ANS Frames

```
D: ANS 1 0 . 61 0
D:
D: <38> Oct 1 15:39:41 procert sshd[29616]: Connection from 193.174.13.16 port 35688
```

D signalisiert Ende der Nachrichten mit NUL Message

```
D: NUL 1 0 . 119 0
D: END
```

Abbildung 4: Nachrichten im Reliable Syslog RAW Profile

Der Overhead liegt, abseits des Verbindungsaufbaus, hier bei etwa 30 Bytes zusätzlich pro Syslog-Nachricht. Soll dies verringert werden, können auch mehrere Syslog-Nachrichten in einen Answer-Frame gesendet werden. Die Trennung zwischen den Nachrichten erfolgt dann durch Einfügen von CR-LF Zeichen am Ende jeder Nachricht.

5.3 COOKED Mode

Das COOKED Profile ist aufwendiger als das RAW Profile, erlaubt aber zusätzliche Informationen zur Identifikation des Absenders und das Weges, den eine Nachricht durch das Netz genommen hat. Die Nachrichten werden hier nicht mehr als einfache Strings gesendet, sondern als XML Elemente.

Bei der Angabe des COOKED Profiles am Anfang einer BEEP Session kann ein *IAM* (I am) Element übergeben werden, das sowohl die Identität, als auch die Rolle des Absenders festlegt. Rolle ist hierbei im Sinne des Syslog Protokolls zu verstehen, das zwischen Device, Relay und Collector unterscheidet.

Zusätzlich kann über ein *pathID* Attribut auf ein PATH Element verwiesen werden. PATH gibt den Pfad an, den eine Syslog-Nachricht bereits durch das Netzwerk genommen hat, zusammen mit Informationen darüber, welche Sicherheitsmaßnahmen auf dem Weg zwischen den zwei Syslog Systemen getroffen wurden.

Die eigentlichen Nachrichten werden in ENTRY Elementen versendet. Die Attribute Facility", SSeverity", Timestamp", "Hostnameünd Tagëntsprechen dabei den aus dem Syslog-Protkoll bekannten (siehe Abb. 5). Neue Informationen werden somit auch im COOKED Profile nicht übertragen. Durch die Erweiterung des COOKED-Profiles lassen sich aber jederzeit neue Elemente hinzufügen.

D = Syslog Device **R: Syslog Relay oder Collector**

D sendet Nachrichten als ENTRY Element in Message

```
D: MSG 1 0 . 2235 242
D: Content-type: application/beep+xml
D: <entry facility='4' severity='6'
D:     hostname='procert'
D:     deviceFQDN='procert.cert.dfn.de' deviceIP='193.174.13.1'
D:     timestamp='Oct  1 15:39:41'
D:     tag='sshd[29616]'
D: Connection from 193.174.13.16 port 35688
D: </entry>
D: END
```

R bestätigt Empfang

```
R: RPY 1 0 . 978 45
R: Content-type: application/beep+xml
R: <ok/>
R: END
```

Abbildung 5: Nachrichten im Reliable Syslog COOKED Profile

5.4 Sicherheit von Reliable Syslog

Syslog-Reliable definiert keine eigenen Sicherheitsmechanismen. Stattdessen werden die vom BEEP Protokoll zur Verfügung gestellten Spezialprofile benutzt. Zur Sicherung der Integrität und Authentizität wird auf eine Authentifizierung per SASL MD5-Digest nach [RFC 2381] zurückgegriffen. Zur Sicherung der Vertraulichkeit wird Transport Layer Security ([RFC 2246]) verwendet.

6 Syslog-Sign

Syslog-Sign befindet sich derzeit noch im Zustand eines Internet- Drafts ([Kel02]). Das Protokoll ist abwärtskompatibel zum bestehenden Syslog Protokoll ausgelegt. Es wird weiterhin UDP als Transportprotokoll und das gleiche Nachrichtenformat wie beim BSD Syslog verwendet, so daß die Nachrichten von BSD Syslog Implementierungen direkt verarbeitet werden können. Syslog-Sign erweitert das Protokoll um Mechanismen zur Authentisierung und Integritätsschutz auch gegen den Verlust von Nachrichten und gegen Replay Angriffe.

Die Definition einer Syslog Nachricht wird strikter gefaßt als in BSD Syslog. Die in BSD Syslog optionalen Elemente innerhalb einer Syslog Nachricht, PRI, TIMESTAMP und HOSTNAME, sind nun verbindlich. Enthält eine Nachricht diese Angaben nicht, so werden sie vom Syslog-Sign Empfänger eingefügt, wie in Abschnitt 4.3 von [RFC 3164] beschrieben.

6.1 Sicherheit in Syslog-Sign

Durch das im Wesentlichen gleiche Nachrichtenformat und UDP als Transportprotokoll hat Syslog-Sign die in Abschnitt 3 angesprochenen Probleme. Zur Sicherung der Integrität und Authentizität der von einem Device oder Relay abgesendeten Nachrichten, sowie zur Erkennung von fehlenden Nachrichten, werden diese vom Absender digital signiert.

Gleichzeitig müssen die Signaturen der Nachrichten einen Bezug auf vorherige Nachrichten enthalten, damit ein Schutz vor Nachrichtenverlust und Replays möglich wird. Sonst könnte nur die Integrität jeder einzelnen Nachricht für sich geprüft werden.

Der Absender von Syslog-Nachrichten kann diese an mehrere Empfänger versenden, und dabei bestimmten Empfängern nur bestimmte Nachrichten senden. Beispielsweise kann ein Empfänger nur Nachrichten mit einem PRI Wert größer 32, ein anderer nur Nachrichten mit einem PRI Wert von 11, 15 und 19. Ein Empfänger bekommt also schon aufgrund der Konfiguration des Absenders nicht alle Nachrichten, die dort versendet werden.

Deshalb können nicht einfach alle Nachrichten fortlaufend mit Verweis auf die jeweils vorige Nachricht signiert werden (ähnlich Cipher Block Chaining Verfahren), da diese dem Empfänger u. U. gar nicht gesendet wird. Es müssen Signaturen für Gruppen von Nachrichten an einen Empfänger gebildet werden. Diese Nachrichtengruppen werden als Signaturgruppen (*Signature Groups*) bezeichnet.

Die Nachrichten selbst werden unverändert (s. o.) übertragen. Die zur Überprüfung der Signaturen notwendigen Daten werden als eigene Nachrichten im Syslog-Format übertragen. Dazu definiert Syslog-Sign zwei neue Nachrichtentypen: Signaturblöcke (*Signature Blocks*) und Zertifikatsblöcke (*Certificate Blocks*).

Signaturblöcke enthalten im MSG Teil der Nachricht Signaturen über eine Anzahl von vorher gesendeten Nachrichten aus einer Signaturgruppe. Für jede Nachricht ist eine Signatur im Signaturblock enthalten. Zusätzlich enthält der Signaturblock am Ende eine Selbstsignatur. Die Signaturen werden gebildet, indem ein Hash über die gesamte Nachricht mit einem geheimen Schlüssel verschlüsselt wird. Als Hashalgorithmus ist derzeit SHA-1 vorgesehen, für den Signaturschlüssel OpenPGP DSA (Diffie-Hellman) Schlüssel. Im Protokoll sind Möglichkeiten vorgesehen, andere Hashalgorithmen und Schlüssel zu verwenden. Die Daten der Signaturen werden im Base64 Format (siehe [RFC 2045]) als ASCII-Zeichen für die Syslog-Nachricht kodiert. Abbildung 6 zeigt dies schematisch.

Zertifikatsblöcke dienen zur Übermittlung der öffentlichen Schlüssel. Da die Schlüssel zusammen mit ihrer Signatur grösser als eine Syslog-Nachricht (1024 Bytes) sein können, werden die Schlüssel ggfs. über mehrere sog. Payload-Blocks aufgeteilt, die innerhalb von Zertifikatsblöcken übertragen werden. Die Integrität des Zertifikatsblocks als Ganzes wird durch eine digitale Signatur sichergestellt. Das Format der Payload-Blocks ist durch den Typ des darin übertragenen Schlüssels bestimmt. Jeder Payload-Block ist wiederum an eine bestimmte Signaturgruppe gebunden.

Um zu verhindern, das ein Angreifer seinen eigenen öffentlichen Schlüssel in gefälschten Zertifikatsblöcken unterschieben kann, müssen die übertragenen Schlüssel digital signiert sein. Syslog-Sign macht keine Angaben, wie dies geschehen soll, sondern setzt voraus, daß die

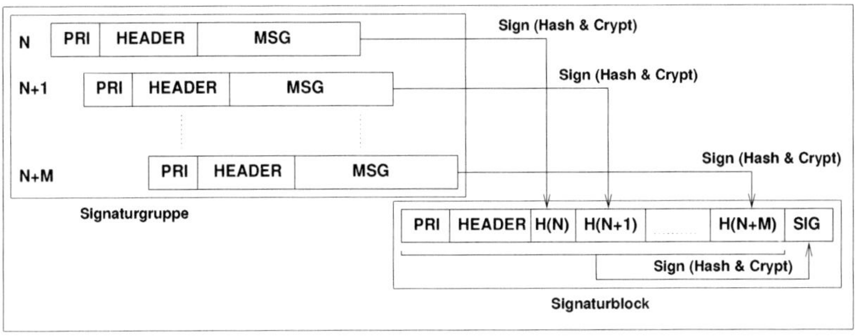

Abbildung 6: Signaturbildung bei Syslog-Sign

entsprechenden Daten zur Überprüfung des Schlüssels dem Empfänger vom Administrator bereitgestellt werden.

Dem Verlust von Payload- und Signaturblöcken wird durch mehrfaches Versenden dieser Blöcke vorgebeugt.

In Abschnitt 6 von [Kel02] wird ein Algorithmus beschrieben, wie die eingehenden Nachrichten effektiv überprüft werden können, indem die Nachrichten sortiert nach der Signatur vorgehalten werden.

7 Vergleich

Ein Vergleich der Ansätze in der Praxis ist derzeit noch nicht möglich. Für Reliable Syslog gibt es derzeit mit [SDSC] nur eine Implementierung vom San Diego Supercomputing Center, die sich aber auch noch in einem frühen Stadium befindet. Für FreeBSD ist eine Implementierung von Syslog-Sign angekündigt ([Mie02]), jedoch noch nicht allgemein verfügbar.

Ein Vergleich der beiden Protokolle Reliable Syslog und Syslog-Sign kann derzeit nur auf Basis der Spezifikationen erfolgen:

- Beide Protokolle bieten die Möglichkeit, die Quelle einer Nachricht zu identifizieren. Reliable Syslog erlaubt darüber hinaus im COOKED Profile sogar die Bestimmung des gesamten Pfads, den eine Nachricht über Relays genommen haben kann. Ebenso sichern beide Protokolle die Integrität der einzelnen Nachrichten und ermöglichen, die korrekte Reihenfolge zu bestimmen, in der Nachrichten beim Absender versendet wurden.

- Die Vertraulichkeit der Informationen kann nur bei Reliable Syslog sichergestellt werden.

- Durch die Verwendung von UDP als Transportprotokoll bleibt die Zuverlässigkeit der Nachrichtenauslieferung von Syslog-Sign weiter ein Problem. Syslog-Reliable ist wesentlich zuverlässiger durch die Verwendung von TCP und TLS.

- Spoofing und Überflutung mit Nachrichten bleibt bei Syslog-Sign ein Problem. "Falsche" oder erneut eingespielte Nachrichten können zwar erkannt werden. Der Algorithmus zur Überprüfung der Signaturen reagiert jedoch empfindlich auf solche Angriffe, da die Verarbeitungszeit und der Speicherplatzbedarf mit der Anzahl der zu prüfenden Nachrichten (UDP Pakete) steigt. Ein Denial-of-Service Angriff bleibt so jederzeit möglich. Da bei Reliable-Syslog erst eine Verbindung aufgebaut und authentifiziert werden muß, ist ein Angriff durch Überfluten mit Nachrichten nicht möglich. Ein Angreifer kann jedoch Angriffe gegen den TCP-Stack des Syslog-Empfängers fahren, z. B. TCP Syn-Floods. Ist der TCP-Stack entsprechend konfiguriert, sind diese Angriffe allerdings deutlich schwieriger als eine Überflutung bei Syslog-Sign.

- Ein Vorteil von Syslog-Sign ist die Möglichkeit, daß die übertragenen Daten vom Syslog Collector zusammen mit den Nachrichten gespeichert werden können, wodurch eine nachträgliche Manipulation der Logdaten auch später noch entdeckt werden kann, wenn der Prüfer über die geheimen Schlüssel zu den Signaturen verfügt. Verzichtet man auf eine Überprüfung zum Zeitpunkt des Eingangs, ist es nicht notwendig, die geheimen Schlüssel beim Collector On-line vorzuhalten. Ein Angriff auf den Collector selbst, mit dem Ziel einer Manipulation der gespeicherten Log-Daten, hätte keinen Erfolg. Reliable Syslog bietet dies nicht.

Beide Protokolle erfordern einen beträchtlichen Mehraufwand in der Implementierung, verglichen mit BSD-Syslog. Syslog-Sign kann zwar durch Erweiterung existierender Syslog Programme implementiert werden, die Routinen für die Erzeugung und Verifikation der Signaturen sind kompliziert und müssen jedoch vollständig neu geschrieben werden. Reliable Syslog Implementierungen müssen zwar von Grund auf neu geschrieben werden und verwenden das aufwendigere Protokoll, sind aber strukturell einfacher und können sich zur Implementierung der Protokolle auf existierende Bibliotheken für BEEP, SASL und TLS abstützen.

Ein Urteil darüber, welches Protokoll das "Bessere" ist, würde eine Bewertung nach einem willkürlich gewählten Maßstab bedeuten, da noch nicht absehbar ist, welche Eigenschaften sich im praktischen Betrieb als die entscheidenden herausstellen werden.

8 Ausblick

In der Syslog-Arbeitsgruppe ist man mit beiden Protokollen nicht ganz zufrieden. Bei Syslog-Sign entzündet sich die Kritik an UDP als Transportprotokoll, welches als zu unzuverlässig angesehen wird. Bei Reliable Syslog stößt man sich an BEEP als Zwischenschicht für den Nachrichtentransport. Die Erweiterbarkeit des Protokolls wird derzeit mehrheitlich als überflüssig angesehen während die schlechte Qualität der zur Verfügung stehenden BEEP Core Bibliotheken bei [SDSC] erhebliche Implementierungsprobleme verursacht hat, so daß in der Arbeitsgruppe die Entscheidung für BEEP in Frage gestellt wird.

Daher wird in der Arbeitsgruppe über eine einfachere Erweiterung des Syslog-Protokolls diskutiert, das direkt auf TCP als Transportprotokoll aufsetzen soll. Über weitere Sicherheitsmaßnahmen ist noch keine Entscheidung gefallen.

Implementierungen der neuen Protokolle gibt es derzeit nur für UNIX. Bis Implementierungen für Windows und Appliances wie Router, Switches oder Drucker verfügbar sind, werden die Hersteller zumindest die Ergebnisse der praktischen Tests abwarten.

Literaturverzeichnis

[Kel02] J. Kelsey, J. Callas, *draft-ietf-syslog-sign-08 — Syslog-Sign Protocol*, 2002 Online unter http://www.ietf.org/internet-drafts/draft-ietf-syslog-sign-08.txt

[Mie02] A. Mietus, *Securing Syslog on FreeBSD*, 2002, Präsentation online unter http://www.eurobsdcon.org/papers/mietus_presentation.pdf

[MSyslog] . , *Modular Syslog Homepage*, Online unter http://sourceforge.net/projects/msyslog/

[Kar96] E. Kargieman, A. Furtanowski *PEO Revised*, 1996, Online unter http://www.corest.com/common/showdoc.php?idx=85&idxseccion=11

[Ran02] ,M. Ranum, *syslogd / some analysis*, 2002, Online unter http://lists.shmoo.com/pipermail/loganalysis/2002-January/000412.html

[RFC 2045] N. Freed,N. Borenstein, *Request for Comments No. 2045 – Multipurpose Internet Mail Extension*, 1996, Online unter http://www.ietf.org/rfc/rfc2045.txt

[RFC 2222] J. Myers, *Request for Comments No. 2222 – Simple Authentication and Security Layer*, 1997, Online unter http://www.ietf.org/rfc/rfc2222.txt

[RFC 2246] T. Dierks, C. Allen, W. Treese, P. Karlton, A. Freier, P. Kocher, *Request for Comments No. 2246 – The TLS Protocol Version 1*, 1999, Online unter http://www.ietf.org/rfc/rfc2246.txt

[RFC 2381] P. Leach, C. Newman, *Request for Comments No. 2381 – Using Digest Authentication as a SASL Mechanism*, 2000, Online unter http://www.ietf.org/rfc/rfc2381.txt

[RFC 3080] M. Rose, *Request for Comments No. 3080 – The Blocks Extensible Exchange Protocol Core*, 2001, Online unter http://www.ietf.org/rfc/rfc3080.txt

[RFC 3081] M. Rose, *Request for Comments No. 3081 – Mapping the BEEP Core onto TCP*, 2001, Online unter http://www.ietf.org/rfc/rfc3081.txt

[RFC 3164] C. Longwick, *Request for Comments No. 3164 – The BSD syslog Protocol*, 2001, Online unter http://www.ietf.org/rfc/rfc3164.txt

[RFC 3195] D. New, M. Rose, *Request for Comments No. 3195 – Reliable Delivery for syslog*, 2001, Online unter http://www.ietf.org/rfc/rfc3195.txt

[Schn98] B. Schneier, J. Kelsey, *Cryptographic Support for Secure Logs on Untrusted Systems*, 1998, Online unter `http://www.counterpane.com/secure-logs.html`

[SDSC] *SDSC Secure Syslog Homepage*, Online unter `http://security.sdsc.edu/software/sdsc-syslog/`

[Tripwire] *Tripwire Homepage*, Online unter `http://www.tripwire.com/`

Schutz verteilter Intrusion-Detection-Systeme gegen Denial-of-Service-Angriffe

Marko Jahnke
Forschungsgesellschaft für angewandte Naturwissenschaften e.V. (FGAN)
Neuenahrer Str. 20
53343 D-Wachtberg
jahnke@fgan.de

1 Einführung

Ein geschütztes System kann immer höchstens so sicher sein wie das Schutzsystem selbst. Dies gilt in Zeiten immer häufiger auftretender Angriffe gegen Computersysteme auch und besonders für Intrusion-Detection-Systeme (*IDS*), deren Aufgabe darin besteht, Anzeichen für schadhafte Vorgänge in Computersystemen und –netzwerken aufzuspüren und entsprechende Gegenmaßnahmen einzuleiten. Wird das IDS an der bestimmungsgemäßen Ausführung seiner Aufgabe gehindert, so spricht man von einem Denial-of-Service-Angriff (*DoS*).

Um diese Aufgabe erfüllen zu können, sammeln IDS mit Hilfe von *Sensoren* Messdaten, die notwendig sind, um Zustandsparameter des zu überwachenden Systems zu bestimmen. Diese Daten können unterschiedlichster Natur sein; es kann sich beispielsweise um die Inhalte von Protokollpaketen auf Netzwerkverbindungen handeln, aber auch um numerische Parameter, wie die CPU-Auslastung oder die Anzahl der angemeldeten Benutzer eines Systems. Aus Gründen der Datenreduktion sowie der fehlenden Uniformität der Datenmodelle geht man im allgemeinen von sogenannten *Ereignismeldungs-generierenden* Sensoren aus, die nicht die rohen Sensordaten, sondern Ereignismeldungen (Events) an andere Systemkomponenten übermitteln, wenn bestimmte Bedingungen für die Daten eingetreten sind (z.B. wenn numerische Parameter in bestimmten Intervallgrenzen liegen).

Viele verteilte IDS verwenden eine zentralisierte Architektur mit verschiedenen Arten von Sensoren, wobei lokale Einheiten (meist als *Relays* oder *Agenten* bezeichnet) die auf einem Computersystem oder einer Netzwerkkomponente auftretenden Sensor-Ereignisse sammeln, vorverarbeiten und über das Netzwerk an eine zentrale Einheit (*Manager* oder *Konsole*) versenden. Diese analysiert und speichert die empfangenen Informationen, die optional – entsprechend aufbereitet – dem Sicherheitsadministrator zur visuellen Inspektion präsentiert werden können. Auch das zentrale Management und die Fernkonfiguration der verteilten Komponenten sind meist in die Konsoleneinheit integriert.

Die meisten verfügbaren Implementationen sind Software-basiert; nur eine geringe Anzahl von IDS-Produkten besteht dagegen aus vorkonfigurierter, dedizierter Hardware. Im weiteren Verlauf wird im allgemeinen von Software-implementierten Agenten und Sensoren ausgegangen, die ihren Dienst ressourcenschonend im Hintergrund auf zu überwachenden Endsystemen (Desktop- oder Serversysteme) verrichten.

Der Rest dieses Beitrages gestaltet sich wie folgt. Abschnitt 2 beschreibt einige verwandte Ansätze, um IDS gegen bestimmte Arten von Angriffen zu schützen. In Abschnitt 3 werden verschiedene Aspekte von DoS-Angriffen beschrieben und die Konsequenzen für das zu schützende System diskutiert. Vorschläge für Gegenmaßnahmen werden in Abschnitt 4 gemacht. Die Realisierung einiger dieser Gegenmaßnahmen im Rahmen einer prototypischen Implementierung einer verteilten IDS-Infrastruktur wird in Abschnitt 5 beschrieben.

2 Verwandte Arbeiten

Schutzmechanismen für IDS wurden bereits in zahlreichen Publikationen behandelt. Takada und Koike [16] schlugen versteckte Kopien für Audit-Logfiles vor, um nichtautorisierten Zugriff von Angreifern zu verhindern. Allerdings bestehen zahlreiche Einwände dagegen, das Verstecken von Informationen in Schutzsystemen einzusetzen.

Im Rahmen der Diskussion um mobile Agenten wurde vorgeschlagen, dass IDS-Agenten zwischen den zu überwachenden Systemen „wandern“ sollten, um einer Erkennung und Zerstörung durch einen Angreifer zu entgehen (z.B. in [10], [1]). Auch wenn dies in der Theorie eine durchaus interessante Idee darstellt, sind funktionstüchtige Implementationen, die robust genug für einen industriellen Einsatz sind, kurzfristig nicht zu erwarten.

Holz et al. [8] beschreiben eine Strategie, nach der Agenten die Analyse von Ereignismeldungen in Überlastsituationen an andere Agenten delegieren können. Die Erkennung und Behandlung solcher Situationen ist aber insbesondere für den oft wünschenswerten integrierten Einsatz von Dritthersteller-Software (*Third-Party-Komponenten*) im IDS nicht verwendbar.

Anstatt auf DoS-Angriffe zu reagieren, verwenden verschiedene Ansätze (so z.B. der von Wolthusen [19], [20]) Präventivmaßnahmen, die durch die Modifikation Betriebssystem-interner Funktionalitäten die Einhaltung der Sicherheitspolicies erzwingen können. Privilegierte Operationen - wie der Zugriff auf bestimmte Dateien, auf Netzwerkressourcen oder Prozesse - können nur nach einer zusätzlichen Authentifizierung erfolgen; Verstöße werden direkt an den Sicherheitsadministrator gemeldet. Mittel- und langfristig sind derartige Ansätze sicherlich wegen des umfassenden Sicherheitskonzeptes das Mittel der Wahl, aber kurzfristig wegen des beträchtlichen Aufwandes nicht großflächig zu realisieren. Es existiert eine Vielzahl bereits im Einsatz befindlicher, mehr oder minder unsicherer Systeme, die es schnell bestmöglich zu schützen gilt.

3 Denial-of-Service gegen verteilte IDS

Wie eingangs erwähnt, ist die Überlebensfähigkeit eines Schutzsystems von entscheidender Bedeutung. Möglichkeiten zur Eigensicherung müssen bereits in der Entwurfsphase integraler Bestandteil der Architektur werden. Eine möglichst systematische Aufarbeitung von Aspekten, die bei Denial-of-Service-Angriffen eine Rolle spielen, trägt wesentlich zu einer effizienten Entwicklung von Gegenmaßnahmen bei.

Man kann bei DoS auf verteilte Systeme zunächst bezüglich des Ortes unterscheiden, an dem der Angriff Wirkung zeigt. Zum einen können die zentralen Komponenten des Systems (beispielsweise ein Konsolen-Server und seine Unterkomponenten) betroffen sein, zum anderen aber auch die auf den zu überwachenden Plattformen verteilten Komponenten (z.B. Agenten, Relays, Sensoren). Als nicht zu vernachlässigender Angriffspunkt gelten aber auch die Kommunikationsverbindungen der Komponenten untereinander; hier ist wiederum zwischen der Netzwerk- und der Inter-Prozess-Kommunikation zu unterscheiden.

Auch die Methoden für DoS gegen ein IDS sind vielfältig. Die *Manipulation* sowie das *Mithören von Kommunikationsverbindungen* stellen eine Möglichkeit dar, das IDS an seiner bestimmungsgemäßen Ausführung seiner Aufgabe zu hindern (Streng genommen fällt das Mithören zwar nicht in diese Kategorie, trägt aber zur effektiveren Durchführung von DoS-Angriffen durch Ausgleich des Informationsdefizites bei).

Desweiteren ist es möglich, einzelne oder die Gesamtheit der Prozesse eines IDS zu terminieren, was die Beendigung der Ausführung der entsprechenden IDS-Komponenten zur Folge hat (*Prozessterminierung*).

Eine Herbeiführung von *Überlastsituation*en für die IDS-Komponenten hat ebenfalls zur Folge, dass die bestimmungsgemäße Aufgabe nicht oder nur verzögert erfüllt werden kann. Besonders schwierig zu handhaben ist dies, wenn Third-Party-Komponenten in das IDS integriert wurden, da für sie meist kein Erkennungs- und Reaktionsmechanismus für Überlastsituationen implementiert ist.

Eine weitere Möglichkeit besteht in der *Blendung* von Komponenten, d.h. deren Manipulation derart, dass die Komponente den übrigen Komponenten signalisiert, ordnungsgemäß zu funktionieren, während sie tatsächlich bereits ihrer vollen Handlungsfähigkeit beraubt worden ist. Man unterscheidet zwischen zwei Alternativen:

- *Blendung durch manipulierte Sensor-Daten*
  Ist die Art der Blendung eines IDS-Sensors ausschließlich von der Beschaffenheit der erfassten Sensordaten abhängig, so ist sie hochgradig sensorspezifisch und es kann offensichtlich keine generische Gegenmaßnahme ergriffen werden. Als Beispiel stelle man sich einen Netzwerksensor vor, der aufgrund von Spezifikationslücken in den Internet-Protokollen (z.B. TCP-Flags) Pakete verwirft, während das angegriffene Zielsystem das Paket im Datenstrom belässt (vg. [13]).

- *Nichtautorisierte Rekonfiguration*
  Werden bestimmte Parameter für die Ausführung einzelner IDS-Komponenten ohne Wissen des restlichen Systems verändert, so kann diese Situation einer Blendung entsprechen. Als Beispiel ist das Löschen einzelner Einträge einer lokal verwalteten Signaturdatenbank eines Logfile-Sensors zu nennen, der in diesem Falle möglicherweise hochkritische Systemmeldungen ignorieren würde.

Um dieser Problematik Herr zu werden, müssen existierende Möglichkeiten für Gegenmaßnahmen in ein IDS integriert bzw. neue Möglichkeiten entwickelt, implementiert und getestet werden. Dies muss auf allen Ebenen der Informationsabsicherung (*Prävention*, *Detektion*, *Reaktion*) erfolgen. Es muss allerdings von vorneherein klar sein, welche Form und welchen Grad an Sicherheit (d.h. sowohl „Security“ als auch „Safety“) man erzielen kann und will. Aufgrund des in der betrachteten Implementation gewählten User-Space-Ansatzes ist bereits vorweggenommen, dass kein Schutz gegen Angreifer bestehen kann, die auf Betriebssystem-Ebene operieren.

Ein weiter wichtiger Aspekt ist die *Fehlertoleranz*. Es kann u.U. sein, dass sich ein Angriff auf das IDS in der gleichen Weise äußert, wie eine Fehlfunktion (z.B. Speicherzuordnungsfehler mit Programmabbruch). Hier ist es unbedingt notwendig, Mechanismen vorzusehen, die eine Entscheidung über den vorliegenden Fall akkurat treffen, damit sich das IDS nicht selbst auf diese Weise mit Denial-of-Service-Angriffen außer Kraft setzt.

4 Gegenmaßnahmen gegen DoS

Betrachtet man zunächst nur die zentralen Einheiten verteilter IDS-Architekturen (d.h. Management- oder Auswertungs-Konsolen), so ist Redundanz eine sinnvolle Präventivmaßnahme gegen DoS. Kommerzielle IDS verfügen oft bereits über Backup-Systeme (als Hard- oder Software), die im Falle einer erkannten Fehlfunktion die Funktion des Primärsystems übernehmen, um einen *Single-Point-of-Failure* bereits auf Architekturebene zu vermeiden. Daher wird sich im folgenden auf die verteilten IDS-Softwarekomponenten beschränkt.

Zu den reaktiven Maßnahmen bei allen Arten erkannter DoS-Angriffe gehört die Generierung von Ereignismeldungen mit entsprechend hoher Priorität, die ggf. die sofortige Benachrichtigung des Sicherheitsadministrators zur Folge haben muss. Die im letzten Abschnitt vorgestellten DoS-Angriffe erfordern jedoch weitere spezifische Maßnahmen, die in den folgenden Unterabschnitten erläutert werden. Mögliche Gründe für Falschmeldungen werden ebenfalls angeführt.

4.1 Stören der IDS-Kommunikationsverbindungen

Prävention

Präventive Maßnahmen gegen das Stören der Netzwerkverbindungen sind zum einen kryptografischer Natur (Integritätssicherung, Authentifizierung der Kommunikationspartner), zum anderen aber auch die Wahl wechselnder Verbindungsparameter (z.B. TCP-Ports). Letzteres hat die folgenden beiden Effekte: Einerseits ist für den Angreifer nicht auf den ersten Blick ersichtlich, welches IDS seinen Dienst im Zielnetzwerk verrichtet (was bei fest zugeordneten TCP-Ports der Fall wäre); andererseits ist für den Angreifer nach einer bereits durchgeführten Terminierung der IDS-Kommunikation eine Re-Terminierung nicht unmittelbar möglich, ohne die neuen Verbindungsparameter zu bestimmen.

Manipulation der Inter-Prozess-Kommunikation kann nur durch kernintegrierte Mechanismen verhindert werden, denn sobald ein Angreifer in der Lage ist, beispielsweise den Inhalt von Shared-Memory-Bereichen zu verändern, ist ein im User-Space operierendes IDS machtlos.

Ein weiterer präventiver Ansatz ist die im Bereich fehlertoleranter Systeme immer wieder zum Einsatz kommende Redundanz – in diesem Falle also alternative Kommunikationskanäle oder -routen.

Detektion

Die Detektion terminierter Netzwerkverbindungen äußert sich vielfältig und ist u.a. vom verwendeten Betriebssystem und Netzwerk abhängig. Häufig werden entsprechende Betriebssystem-Signale an die betroffenen Prozesse ausgeliefert, auch das Signalisieren eines auf der Verbindung anliegenden, zu lesenden Datums der Länge 0 (bzw. EOF) kann ein Anzeichen für eine (möglicherweise unfreiwillig) beendete Verbindung sein.

Explizit in Kommunikationsprotokollen vorgesehene sogenannte *Keep-Alive-Nachrichten* stellen eine weitere Möglichkeit dar, da sie dem Kommunikationspartner in regelmäßigen Abständen u.a. signalisieren, dass die Verbindung noch mit ausreichender Qualität vorhanden ist. Bei der Detektion von Manipulationen des Datenstromes ist die Verschlüsselung ein wesentlicher Mechanismus, denn die Veränderung der Daten führt unweigerlich zu einer fehlschlagenden Entschlüsselungsoperation beim Empfänger.

Die Entscheidung, ob es sich um einen Angriff oder um eine Fehlfunktion handelt, gestaltet sich schwierig. Eine problemlose unmittelbare Wiederaufnahme der Verbindung kann zwar zum Eindruck verleiten, dass ein Netzwerkproblem vorlag, jedoch könnten in der

Zwischenzeit weitere Aktivitäten eines Angreifers auf dem Zielsystem erfolgt sein. Methoden zur Bestimmung von Paketverlustraten, wie man sie in der Echtzeit-Datenübertragung verwendet, geben dagegen Aufschluss über die Wahrscheinlichkeit für eine netzwerkbedingte Störung.

Reaktion

Um die bestimmungsgemäße Aufgabe auch nach einer gestörten Netzwerkverbindung erfüllen zu können, ist eine unmittelbare Wiederaufnahme der Verbindung notwendig. Dabei ist es nur dann erforderlich, eine gestörte Verbindung zuvor abzubrechen, wenn entweder keine Synchronisation der Kommunikationspartner mehr möglich oder ein Angriff auf das System wahrscheinlich ist. Wie bei den Präventivmaßnahmen erwähnt, ist dann die Verwendung geänderter Verbindungsparameter angeraten.

Ist es jedoch nicht möglich, die Verbindung wieder aufzunehmen, so müssen lokale Reaktionsmechanismen zur Verfügung stehen, die einerseits alternative Kommunikationsmöglichkeiten zur Benachrichtigung des Administrators bieten (z.B. SNMP-Traps, SMTP, Pager, Drucker), andererseits aber auch – wenn möglich – eigenständige Maßnahmen zur Trennung des Angreifers vom System ergreifen (z.B. Rekonfiguration eines Paketfilters, Prozessterminierung). Allerdings können Fehlkonfigurationen sehr problematisch werden, so z.B. wenn das System einen legitimen Fernzugriff des Administrators als Angriff klassifiziert und den Zugriff unterbricht.

4.2 Prozessterminierung

Prävention

Bei den Maßnahmen präventiver Art gegen die Terminierung von verteilten IDS-Prozessen auf Endsystemen ist man bei einem User-Space-orientierten Ansatz sehr beschränkt. Hat der Angreifer entweder die Benutzerkennung, unter dem die IDS-Komponenten auf einem Zielsystem betrieben werden, – oder gar die des Administrators – erlangt, so können Anwendungen nicht verhindern, dass Prozesse terminiert werden. Dazu ist nur ein entsprechender kernintegrierter Audit-Mechanismus zur Überwachung von Prozessmanipulationen in der Lage.

Redundante Prozesse auf einem System eignen sich nicht als Präventivmaßnahmen, weil sie vom Angreifer (aufgrund von ähnlichen oder gleichen Parametern) identifiziert und ebenso terminiert werden können. Eine denkbare Alternative dazu könnte die Einbringung von Code in Fremdprozesse – vergleichbar mit Software-Viren – sein, der die Prozessüberwachung und etwaige Reaktionsmechanismen anstößt. Dieser Ansatz ist innerhalb des User-Space möglich und würde – insbesondere, wenn die Prozessüberwachung in unverzichtbare Prozesse des Betriebssystems integriert werden könnte – eine unerkannte Terminierung mit großer Sicherheit verhindern.

Detektion

Die Detektion von Prozessterminierungen ist durch Überwachung von Betriebssystem-Signalen möglich; allerdings nur, wenn der terminierte Prozess ein Kindsprozess des überwachenden Prozesses (im weiteren als *Observer* bezeichnet) ist oder über eine Prozessbindung (z.B. mit `ptrace()`) mit ihm verbunden ist. Zudem gibt es in der so gebildeten Überwachungskette immer mindestens einen Prozess, der keinen Observer besitzt (*Top-Level-Observer*); seine Terminierung kann auf diese Weise dann nicht erkannt werden.

Auch die Beobachtung der Prozesstabelle des Betriebssystems kann zur Erkennung von Prozessterminierungen herangezogen werden; dieses Verfahren kann auch bei nicht voneinander abgespaltenen Prozessen verwendet werden, ist allerdings nicht effektiv portabel und erfordert systemspezifische Anpassungen.

Weiterhin sind Lösungen denkbar, die entgegen den ebengenannten von regelmäßig verschickten, nicht fälschbaren Keep-Alive-Nachrichten (vgl. Unterabschnitt „Stören der Kommunikationsverbindungen“) ausgehen, die das Vorhandensein der entsprechenden Prozesse signalisieren. Die Nicht-Fälschbarkeit muss durch ein nur den beiden Prozessen bekanntes, zur Laufzeit generiertes Datum erreicht werden. Bei eingesetzten Third-Party-Komponenten ist allerdings eine nachträgliche Integration eines solchen Mechanismus nicht oder nur schwer möglich.

Fehler bei der Erkennung von Prozessterminierungen können bei ungewollten Abbrüchen der Programmausführung auftreten (z.B. durch Speicherzuordnungsfehler), wenn der Grund für die Terminierung nicht ermittelt werden kann. Es ist selbstverständlich, dass die eingesetzten Komponenten eines IDS hinreichend fehlerfrei und exakt getestet sein müssen, um keine diesbezüglichen Fehler hervorzurufen. Da aber u.U. auch Third-Party-Produkte als Komponenten des IDS integriert sind, hat man möglicherweise keinen Einfluss auf derartige Fehler, sondern muss andere Wege finden, um Programmabbrüche zu verhindern (oder aber zu tolerieren).

Reaktion

Als primäre reaktive Maßnahme ist sicherlich der Neustart des terminierten Prozesses zu sehen, um den Betrieb wieder aufnehmen zu können. Dies ist für Prozesse möglich, die als Kindsprozesse des Observer-Prozesses gestartet werden; wurde aber der Top-Level-Observer terminiert, so kann – mangels Möglichkeit zur Erkennung dieses Sachverhaltes – ein Neustart durch andere IDS-Prozesse durchgeführt werden. Es kann jedoch ein automatischer Neustart des Top-Level-Observers durch den Initialprozess des Betriebssystems (z.B. init-Prozess unter Unix System V) veranlasst werden, was wiederum dessen intakte Konfiguration voraussetzt.

Eine mögliche – wenn auch erneut mit Vorsicht zu genießende – autonome Sekundärmaßnahme ist das Ausfindigmachen desjenigen Prozesses, der die Terminierung eingeleitet hat. Falls sich dieser mit hoher Sicherheit feststellen lässt, ist auch eine Gegenterminierung denkbar.

4.3 Überlastsituationen

Prävention

Ist es möglich, obere Schranken für Ein- und Ausgabegrößen von verteilten IDS-Komponenten festzulegen, so kann eine dementsprechende Überlast vermieden werden. Betrachtet man beispielsweise die Ereignismeldungs-verarbeitenden Einheiten eines IDS (z.B. Analysierer, Netzwerk-Kommunikation, Datenbank), so kann man Maximalzahlen für die zu verarbeitenden Meldungen pro Zeiteinheit definieren und auch leicht durchsetzen. Es besteht jedoch die Gefahr, dass auch die Bearbeitung besonders wichtiger Meldungen durch diese Maßnahme verzögert wird, d.h. es muss eine Datenreduktion durch Zusammenfassung redundanter oder ggf. auch nur korrelierter Daten so früh wie möglich im Datenfluss erfolgen.

Werden jedoch Third-Party-Komponenten in das IDS integriert, so ist Prävention gegen deren Überlastung generisch nur sehr schwer möglich. Unter Verwendung von Echtzeit-Betriebssystemen oder –erweiterungen sind Maximalgrößen für die den Prozessen zugeteilten Rechenzeitscheiben definierbar; herkömmliche Betriebssysteme bieten eine solche Funktionalität nicht.

Detektion

Eine Überlastsituation kann beispielsweise durch Messen von Ein- und Ausgabegrößen (z.B. Anzahl der Ereignismeldungen) für die einzelnen IDS-Komponenten erkannt werden. Auch das Einbringen von *Watchpoints* in den Ausführungscode, die den Zeitabstand zweier aufeinanderfolgender Durchläufe messen und bei abnormal großen Abständen entsprechende Gegenmaßnahmen anstoßen, ist denkbar. Auch hier ist man beim Einsatz von Third-Party-Komponenten stark eingeschränkt; eine Überwachung von Parametern der Prozesstabelle ist möglich, aber – wie erwähnt – nicht portabel.

Falschmeldungen können ohne weiteres entstehen, wenn durch Überlastung anderer Prozesse den IDS-Prozessen nicht mehr genügend Rechenzeit zur Verfügung gestellt wird.

Reaktion

Überlastsituationen sollten durch manuelles Eingreifen behandelt werden. Wenn festgestellt wird, dass der Überlastungseffekt ungewollt durch andere Prozesse entstanden ist, ist der dafür zuständige Administrator zu benachrichtigen.

4.4 Blenden durch manipulierte Sensordaten

Prävention

Da die Art des Angriffes in diesem Falle nur von der Art der Datenerfassung abhängt, und diese im internen Datenmodell des IDS nicht generell abgebildet werden kann, können keine generischen Präventivmaßnahmen von der IDS-Infrastruktur ergriffen werden. Hier muss entweder eine inhärente Immunisierung des Sensors durchgeführt oder durch externe Maßnahmen die Anfälligkeit des Sensors kompensiert werden. Betrachtet man das im vorangehenden Abschnitt erwähnte Beispiel des umgangenen Netzwerksensors, so bieten Netzwerkverkehr-bereinigende Einheiten (sog. Protocol Scrubber oder Traffic Normalizer, vgl. [7]) einen entsprechenden Schutz.

Detektion

Erkennen lassen sich Datenmanipulations-Blendvorgänge nur durch den Einsatz redundanter Sensoren, die komplementär arbeiten, d.h. gegenseitig Unzulänglichkeiten ausgleichen. Allerdings ist die Anzahl der hier denkbaren Anwendungsfälle sehr gering, da Sensoren, die einen vergleichbaren Erkennungsraum eines existierenden Sensors mit komplementären Eigenschaften abdecken, sehr selten sind (schon rein aus wirtschaftlichen Erwägungen). Eines der wenigen Beispiele ist das bereits genannte Ausnutzen von Lücken in Protokollspezifikationen; ein Unix-basierender und ein Windows-basierender Sensor, die ihre Daten unmittelbar vom TCP/IP-Stack des Betriebssystems beziehen, erfassen u.U. alle Fälle der Protokollauslegung und können so einen Täuschungsversuch gegen den jeweils anderen Sensor erkennen. Die zuvor genannten Präventivmaßnahmen stellen aber die bessere Alternative gegenüber der Detektion dar, sofern sie angewandt werden können.

Reaktion

Reaktive Maßnahmen auf Blendung durch manipulierte Sensordaten erfordern ein hohes Maß an manuellen Eingriffen des Sicherheitsadministrators, weil der potentielle Schaden sehr unterschiedlicher Natur sein kann. Nur in unkritischen Fällen sollte ein autonomes Handeln der verteilten IDS-Komponenten in Betracht gezogen werden, d.h. beispielsweise ein sauberes Herunterfahren des Betriebssystems von Computern, die nicht als „mission-critical" anzusehen sind.

4.5 Blenden durch nichtautorisierte Rekonfiguration

Prävention

Einer nichtautorisierten Rekonfiguration von IDS-Komponenten ist zunächst durch eine restriktive Handhabung von Dateizugriffsrechten auf dem verwendeten Dateisystem vorzubeugen, sodass außer dem Benutzer, der das IDS betreibt, und dem Administrator niemand in die Lage versetzt werden kann, die verteilten IDS-Komponenten zu manipulieren, d.h. Dateien in der Weise zu verändern, dass der gewünschte Blendungseffekt eintritt. Der schreibende Zugriff auf die sogenannten *Prozessumgebungen* (ausführbare Programme, Konfigurationsdateien, Shared Libraries, statische Daten) darf also nur dem entsprechenden Benutzer gestattet werden. Damit es einem Angreifer unmöglich wird die Identität des IDS-Benutzer anzunehmen (zumindest, ohne dabei entdeckt zu werden), sind wiederum entsprechende kernintegrierte Mechanismen notwendig, die zusätzliche Autorisierungen für privilegierte Aktionen erfordern (vgl. Abschnitt 6).

Detektion

Die Detektion von veränderten Prozessumgebungen auf dem Dateisystem gestaltet sich relativ einfach. Da eine Manipulation der Prozessumgebung immer einen Verlust der Integrität nach sich zieht, gilt es, eine Integritätsprüfung für die entsprechenden Dateien durchzuführen. Schlägt die Integritätsprüfung fehl, so liegt mit sehr hoher Wahrscheinlichkeit eine nichtautorisierte Manipulation vor. Bekannte Tools wie Tripwire [17] oder AIDE [11] bewerkstelligen genau diese Aufgabe. Sie tun dies zwar sehr effizient, ihre auf dem lokalen Dateisystem abgelegten Datenbanken können jedoch ebenfalls korrumpiert werden.

Ein möglicher Grund für eine diesbezügliche Falschmeldung kann ein inkonsistentes Dateisystem auf dem lokalen Datenträger sein, das zum Fehlschlagen der Integritätsprüfung führen kann, wobei die Wahrscheinlichkeit dafür bei der Verwendung entsprechend robuster Dateisysteme vernachlässigbar gering sein dürfte. Eine andere Möglichkeit besteht in falsch konfigurierten Backup/Restore-Vorgängen, die zum Überschreiben der Prozessumgebungen führen.

Ein durch Integritätsprüfung von Prozessumgebungen nicht abgedeckter Aspekt ist die Manipulation von IDS-Prozessen zur Laufzeit, die auf verschiedene Arten bewerkstelligt werden kann. Durch Veränderung des Prozessabbildes im Arbeitsspeicher oder durch sogenanntes Injizieren von dynamischen Bibliotheken kann die Arbeitsweise von einzelnen Prozessen gezielt beeinflusst werden (vgl. [2], [14]).

Reaktion

Auch bei der nichtautorisierten Rekonfiguration verteilter IDS-Komponenten ist nur ein manuelles Eingreifen des Sicherheitsadministrators angebracht, weil eine Falschmeldung relativ unwahrscheinlich und weil die Größe eines möglicherweise entstandenen Schadens über den einer kompromittierten IDS-Komponente weit hinausgeht.

5 Implementation

Basierend auf fundamentalen Anforderungen an verteilte IDS [3], [15], sowie auf weiteren, konkreten Anforderungen [9] wurde eine Menge universell einsetzbarer, generischer Software-Komponenten entwickelt, auf deren Basis man verschiedene verteilte IDS-Architekturen realisieren kann. Sie wurden als reine User-Space-Komponenten entworfen, d.h. ohne Zugriff auf Betriebssystem-interne Funktionalitäten und auf dedizierte Hardware. Der vorgestellte Ansatz zielt daher darauf ab, einfach zu installierende Zusatzdienste für heute bereits im Einsatz befindliche Plattformen zur Verfügung zu stellen („Add-On"-Ansatz).

Um in der Lage zu sein, nahezu jede beliebige Art existierender Datenquellen (Programme, Prozesse, Dateien) - auch Third-Party-Produkte - als IDS-Sensor einsetzen zu können, wurden generische *Sensor-Adapter* entwickelt, die einfach rekonfiguriert und angepasst werden können. Detailliertere Informationen zur Implementation finden sich in [9]. Die Realisierung einiger der im vorangegangenen Abschnitt geschilderten Gegenmaßnahmen gegen DoS erfolgte auf Basis dieses Prototypen und wird im folgenden umrissen.

5.1 Stören der IDS-Kommunikationsverbindungen

Prävention

Der Einsatz von Verschlüsselung sowie Integritätsprüfung und Authentifizierung der Kommunikationspartner ist im TLS-Protokoll (Transport Layer Security [5]) spezifiziert. TLS wird als Bestandteil des IDXP-Profils (Intrusion Detection message eXchange Protocol, [6]) für alle Netzwerk-Kommunikationsvorgänge unter den IDS-Komponenten eingesetzt. Somit werden Veränderungen am Datenstrom zuverlässig erkannt und das Mitlesen durch potentielle Angreifer verhindert. Zusätzlich werden wechselnde TCP-Ports verwendet, um einer sofortige Re-Terminierung einer unterbundenen Netzwerkverbindung vorzubeugen. Aus Aufwandsgründen, die dem gewählten „Add-On"-Ansatz (s.o.) entgegenstehen, wurde auf eine Implementierung redundanter Kommunikationskanäle verzichtet. Zu versendende Ereignismeldungen werden auf dem lokalen Datenträger zwischengespeichert, um sie ggf. neu versenden zu können.

Detektion

Zur Erkennung unterbrochener Netzwerkverbindungen wird zum einen nach fehlgeschlagenen Lesevorgängen (Datum der Länge 0 bzw. EOF), zum anderen nach auftretenden Betriebssystem-Signalen (z.B. SIGPIPE) Ausschau gehalten. Die im verwendeten IDMEF-Datenformat [4] spezifizierten „Heartbeat-Messages" werden von den Agenten als Keep-Alive-Nachrichten in festgelegten Zeiträumen an die Konsole verschickt und von dieser ein eventuelles Ausbleiben nach Zeitüberschreitung überprüft.

Reaktion

Wird von einem Agenten festgestellt, dass die Kommunikationsverbindung zur Konsole unterbrochen wurde, so wird zunächst versucht, eine neue Verbindung zu etablieren. Gelingt dies nach einer spezifizierten Anzahl von Versuchen nicht, so wird ein Response-Modul aktiviert, das eine SMTP-Nachricht an die Administratorkennung absetzt. Dies macht selbstverständlich nur Sinn, wenn nicht der gesamte Netzwerkverkehr, sondern nur beispielsweise die TCP-Verbindung des IDS unterbunden worden ist. Daher sind auch andere Response-Möglichkeiten konfigurierbar, so etwa ein sauberes Herunterfahren des Systems oder die Rekonfiguration eines Paktfilters.

5.2 Prozessterminierung

Detektion

Zur Erkennung terminierter IDS-Prozesse werden Betriebssystem-Signale beobachtet, d.h. Agenten erkennen, wenn Sie selbst (z.B. SIGTERM) oder Sensoren als ihre Kindsprozesse (SIGCHLD) terminiert werden sollen. Erhält ein Agent ein SIGKILL-Signal, so kann es dieses naturgemäß nicht abfangen; die Prozessterminierung stellt sich auf der Konsole wie eine unterbrochene Netzwerkverbindung dar.

Von einer Realisierung Prozess-überwachenden Codes, der in Fremdprozesse eingebracht wird, wurde zunächst wegen der fehlenden Portabilität Abstand genommen.

Reaktion

Erkennt ein Agenten-Prozess, dass einer seiner Sensoren als Kindsprozess terminiert werden soll, so setzt er eine entsprechende Ereignismeldung an die Konsole ab. Der Sensor wird – wenn möglich – sofort neu gestartet, um den Betrieb aufrecht zu erhalten. Soll der Agent dagegen selbst terminiert werden, so verhindert er dies, soweit möglich, und setzt ebenfalls eine entsprechende Meldung an die Konsole ab.

5.3 Blenden durch nichtautorisierte Rekonfiguration

Detektion

Die Detektion von nichtautorisierten Manipulationen an den Prozessumgebungen der verteilten Komponenten wird durch Integritätsprüfung bewerkstelligt. Zu diesem Zweck werden zunächst die Bestandteile der Prozessumgebungen von Agenten und Sensoren spezifiziert und dann über Dateiinhalte, Benutzer- und Gruppenzugehörigkeit, Zugriffsrechte und Zugriffszeiten der Dateien *Checksummen* (Digest-Funktionen, z.B. MD5) gebildet. Die Berechnung wird durch den Agenten durchgeführt. Die initialen Werte werden an einer nicht veränderbaren Stelle (z.B. auf einem nicht wiederbeschreibbaren Dateisystem auf dem Konsolen-Server) abgelegt. Zu bestimmten Zeitpunkten, d.h.

- nach einem Neustart des IDS oder einer seiner verteilten Komponenten,
- periodisch sowie
- auf Anforderung des Sicherheitsadministrators

werden die Checksummen neu berechnet und von der Konsole mit den dort gespeicherten Werten verglichen.

Eine Implementierung einer Integritätsprüfung für Prozesse zur Laufzeit (z.B. mit `ptrace()`) ist sehr betriebssystemspezifisch und wurde daher nicht durchgeführt.

6 Zusammenfassung und Schlussfolgerungen

In diesem Beitrag wurden zunächst Methoden und Auswirkungen von Denial-of-Service-Angriffen gegen Komponenten verteilter Intrusion-Detection-Systeme erläutert. Davon ausgehend wurden mögliche Mechanismen zur Prävention und Erkennung sowie zur Reaktion auf DoS-Angriffe aufgeführt. Zusätzlich wurden auch Gründe für mögliche Falschmeldungen in Betracht gezogen und die Grenzen aufgezeigt, die sich durch einen User-Space-orientierten Ansatz ergeben. Die Implementation einiger dieser Schutzmechanismen wurde umrissen.

Im Laufe der Entwicklungsarbeit haben sich folgende Erkenntnisse ergeben:

- Es ist möglich, auch mit einem User-Space-basierenden Ansatz ein gewisses (für manche Einsatzbereiche durchaus ausreichendes) Maß an Sicherheit vor schadhaften Vorfällen herzustellen.
- Privilegierte Operationen (Veränderung bestimmter Dateien, Prozessmanipulationen, Änderung der Benutzerkennung, Laufzeitveränderungen im Prozess- und Kernspeicher) müssen durch zusätzliche, kernbasierte Autorisierungsmechanismen vor unbefugter Ausführung geschützt werden.
- Ein Umgehen vieler der hier vorgestellten Ansätze ist nur durch Manipulation des Betriebssystem-Kerns möglich. Wenn ausgeschlossen werden kann, dass derartige Änderungen nicht ohne Neustart (der mit hoher Wahrscheinlichkeit von einem Überwachungssystem erkannt wird) des Systems möglich sind, so hat die Verteidigung einen – wenn auch geringen – zeitlichen Vorsprung erlangt, der mitunter ausreicht, um entsprechende Maßnahmen einzuleiten.
- Bei Netzwerk-Sensoren sind dedizierte Hardware-Komponenten, die im sogenannten „Stealth Mode“ alle eine Leitung passierenden Datenpakete inspizieren (ohne selbst durch eine IP-Adresse in das Netzwerk integriert zu sein), den Software-Installationen auf herkömmlich vernetzten Rechnern vorzuziehen, weil sie die geringstmögliche Angriffsfläche bieten.

Das Thema Überlebensfähigkeit und Selbstschutz von verteilten IDS ist bisher noch nicht erschöpfend behandelt worden; allerdings versprechen Ansätze zur Durchsetzung von Sicherheitspolicies durch entsprechende Auslegung von Betriebssystem-internen Funktionalitäten mittel- und langfristig wesentlich mehr Erfolg.

Literaturverzeichnis

[1] Bhattacharya S. und N. Ye: *Design of a Robust, Survivable Intrusion Detection Agent.* Proceedings of the 1st Asia-Pacific Intelligent Agent Technology Conference (IAT'99), 274-278, 1999.

[2] Cesare, S.: *Syscall Redirection without Modifying the Syscall Table.* http://www.big.net.au/~silvio/stealth-syscall.txt, 1998.

[3] Crosbie, M. und E. Spafford: *Active Defense of a computer system using autonomous agents.* Technischer Bericht, The COAST Group, Department of Computer Science, Purdue University, West Lafayette, IN, Februar 1995.

[4] Curry, D. und H. Debar: *Intrusion Detection Message Exchange Format - Data Model and Extensible Markup Language (XML) Document Type Definition.* IETF Internet Draft draft-ietf-idwg-idmef-xml-03.txt, 2001. IETF IDWG.

[5] Dierks, T. und T. Allen: RFC 2246: *The TLS Protocol Version 1.0.* http://www.ietf.org/rfc/rfc2246.txt, Januar 1999.

[6] Feinstein, B., G. Matthews and J. White: *The Intrusion Detection Exchange Protocol.* IETF Internet Draft draft-ietf-idwg-beep-idxp-03.txt, September 2001. IETF IDWG.

[7] Handley, M., V. Paxson und C. Kreibich: *Network Intrusion Detection: Evasion, Traffic Normalization, and End-to-End Protocol Semantics.* Proc. USENIX Security Symposium 2001.

[8] Holz, T., M. Meier und H. Koenig: *High-efficient Intrusion Detection Infrastructure*, May 2002. Presented at the NATO/RTO Symposium on Real-Time Intrusion Detection (RTID) 2002, Estoril, Portugal.

[9] Jahnke, M.*: An Open and Secure Infrastructure for Distributed Intrusion Detection Sensors.* Proceedings of the NATO Regional Conference on Communication and Information Systems (RCMCIS'02), Zegrze, Polen, Oktober 2002.

[10] Jansen, W., P. Mell, T. Karygiannis und D. Marks*: Mobile Agents in Intrusion Detection and Response.* Proceedings of the 12th Annual Canadian Information Technology Security Symposium. National Institute for Standards and Technology, Gaithersboutg, MD, 2000.

[11] Lehti, R.: AIDE Download Page. http://www.cs.tut.fi/~rammer/aide.html, 2001.

[12] Porras, P. und P. Neumann: EMERALD*: Event Monitoring Enabling Responses to Anomalous Live Disturbances.* Proceedings 20th NIST-NCSC National Information Systems Security Conference, 353-365, 1997.

[13] Ptacek, H. und H. Newsham: Insertion, Evasion, and Denial of Service: Eluding Network Intrusion Detection. Technischer Bericht, Secure Networks, Inc., 1998.

[14] Secure Reality Pty Ltd.: *InjectSO Version 0.2 download page.* http://www.securereality.com.au/archives.html, 2002.

[15] Spafford, E.und D. Zamboni: *Intrusion detection using autonomous agents.* Computer Networks, 34:547-570, 2000.

[16] Takada, T. und H. Koike: NIGELOG*: Protecting Logging Information by Hiding Multiple Backups in Directories.* Proceedings of the International Workshop on Electronic Commerce and Security, 874-878, 1999.

[17] Tripwire Download Page. http://www.tripwire.org/downloads/index.php, 2001.

[18] Vigna, G., S. Eckmann und R. Kemmerer: *The STAT Tool Suite.* Proceedings of DISCEX 2000, Hilton Head, South Carolina, 2000. IEEE Computer Society Press

[19] Wolthusen, S.: *Embedding Policy-Controlled ID Sensors within Host Operating System Security Enforcement Components for Real Time Monitoring.* NATO/RTO Symposium on Real-Time Intrusion Detection (RTID), Estoril, Portugal, 2002.

[20] Wolthusen, S.*: Security Policy Enforcement at the File System Level in the Windows NT Operating System Family.* Proceedings of the 17th Annual Computer Security Applications Conference (ACSAC'01), New Orleans, LA, 2001.

Integration von Verwundbarkeits-Analyse und Netzwerk-Management mittels Vulture *

Ulrich Flegel, Marcus Kommnick
Universität Dortmund
D-44221 Dortmund
{flegel,kommnick}@ls6.cs.uni-dortmund.de

1 Verwundbarkeits-Analyse

Die Durchsetzung von Schutzzielen hinsichtlich IT-Infrastrukturen ist in der Regel nicht mit der Installation von Schutzmaßnahmen abgeschlossen. Vielmehr befinden sich die Verantwortlichen in einem kontinuierlichem Absicherungsprozeß, bedingt durch die Dynamik heutiger IT-Infrastrukturen. Neue Verwundbarkeiten entstehen etwa durch Veränderungen der Netztopologie oder Systemkonfigurationen, durch hinzugefügte Systeme bzw. Software. Andere Verwundbarkeiten schlummern in bereits vorhandener Software, bis jemand einen Weg findet, diese auszunutzen.

Vorhandene Verwundbarkeiten können von Angreifern ausgenutzt werden. Folgenlose Angriffe bleiben häufig unbemerkt, oft aber auch erfolgreiche Einbrüche. Hier können Intrusion-Detection-Systeme (IDS) die Entdeckung des tatsächlich (versuchten) Ausnutzens von Verwundbarkeiten melden. Das Nachvollziehen von Angriffen gibt Hinweise auf vorhandene Verwundbarkeiten, die es zu beseitigen gilt. Diese reaktive Vorgehensweise überläßt jedoch dem Angreifer den ersten Schritt, der für ihn bereits zum Erfolg führen kann.

Es empfiehlt sich deshalb zusätzlich eine proaktive Herangehensweise zum Aufspüren vorhandener Verwundbarkeiten. CERT-Warnmeldungen bieten z.B. Informationen zu aktuellen Software-Verwundbarkeiten. Informationen zu Verwundbarkeiten durch Fehlkonfigurationen oder durch neue Systeme bzw. Topologieveränderungen erhält man aber erst durch die Inspektion der Systeme und Netze. Das regelmäßige manuelle gründliche Aufspüren von Verwundbarkeiten ist eine sehr aufwendige und auch fehlerträchtige Aufgabe.

---

*Die beschriebenen Arbeiten werden derzeit zum Teil von der Deutschen Forschungsgemeinschaft gefördert unter Bi 311/10-2.

1.1 Vorhandene Werkzeuge

Die meisten Tests zum Aufspüren von Verwundbarkeiten lassen sich automatisieren. Entsprechende Analyse-Werkzeuge sind sowohl frei als auch kommerziell verfügbar.

Viele Verwundbarkeiten werden in der Untergrund-Szene aufgedeckt. Von dort stammen dann als Nachweis häufig die entsprechenden Werkzeuge, die allerdings meist auf die berichtete Verwundbarkeit spezialisiert sind. Diese Werkzeuge verfügen in der Regel über keine graphische Nutzeroberfläche. Einen Überblick findet man beispielsweise unter Exploit World [1].

Diesem Mangel widmen sich umfassendere Analyse-Werkzeuge wie etwa Nessus [2], die versuchen, möglichst viele Verwundbarkeiten abzudecken und die gleichzeitig eine graphische Nutzeroberfläche mit Reporting bieten. Die Oberflächen der einzelnen Analyse-Werkzeuge unterscheiden sich allerdings stark von einander, insbesondere aber von den Oberflächen der üblichen Netzwerk-Management-Werkzeuge. De facto werden einzelne mittels Analyse-Werkzeugen aufgespürte Verwundbarkeiten den Administrator veranlassen, die Konfiguration der Infrastruktur mit Hilfe von Netzwerk-Management-Werkzeugen anzupassen. Dabei muß er mit mehreren Oberflächen hantieren und muß Ergebnisse der Verwundbarkeits-Analyse-Werkzeuge manuell im Netzwerk-Management umsetzen.

Der Administrator sieht sich dadurch einerseits mit sehr aktuellen aber Kommandozeilen-orientierten Einzelwerkzeugen und andererseits mit einer Vielzahl verschiedener graphischer Nutzeroberflächen konfrontiert. Es ensteht ein erheblicher Konfigurationsaufwand schon allein dadurch, daß der Administrator die IT-Infrastruktur für die einzelnen Oberflächen jeweils spezifisch modellieren und eingeben muß.

Dementsprechend läßt sich die Situation des Administrators verbessern, indem Verwundbarkeits-Analyse und Netzwerk-Management integriert werden. Der Beitrag unseres Projekts *Vulture* ist die Bereitstellung einer integrierten Plattform für Netzwerk-Management und Verwundbarkeits-Analyse, auf deren Basis sich inhaltliche Querbezüge zwischen beiden Welten automatisieren lassen.

2 Integrations-Vision

Aus Administratoren-Sicht ist die Gewährleistung der Sicherheit einer IT-Infrastruktur lediglich ein Teilbereich des Gesamtkomplexes Netzwerk-Management. Für letzteres stehen bereits mächtige Werkzeuge zur Verfügung, wie etwa OpenView [3], Tivoli [4] und Scotty [5]. Diese Werkzeuge verfügen nach entsprechender Konfiguration bereits über ein Modell der zu verwaltenden IT-Infrastruktur und operieren in vielfältiger Weise darauf.

Die Integration von Verwundbarkeits-Analyse und Netzwerk-Management bietet offensichtlich ein erhebliches Synergie-Potential hinsichtlich Effizienz und Effektivität. Administratoren arbeiten nur noch mit einer abgestimmten Oberfläche. Auch wird nur noch ein umfassendes Infrastruktur-Modell benötigt, das zusätzlich Facetten der Sicherheit beinhaltet. Inhaltlich vorhandene Querbezüge zwischen Verwundbarkeits-Analyse und Netzwerk-Management werden nutzbar gemacht und sind damit auch automatisierbar.

2.1 Beispiel-Szenarien

An dieser Stelle seien knapp einige Beispielszenarien skizziert, die die Nutzung von Querbezügen zwischen Verwundbarkeits-Analyse und Netzwerk-Management illustrieren. Zum einen können Änderungen am Modell oder der Konfiguration der IT-Infrastruktur eine neue Verwundbarkeits-Analyse notwendig machen. Zum anderen können die Ergebnisse einer Verwundbarkeits-Analyse Anpassungen der IT-Infrastruktur erfordern.

Konfiguration → Analyse: Dem Infrastruktur-Modell wurden neue Rechner und eine Fallback-Route hinzugefügt. Außerdem wurden die Filterregeln eines Routers modifiziert. Das Management-System kann vorschlagen, die hinzugefügten Rechner auf Verwundbarkeiten hin zu analysieren, zu ermitteln, ob über die Fallback-Route Systeme ungewollt erreicht werden können, und ob die neuen Filterregeln verwundbare Netzwerk-Dienste verfügbar machen.

Analyse → Konfiguration: Eine regelmäßige Verwundbarkeitsanalyse hat Rechner aufgespürt, die offenbar inoffiziell in Betrieb genommen wurden. Außerdem wurden auf diversen internen Maschinen verwundbare Versionen von Netzwerkdiensten entdeckt. Das integrierte Management-System kann nun von sich aus Vorschläge machen, die nach Bestätigung automatisch umgesetzt werden. Die inoffiziellen Rechner werden in ihrem Netzwerk isoliert, indem die Router entsprechende Filterregeln erhalten. Auf demselben Weg können die Ports der verwundbaren Dienste gesperrt werden.

3 *Vulture*

Das Projekt *Vulture* bietet ein Rahmenwerk zur Integration von Verwundbarkeits-Analyse und SNMP-basiertem Netzwerk-Management. Dabei werden die Management-Stationen und die Agenten unterschieden, die die Verwundbarkeits-Analyse durchführen (s. Abb. 1).

Die *Vulture*-Agenten bieten eine eigenständige und portierbare Plattform zur Durchführung von Verwundbarkeits-Analysen. Die Kommunikation mit *Vulture*-Agenten geschieht mittels SNMP. Die *Vulture*-Agenten sind mit Hilfe von *Vulture*-Plugins an eine Vielzahl von Management-Plattformen anbindbar und scripting-fähig.

Die Anbindung von *Vulture*-Agenten an eine Management-Plattform erfolgt über ein plattformspezifisches *Vulture*-Plugin. Ein *Vulture*-Plugin agiert als in die Management-Station integriertes Frontend zum Agenten. Soll *Vulture* in eine bisher nicht unterstützte Management-Plattform integriert werden, ist lediglich ein neues Plugin zu implementieren.

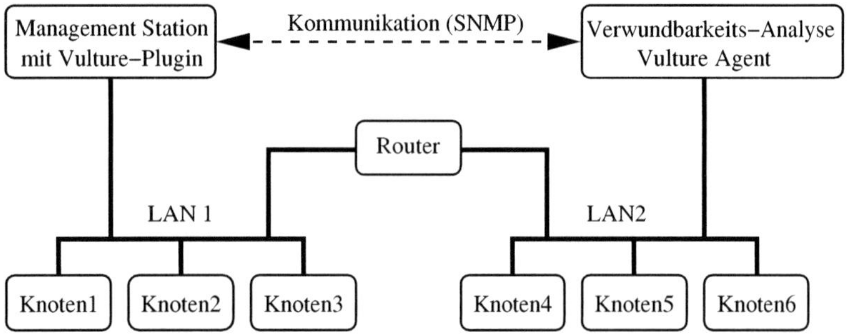

Abbildung 1: *Vulture*-Plugin und *Vulture*-Agent im Netzwerk

Während ein Plugin mehrere Agenten ansteuern kann, kann ein Agent mehrere Plugins bedienen. Dementsprechend können Agenten beliebig in der IT-Infrastruktur plaziert werden und von verschiedenen Stellen und Administratoren genutzt werden.

Die Netzwerk-Management-Station kann von allen im Netz verteilten *Vulture*-Agenten die Version abfragen und ggf. eine aktuelle Liste aller angebotenen Verwundbarkeits-Tests inklusive der Hilfetexte und Standard-Parameter abrufen.

3.1 Sicherheit

Einige ältere Versionen von SNMP bieten nur unzureichende Sicherheitsmerkmale, so daß möglichst SNMPv3 verwendet werden sollte. Leider unterstützen noch nicht alle Netzwerk-Management-Stationen diese Version. Einen kurzen Überblick über die Risiken der verschiedenen SNMP-Versionen und welche Mindestmaßnahmen zu deren Minimierung empfehlenswert sind findet man unter [6].

Die fein-granulare Nutzer- und Rechteverwaltung von *Vulture* basiert auf dem VACM-Modell [7] und ist dadurch aus der Ferne wartbar. Es erlaubt die Verwaltung von Nutzern, Gruppen und MIB-Views (siehe Abschnitt 3.4.2) sowie die Zuweisung separater Rechte je nachdem, mit welcher SNMP-Version der Zugriff erfolgt.

Bei besonders sicherheitskritischen Tests sollte eine Authentifizierung und / oder Verschlüsselung der SNMP-Verbindung nach dem USM-Modell [8] von SNMPv3 [9] vorgeschrieben werden, bei weniger kritischen Tests mag auch eine einfache Verbindung nach SNMPv1 [10] genügen. Dies erlaubt eine eingeschränkte Nutzung auch von Netzwerk-Management-Stationen aus, die nur ältere SNMP-Versionen unterstützen. Detailierte Informationen über die Sicherheitsfeatures von SNMPv3 kann man bei William Stallings finden [11, 12].

Als ein mögliches Einsatzszenario kann man für die verschiedenen Administratoren der einzelnen Abteilungen einer Organisation jeweils eine eigene Nutzergruppe vorsehen, die jeweils nur das Recht hat, ihr eigenes Abteilungsnetz zu testen. Durch aufstellen von mehreren *Vulture*-

Agenten an verschiedenen Stellen des Gesamtnetzes können die jeweiligen Administratoren testen, ob Ihr lokales Netz vom jeweiligen Agenten-Standort aus angreifbar ist.

3.2 Test-Taxonomie

Um eine leichtere Auswahl der Verwundbarkeits-Tests zu ermöglichen kann man diese in Taxonomien klassifizieren. Es existieren bereits einige Arbeiten über die Klassifikation von Verwundbarkeits-Tests, die allerdings zu sehr unterschiedlichen Einteilungen kommen, da nach unterschiedlichen Kriterien wie etwa der verwendeten Technik [13], den ausgenutzten Sicherheitslücken [14] oder den erzielten Resultaten [15] klassifiziert worden ist.

Deshalb bietet *Vulture* die Möglichkeit, beliebige Taxonomien anzulegen und für jeden Verwundbarkeits-Test die entsprechende Position im jeweiligen Taxonomiebaum festzulegen. Dadurch ist es dem jeweiligen *Vulture*-Plugin möglich, vielfältige Selektionsmöglichkeiten anzubieten.

3.3 Rückmeldungen

Nachdem der jeweilige Verwundbarkeits-Test beendet ist, sind seine Ausgaben in einer SNMP-Tabelle mit Zusatzinformationen wie etwa Zeitstempeln von Beginn und Ende der Ausführung abrufbar. Insbesondere für Skripte ist die Möglichkeit gedacht, reguläre Ausdrücke auf diese Ausgaben anwenden zu können und die Ergebnisse in einer eigenen SNMP-Tabelle bereit zu stellen. Für die Kommunikation mit dem Agenten kann entweder eine SNMP-Bibliothek der jeweiligen Skriptsprache benutzt werden, wie sie etwa in Perl [16] zur Verfügung steht, oder aber die `snmpget`- und `snmpput`-Kommandos aus dem NET-SNMP Paket verwendet werden.

Außerdem wird eine IDMEF-Nachricht [17] im XML-Format erstellt. Dieses Datenformat dient vor allem der Kommunikation von Intrusion-Detection-Systemen untereinander bzw. mit Management-Stationen und ermöglicht so die Korrelation von Angriffen. Sie enthält Informationen über den Detektor, Zeitstempel, Angaben über Quelle und Ziel sowie Art und Technik der vom Test ausgelösten Schutzzielverletzung und, ob diese erfolgreich war. Geplant ist, diese Nachricht der Alarm-Korrelation zuzuführen. Es besteht so die Möglichkeit, vom IDS gemeldete Schutzzielverletzungen als harmlos einzustufen, wenn sie durch eine Verwundbarkeits-Analyse ausgelöst wurden (s. Abschnitt 4).

In einer weiteren SNMP-Tabelle wird die *Intrusion Detection Sensor Alert MIB* [18] realisiert, die ähnliche Daten wie die IDMEF-Nachricht bereitstellt, allerdings nicht als XML-Dokument, sondern als einzelne Werte auf die dadurch gezielt per SNMP zugegriffen werden kann.

Außerdem werden alle Zugriffe auf den Agenten mittels *Syslog* protokolliert, um später nachvollziehen zu können, wer wann welchen Test gegen welches Ziel veranlaßt hat.

3.4 Implementierung und Konfiguration

Die Implementierung wurde im Rahmen einer Diplomarbeit [19] erstellt und wird frei verfügbar gemacht unter folgender URL: `http://ls6-www.cs.uni-dortmund.de/vulture`

3.4.1 *Vulture*-Plugin

Mittels *Vulture*-Plugins werden dem Administrator auf seiner gewohnten Management-Oberfläche *Vulture*-Agenten verfügbar gemacht. Eine Umgewöhnung entfällt und *Vulture* nutzt das Infrastruktur-Modell der Management-Station. Ziele für Verwundbarkeits-Analysen können u.a. im graphischen Infrastruktur-Modell ausgewählt werden (s. Abb. 2). Die Ergebnisse der Verwundbarkeits-Analyse erscheinen ebenfalls auf der Management-Oberfläche.

Bei der Auswahl der zu fahrenden Verwundbarkeits-Tests wird der Administrator durch frei definierbare Taxonomien unterstützt, z.B. wenn protokoll- oder betriebssystemspezifische Tests gewünscht sind. Andere Taxonomien ordnen Verwundbarkeits-Tests nach Seiteneffekten oder Angriffs-Sorten ein, z.B. Denial of Service (s. `Select Attacks` in Abb. 2).

Die Verwundbarkeits-Tests sind bereits vorparametrisiert, die Parameter sind aber einstellbar (s. `Firewalk Parameters` in Abb. 2). Informationen über die aktuell verfügbaren Verwundbarkeits-Tests und deren Parameter bezieht das Plugin vom Agenten.

Implementiert wurde bisher ein Plugin für die frei verfügbare OpenSource Management-Plattform Scotty/TKined.

3.4.2 *Vulture*-Agent

Vulture-Agenten stellen den *Vulture*-Plugins die Verwundbarkeits-Tests zur Verfügung. Hierfür setzen die Agenten verschiedene weit verbreitete Standards ein. Die Kommunikation mit den Plugins erfolgt mittels SNMP und den entsprechenden Sicherheitsfeatures (SNMPv1, v2c, v3 USM). Daher sind die Agenten auch über die Kommandozeile fernsteuerbar und damit scripting-fähig.

Die Verwundbarkeits-Tests werden vom Agenten in einer erweiterbaren MIB [20] verwaltet. Die MIB enthält die Informationen zu den einzubindenden Verwundbarkeits-Testwerkzeugen, also deren Parameter- und Ausgabeformate, ihre Zuordnung zu Taxonomien, entsprechende Hilfstexte, etc. (s. Abb. 3). Der Agent startet jeden angeforderten Verwundbarkeits-Test gemäß MIB als eigenen Thread und verarbeitet dessen Ausgaben. Über einen MIB-Abgleich erhalten die Plugins vom Agenten die Informationen über die verfügbaren Verwundbarkeits-Tests und erzeugen daraus die grafischen Oberflächenelemente.

Die Implementierung der *Vulture*-Agenten basiert auf den Bibliotheken des frei verfügbaren OpenSource-Pakets NET-SNMP [21], das eine robuste SNMP-Engine bietet und alle SNMP-Versionen unterstützt.

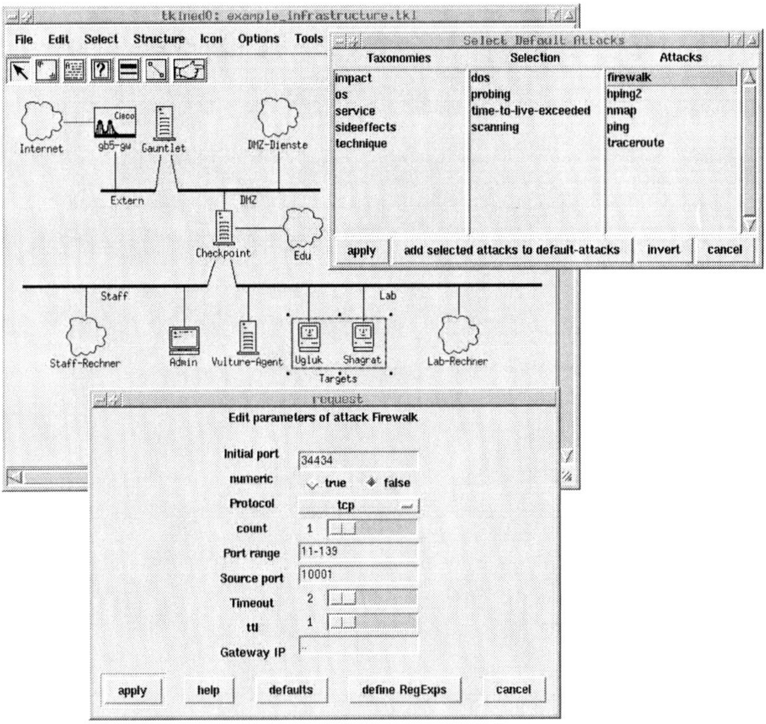

Abbildung 2: Scotty/TKined mit *Vulture*-Plugin

```
initialPort OBJECT-TYPE
  SYNTAX        Unsigned32
  MAX-ACCESS        read-write
  STATUS        current
  DESCRIPTION
      "title: Initial port
       option: ' -I '
       GUItype: entry 10
       rem: initial destination port for TTL ramping."
  DEFVAL { 34434 }
  ::= { firewalk 1 }
```

Abbildung 3: Definition eines Parameters des `firewalk`-Tests in der *Vulture*-MIB

Die vorhandene Konfigurationssyntax wurde um zwei Schlüsselworte erweitert. Bei der Rechtevergabe ist es dadurch mittels `target` möglich, eine Menge von Netzknoten festzulegen, die als potentielle Ziele der Verwundbarkeits-Tests erlaubt sind. Danach kann die definierte Zielmenge mit `allow` einer Nutzergruppe zugewiesen werden.

Abb. 4 zeigt eine Beispielkonfigurationsdatei. Die ersten beiden Zeilen liefern nötige Angaben zur Generierung von IDMEF-Nachrichten. MIB-Views definieren jeweils einen oder mehrere Teilbäume der MIB, auf die von Nutzern zugegriffen werden darf, wenn die entsprechenden Rechte vergeben sind.

Darunter wird eine Menge von erlaubten Zielen mit dem Namen `testtargets` angelegt sowie eine Nutzergruppe `tester` die nur den Nutzer `kommnick` enthält. Dieser kann die Verwundbarkeits-Tests auf die erlaubten Ziele starten, wenn er authentifiziert (`auth`) auf diesen Teilbaum der MIB (`attackview`) zugreift. Außerdem darf er auch ohne Authentifizierung auf den Teilbaum `harmlessview` zugreifen, da die darin enthaltenen Tests vom Administrator als harmlos eingestuft wurden.

Die Nutzergruppe `admin` enthält den Nutzer `flegel`, der auf den VACM-Teilbaum `adminview` nur verschlüsselt und authentifiziert (`priv`) zugreifen darf. Die auskommentierte Zeile würde den Nutzer `flegel` mit den entsprechenden Passworten erzeugen und verschlüsselt in einer weiteren Konfigurationsdatei anlegen. Das ist nur beim erstmaligen Start des *Vulture*-Agenten notwendig. Danach ist es per Fernwartung möglich, diese Passworte zu ändern, sowie neue Nutzer und Gruppen zu erzeugen und zu verwalten.

Die Gruppe `update` erlaubt es, auf den Bereich der MIB zuzugreifen, der Informationen über die angebotenen Verwundbarkeits-Tests, deren Parameter und Hilfetexte enthält. Zuletzt werden noch Netzknoten definiert, an die der Status eines Tests als Benachrichtigung (SNMP-Trap) geschickt werden soll.

3.5 Ablauf einer Sitzung

Nachdem einmalig dem *Vulture*-Plugin die *Vulture*-Agenten mit den nötigen Parametern bekannt gemacht wurden, stehen diese zur Auswahl in einer Liste bereit. Daraus kann dann jeweils die Kombination von Agenten ausgewählt werden, welche die gewünschten Tests ausführen sollen.

Danach selektiert man die gewünschten Verwundbarkeits-Tests, was einem durch die Taxonomie-Auswahl erleichtert wird (`Select Default Attacks`-Fenster). Durch einen Doppelklick auf einen der Tests ist eine Anpassung seiner Parameter möglich.

Nachdem man dann die zu testenden Ziele selektiert hat (Ugluk und Shagrat in Abb. 2), kann man über den Menüpunkt `Start Selected Tests` die Tests starten.

Abb. 5 zeigt das Fenster mit der Zusammenfassung der Ergebnisse. Nach einer fortlaufenden Numerierung erscheint der Name des getesteten Ziels, des Agenten und des Tests sowie die Start- und Endzeit des Tests. Schließlich wird noch der Rückgabewert, den der jeweilige Test

```
AnalyzerIdent 1234567890
AnalyzerLocation Room 12 Building 4

view allview       included .1.3.6.1
view adminview     included .1.3.6.1.6.3.16.1
view updateview    included .1.3.6.1.4.1.2176.255.1
view attackview    included .1.3.6.1.4.1.2176.255
view harmlessview included .1.3.6.1.4.1.2176.255
view harmlessview excluded .1.3.6.1.4.1.2176.255.4
view harmlessview included .1.3.6.1.4.1.2176.255.4.2
view harmlessview included .1.3.6.1.4.1.2176.255.4.3

target testtargets 193.98.235.0/24
target testtargets 193.102.98.0/24
target testtargets firewall.udo.edu

group tester usm kommnick
allow tester testtargets
access tester "" usm auth exact attackview attackview none
access tester "" usm noauth exact harmlessview harmlessview none

group admin usm flegel
access admin "" usm priv exact adminview adminview adminview
#createUser flegel MD5 flegel-auth-password DES flegel-priv-password

com2sec updateuser 0.0.0.0/0 public
group update v1  updateuser
group update v2c updateuser
group update usm updateuser
access update "" any noauth exact updateview none none

trap2sink scotty.udo.edu     public 162
trap2sink traplogger.udo.edu public 162
```

Abbildung 4: Beispielkonfiguration des *Vulture*-Agenten

nach seiner Beendigung liefert (i.d.R. 0 bei Erfolg) und der Name des aufgerufenen Tests samt Pfad und Parametern ausgegeben. Die Meldung `pending` anstelle der Endzeit deutet an, daß dieser Test noch nicht beendet ist. Sollte bereits der Start eines Tests fehlschlagen, etwa wegen falscher Parameter für die Kommunikation mit dem *Vulture*-Agenten, wird anstatt der Zeitstempel die Meldung `failed` ausgegeben.

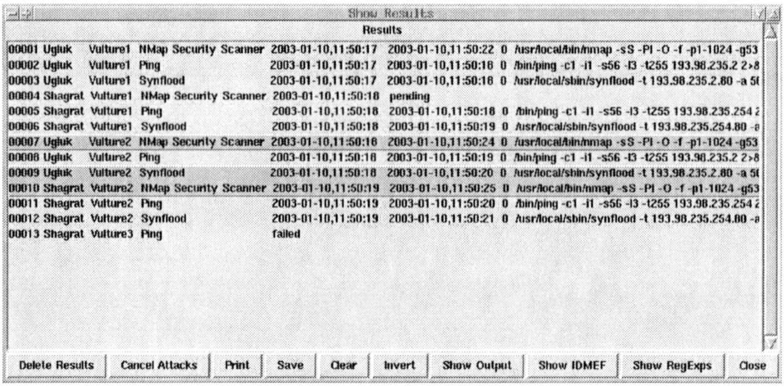

Abbildung 5: Ergebnisfenster

Es ist möglich, eine oder mehrere Zeilen zu selektieren und sich mittels der in Abb. 5 gezeigten Buttons die Ergebnisse anzeigen zu lassen, noch laufende Tests abzubrechen oder etwa die Ergebnisse abzuspeichern.

4 Ausblick

Vulture bietet heute die notwendige Basis-Technologie für die Integration von Verwundbarkeits-Analyse und Netzwerk-Management. Es sind vielfältige Erweiterungen denkbar und einige davon geplant.

Zunächst wären graphische Nutzeroberflächen für die Verwaltung von Verwundbarkeits-Tests, Nutzern und Rechten hilfreich.

Zur Unterstützung der Administratoren wäre eine Analyse-Ergebnis-Datenbank wünschenswert, in der Analyse-Ergebnisse automatisch konsolidiert werden. Eine umfangreichere Reporting-Funktionalität wäre auf Basis dieser Datenbank umsetzbar.

Die in den Beispiel-Szenarien vorgeschlagene automatisierte Unterstützung von Querbeziehungen zwischen Verwundbarkeits-Analyse und Netzwerk-Management ist auf der Basis von *Vulture*-Plugins umsetzbar (vgl. Abschnitt 2.1).

Die Integration von Verwundbarkeits-Analyse und Intrusion-Detection sind vorbereitet. Hier sind ebenfalls Querbezüge nutzbar. Beispielsweise könnte ein *Vulture*-Agent das IDS über eine laufende Verwundbarkeits-Analyse informieren. Das IDS kann die auftretenden Alarmmeldungen entsprechend sinnvoll einstufen.

Literaturverzeichnis

[1] Fyodor. Exploit World, 2003. http://www.insecure.org/sploits.html.

[2] Renaud Deraison. Nessus 1.3.0, January 2003. http://www.nessus.org/intro.html.

[3] HP OpenView. http://www.openview.hp.com/.

[4] IBM Tivoli. http://www.tivoli.com/inside/companyinfo/background/.

[5] Jürgen Schönwälder. Scotty network management software package. http://www.ibr.cs.tu-bs.de/projects/scotty.

[6] J. L. Camacho. SNMP Security Enhancement, September 2001. http://www.sans.org/rr/netdevices/SNMP_sec.php.

[7] B. Wijnen, R. Presuhn, and K. McCloghrie. RFC 2275: View-based Access Control Model (VACM) for the Simple Network Management Protocol (SNMP), January 1998.

[8] U. Blumenthal and B. Wijnen. RFC 2274: User-based Security Model (USM) for version 3 of the Simple Network Management Protocol (SNMPv3), January 1998.

[9] D. Levi, P. Meyer, and B. Stewart. RFC 2273: SNMPv3 Applications, January 1998.

[10] J. D. Case, M. Fedor, M. L. Schoffstall, and C. Davin. RFC 1157: Simple Network Management Protocol (SNMP), May 1990.

[11] W. Stallings. Snmpv3: A Security Enhancement for SNMP. *IEEE Communications Surveys*, 1(1), Fourth Quarter 1998.

[12] W. Stallings. *SNMP, SNMPv2, SNMPv3, and RMON 1 and 2*. Addison-Wesley Longman Publishing Co., Inc., third edition, 1998.

[13] P. G. Neumann and D. B. Parker. A summary of computer misuse techniques. In *Proceedings of the 12th National Computer Security Conference*, pages 396–407, 1989.

[14] T. Aslam, I. Krsul, and E. H. Spafford. Use of a Taxonomy of Security Faults. In *Proc. 19th NIST-NCSC National Information Systems Security Conference*, pages 551–560, 1996.

[15] U. Lindqvist and E. Jonsson. How to Systematically Classify Computer Security Intrusions. In *Proceedings of the 1997 IEEE Symposium on Security & Privacy*, pages 154–163, 1997.

[16] Larry Wall. Perl 5. http://www.perl.com/pub/q/documentation.

[17] D. Curry and H. Debar. Intrusion Detection Message Exchange Format Data Model and Extensible Markup Language (XML) Document Type Definition, November 2002. Internet Draft draft-ietf-idwg-idmef-xml-09.txt.

[18] G. Mansfield and D. Gupta. Intrusion Detection Sensor Alert MIB, November 2000. Internet-Draft `draft-glenn-id-sensor-alert-mib-01.txt`.

[19] M. Kommnick. Integration von Werkzeugen für die Verwundbarkeits-Analyse in Netzwerk-Management-Umgebungen. Master's thesis, Universität Dortmund, FB4-LS6-ISSI, D-44221 Dortmund, August 2002.

[20] K. McCloghrie and M. T. Rose. RFC 1156: Management Information Base for network management of TCP/IP-based internets, May 1990.

[21] NET-SNMP 5.0.6, October 2002. `http://www.net-snmp.org`.

Informationen der DFN-CERT GmbH

DFN-CERT GmbH
info@dfn-cert.de

In den folgenden Abschnitten sind die Kontaktadressen und die Angaben zu den verwendeten Public-Keys der DFN-CERT GmbH aufgeführt. Hinweise auf weiteWeitere Dokumente, Tools und Informationen sind von den Informationssystemen der DFN-CERT GmbH[1] abrufbar:

- AnonFtp: `ftp://ftp.dfn-cert.de/pub/`
- World-Wide-Web: `http://www.dfn-cert.de/`

1 Kontaktadressen

Direkte Anfragen an die DFN-CERT GmbH sind erwünscht. Sie erreichen die Mitarbeiter des DFN–CERTs und der DFN–PCA unter der Adresse:

DFN-CERT GmbH
Heidenkampsweg 41
D-20097 Hamburg

Am einfachsten erreichen Sie das GmbH-Team jedoch per E-Mail. Dabei können kryptographische Verfahren eingesetzt werden, um die Vertraulichkeit der übermittelten Informationen zu gewährleisten. Damit wird es möglich, uns wichtige Log-Daten per E-Mail statt bisher mittels Fax oder Briefpost zuzuschicken. Informationen, die Ihnen dazu dienen, die Authentizität der von den Mitarbeitern verwendeten Public-Keys zu überprüfen, sind im folgenden Abschnitt zusammengefaßt. Bitte beachten Sie bei der Kommunikation per E-Mail die folgenden Regeln, die die Arbeit erleichtern und Verzögerungen (z. B. bei Abwesenheit eines Mitarbeiters) verhindern:

---

[1] Das DFN-CERT und die DFN-PCA werden in der DFN–CERT GmbH „Zentrum für sichere Netzdienste“ zusammengefaßt.

- Alle Mitteilungen, die konkrete Vorfälle oder Sicherheitslücken betreffen, sollen an die Hotline-Adresse geschickt werden:

  `dfncert@dfn-cert.de`

- Alle Fragen und Probleme bezüglich der durch die PCA für öffentliche Schlüssel aufgebauten Zertifizierungsinfrastruktur sind an die folgende Adresse zu richten:

  `dfnpca@dfn-pca.de`

- Alle anderen Anfragen oder Kommentare, die das Kompetenzzentrum oder seine Aufgaben und Informationsangebote betreffen, richten Sie bitte an:

  `info@dfn-cert.de`

- Für eine Subskription auf die Mailing-Liste des DFN-Arbeitskreises „Security“ *win-sec* senden Sie eine Nachricht per Electronic Mail an:

  `win-sec-request@dfn-cert.de`

- Fragen der Zertifizierung und des Einsatzes kryptographischer Programme werden innerhalb der Mailing-Liste *win-pca* diskutiert. Für eine Subskription wurde die folgende Adresse eingerichtet:

  `win-pca-request@dfn-pca.de`

- Warnungen und Informationen des DFN-CERTs werden über die Liste *win-sec-ssc* digital signiert verschickt. Durch die Sendung einer Nachricht per Electronic Mail erfolgt die Subskription:

  `win-sec-ssc-request@dfn-cert.de`

Auch per Telefax und Telefon können die Projektmitarbeiter erreicht werden. Allerdings bitten wir, die Anrufe nach Möglichkeit auf ein Mindestmaß zu reduzieren. Außerhalb der normalen Bürozeiten ist ein Anrufbeantworter angeschlossen, auf dem Mitteilungen hinterlassen werden können.

Telefon: (+49) 040 / 80 80 77 – 555
Telefax: (+49) 040 / 80 80 77 – 556

2 Public-Keys

Die DFN-CERT GmbH unterstützt hauptsächlich das Public Key-Krypto-Verfahren PGP (Pretty Good Privacy). Es ist geeignet, die Kommunikation zwischen CERTs und Anwendern wirksam zu schützen.

Für die Kommunikationspartner kommt es bei beiden Verfahren darauf an, den Public Key des Partners zu erhalten. Mit Hilfe des Public Keys lassen sich verschlüsselte Nachrichten an den Kommunikationspartner senden, sowie dessen elektronische Signatur überprüfen. Für die Verteilung der Public Keys haben sich inzwischen verschiedene Möglichkeiten herausgestellt, die – mehr oder weniger – praktisch und sicher sind. Die von DFN-CERT und DFN-PCA unterstützten Verfahren werden im folgenden aufgeführt.

Nachdem ein Public Key über einen der im folgenden vorgestellten Wege abgerufen wurde, muß die Authentizität überprüft werden, d. h. es muß überprüft werden, ob die erhaltenen Schlüssel wirklich zum DFN-CERT/DFN-PCA gehören. Am einfachsten kann dies durch einen Vergleich mit den im folgenden wiedergegebenen „Fingerprints" der Schlüssel geschehen. Bitte beachten Sie bei der Überprüfung, daß sich diese Angaben auch ändern können, z. B. wenn ein Mitarbeiter einen neuen Schlüssel generiert. Sollten Probleme mit den abgerufenen Schlüsseln oder mit Nachrichten der DFN-CERT GmbH oder seiner Mitarbeiter auftreten, wird dringend eine direkte Kontaktaufnahme mit einem der Mitarbeiter empfohlen, um die Ursache des Problems herauszufinden.

2.1 PGP – Pretty Good Privacy

Informationen über die für PGP notwendigen Programme und die Verwendung sind im *DFN-CERT Informationsbulletin DIB-94:05* zusammengefaßt worden.

Die PGP-Public-Keys sämtlicher Mitarbeiter sowie der DFN-CERT GmbH Teamkey sind über die folgenden Methoden abrufbar:

- `ftp://ftp.dfn-cert.de/pub/dfncert/public-keys/pgp-keys.asc`
  Sie finden den PGP Public Key Block auf dem AnonFtp-Server der Firma im Verzeichnis `/pub/dfncert/public-keys/` als Datei `pgp-keys.asc`.

- `http://www.dfn-cert.de/team/pgp.html`
  Die PGP Public Keys sind ebenfalls durch World-Wide-Web mittels der angegebenen URL zugreifbar.

- PGP Public Key-Server:
  Über diese Mail-basierten Server sind die Schlüssel ebenfalls abrufbar. Ein solcher Server wird von der DFN-PCA betrieben (`pgp-public-keys@dfn-pca.de`).

  Eine deutsche Anleitung für die Benutzung dieses Dienstes bekommen Sie per E-Mail an die genannte Adresse. Im Subject der Nachricht muß dazu folgendes Kommando eingetragen werden:

  ```
  HELP DE
  ```

Ferner bieten diese PGP Key-Server auch eine WWW-Schnittstelle zum bequemen Abfragen und Addieren von Schlüsseln der weltweiten Datenbank an:

`http://www.dfn-pca.de/pgpkserv/.`

3 Die Zertifizierungs-Schlüssel

Die DFN-PCA wird durch die DFN-CERT GmbH betrieben. Allgemeine Informationen erhalten Sie unter:

`http://www.dfn-pca.de/`

Detaillierte Informationen zu allen aktuellen Zertifikaten und Widerrufslisten (CRLs) der DFN-PCA erhalten Sie unter:

`http://www.dfn-pca.de/certification/cacert.html`

DFN-PCA: PGP-Schlüsselinformationen

Low-Level Policy

PCA (Wurzelzertifikat):

Benutzer-ID:

DFN-PCA, CERTIFICATION ONLY KEY (Low-Level: 2002-2003) \
<http://www.dfn-pca.de/>

Schlüssel-ID: F2D58DB1
Schlüssellänge: 2048 Bit RSA
Erstellungsdatum: 2001/11/20
Fingerprint: DE 31 69 0D BC 6A E7 79 4D CD A1 B5 81 80 FE 7B
Policy-URL: http://www.dfn-pca.de/certification/policies/pgppolicy.html

User-CA:

Benutzer-ID:

DFN-User-CA, CERTIFICATION ONLY KEY (Low-Level: 2002-2003) \
<http://www.dfn-pca.de/>

Schlüssel-ID: 7A9D7B59
Schlüssellänge: 2048 Bit RSA
Erstellungsdatum: 2001/11/20
Fingerprint: 7A 0A DC 7B D6 B3 91 1D E6 75 6F E0 A7 43 AA 48
Policy-URL: http://www.dfn-pca.de/certification/policies/pgppolicy.html

DFN-PCA (Kommunikationsschlüssel):

Benutzer-ID:

DFN-PCA, ENCRYPTION KEY <dfnpca@pca.dfn.de>

Schlüssel-ID: E77ADB85
Schlüssellänge: 2048 Bit RSA
Erstellungsdatum: 1998/04/21
Fingerprint: 48 BE 74 79 7F 5D BD 4C 65 2B 98 53 DD 5A 03 05

DFN-PCA: SSL / S/MIME / X.509v3-Zertifikatinformationen

X.509 Policy

DFN Top Level CA (Wurzelzertifikat):

Zertifikat-URL: `http://www.dfn-pca.de/certification/x509/g1/data/html/cacert/root-ca-cert.der`
Policy-URL: `http://www.dfn-pca.de/certification/policies/x509policy.html`
CRL-URL: `http://www.dfn-pca.de/certification/x509/g1/data/crls/root-ca-crl.crl`

SHA1 Fingerprint = `8E:24:22:C6:7E:6C:86:C8:90:DD:F6:9D:F5:A1:DD:11:C4:C5:EA:81`
MD5 Fingerprint = `3E:1F:9E:E6:4C:6E:F0:22:08:25:DA:91:23:08:05:03`

```
Serial Number: 1429501 (0x15cffd)
Issuer: C=DE, O=Deutsches Forschungsnetz, OU=DFN-CERT GmbH,
        OU=DFN-PCA, CN=DFN Toplevel Certification Authority/Email=certify@pca.dfn.de
Validity
  Not Before: Dec  1 12:11:16 2001 GMT
  Not After : Jan 31 12:11:16 2010 GMT
Subject: C=DE, O=Deutsches Forschungsnetz, OU=DFN-CERT GmbH, OU=DFN-PCA,
         CN=DFN Toplevel Certification Authority/Email=certify@pca.dfn.de
X509v3 Subject Key Identifier:
  06:0B:FA:B5:F8:48:78:A3:20:B1:0B:3E:CF:A0:D0:C4:D1:7F:7D:D0
X509v3 Authority Key Identifier:
  keyid:06:0B:FA:B5:F8:48:78:A3:20:B1:0B:3E:CF:A0:D0:C4:D1:7F:7D:D0
  DirName:/C=DE/O=Deutsches Forschungsnetz/OU=DFN-CERT GmbH/OU=DFN-PCA \
          /CN=DFN Toplevel Certification Authority/Email=certify@pca.dfn.de
  serial:15:CF:FD
```

DFN Server CA:

Zertifikat-URL: `http://www.dfn-pca.de/certification/x509/g1/ca-ssl-tls-server/g1/data/html/cacert/ca-ssl-tls-server-cert.der`
Policy-URL: `http://www.dfn-pca.de/certification/policies/x509policy.html`
CRL-URL: `http://www.dfn-pca.de/certification/x509/g1/ca-ssl-tls-server/g1/data/crls/ca-ssl-tls-server-crl.crl`

SHA1 Fingerprint = `C8:41:74:CE:DA:C2:02:87:B0:33:51:FE:67:07:CF:17:19:C1:12:F3`
MD5 Fingerprint = `A3:66:10:4B:AF:2C:6F:ED:D3:96:5B:33:4D:12:94:FC`

```
Serial Number: 1430858 (0x15d54a)
Issuer: C=DE, O=Deutsches Forschungsnetz, OU=DFN-CERT GmbH, OU=DFN-PCA,
        CN=DFN Toplevel Certification Authority/Email=certify@pca.dfn.de
Validity
  Not Before: Dec  1 12:39:27 2001 GMT
  Not After : Dec  1 12:39:27 2005 GMT
Subject: C=DE, O=Deutsches Forschungsnetz, OU=DFN-CERT GmbH, OU=DFN-PCA,
         CN=DFN Server Certification Authority/Email=certify@pca.dfn.de
X509v3 Subject Key Identifier:
  E1:3E:0D:4F:98:9C:2E:5F:B8:A2:F4:42:83:A0:16:A9:2B:97:8B:39
X509v3 Authority Key Identifier:
  keyid:06:0B:FA:B5:F8:48:78:A3:20:B1:0B:3E:CF:A0:D0:C4:D1:7F:7D:D0
  DirName:/C=DE/O=Deutsches Forschungsnetz/OU=DFN-CERT GmbH/OU=DFN-PCA \
          /CN=DFN Toplevel Certification Authority/Email=certify@pca.dfn.de
  serial:15:CF:FD
```